XIANDAI XINMEITI YUNYING YU CHUANBO CELÜE

现代新媒体运营与传播策略

刘曌琼 著

中国商业出版社

图书在版编目（CIP）数据

现代新媒体运营与传播策略 / 刘墾琼著 . -- 北京：中国商业出版社, 2021.9

ISBN 978-7-5208-1963-3

Ⅰ.①现… Ⅱ.①刘… Ⅲ.①传播媒介—运营管理—研究 Ⅳ.① G206.2

中国版本图书馆 CIP 数据核字 (2021) 第 245348 号

责任编辑：于子豹　袁　娜

中国商业出版社出版发行

010—63180647　www.c-cbook.com

（100053 北京广安门内报国寺 1 号）

新华书店经销

福建省天一屏山印务有限公司印刷

* * * * *

787 毫米 ×1092 毫米　16 开　12.25 印张　180 千字

2021 年 9 月第 1 版　2021 年 9 月第 1 次印刷

定价：48.00 元

* * * *

（如有印装质量问题可更换）

前言

近年来,随着互联网技术的迅速发展,新媒体产业异军突起,得到迅猛发展。

新媒体不但是各种媒体形态、各种传播形式、各种媒介方式的叠加式整合,而且是打破其边界和壁垒的互入式融合;不但是传播形态的创新,而且是运营模式的创新。面对新媒体带来的新一轮变革浪潮,有的媒体如鱼得水、乘势而上,有的媒体冒险下海、溺水而亡,而后果迥异的背后常常是截然不同的运营策略。因此,要成为激荡澎湃的新媒体大潮的弄潮儿,不但要有勇立潮头、敢闯敢试的勇气,更要有乘风破浪、得当运营的策略。新媒体产业如何更好地适应现实需要,互联网媒体与传统媒体行业又当如何实现协调发展,以及传媒管理体制和传媒法制体系建设如何开展等问题,开始成为媒体产业发展面临的新课题。

本书从新媒体传播的基本定义、基本知识和基本特点出发,详细地阐述了新媒体传播对经济、社会、文化的影响,特别是给传媒业带来的变化与挑战。全书包括新媒体基础理论、新媒体发展趋势、新媒体与社交网络、新媒体的传播、新媒体受众、新媒体艺术、新媒体经济、新媒体法规与伦理等相关内容,对新媒体的产生背景、社会影响、产业发展、管理规范等问题进行了系统深入的阐述,并从社交类、新闻咨询类、视频类、社群类和其他类型新媒体等角度,对现代新媒体运营实践进行了探析,旨在为现代新媒体运营与传播策略研究提供借鉴与参考。

在撰写过程中,为提升本书的学术性与严谨性,笔者参阅了大量的文献资料,引用了同人前辈的研究成果,因篇幅有限,不能一一列举,西安日报社冯晓瑞为书稿的撰写提供了大量资料与建议,在此一并表示最诚挚的感谢。

由于现代新媒体运营与传播策略研究涉及的范畴比较广,需要探索的层面比较深,笔者在撰写的过程中难免会存在一定的不足,对相关问题的研究不透彻,恳请前辈、同行以及广大读者斧正。

目录

第一章　新媒体基础理论 ... 1
 第一节　新媒体概述 ... 1
 第二节　新媒体的特征 ... 6
 第三节　新媒体对社会生活的影响 ... 7
 第四节　新旧媒体间的融合 ... 11

第二章　新媒体发展趋势 ... 17
 第一节　移动化与浅阅读 ... 17
 第二节　个性化定制 ... 19
 第三节　宽带化 ... 23
 第四节　人工智能 ... 25

第三章　新媒体与社交网络 ... 34
 第一节　社交网络 ... 34
 第二节　博客与微博 ... 39
 第三节　QQ与微信 ... 42
 第四节　社会化媒体的特征与局限性 ... 45

第四章　新媒体的传播 ... 49
 第一节　新媒体的传播模式 ... 49
 第二节　新媒体的传播特征与属性 ... 54
 第三节　新媒体背景下的经典传播理论 ... 61
 第四节　新媒体传播技术 ... 64

第五章　新媒体受众 ... 77
 第一节　受众与受众特征 ... 77
 第二节　新媒体受众的心理 ... 79
 第三节　新媒体受众的集群行为 ... 81
 第四节　"粉丝"现象 ... 84

第六章 新媒体艺术 87
- 第一节 新媒体的视觉革命 87
- 第二节 新媒体艺术的典型个案 89
- 第三节 新媒体艺术的视觉传达特性 90
- 第四节 新媒体艺术的表达方式 91
- 第五节 新媒体艺术的审美 93

第七章 新媒体经济 95
- 第一节 新媒体产业 95
- 第二节 新媒体企业运营 102
- 第三节 分享经济 108

第八章 新媒体法规与伦理 110
- 第一节 新媒体传播与版权 110
- 第二节 新媒体传播与未成年人的网络保护 114
- 第三节 新媒体传播与实名制 117
- 第四节 新媒体传播与隐私 118

第九章 现代新媒体运营探析 121
- 第一节 社交类新媒体运营 121
- 第二节 新闻资讯类新媒体运营 135
- 第三节 视频类新媒体运营 151
- 第四节 社群类新媒体运营 163
- 第五节 其他类型新媒体 174

结束语 183

参考文献 185

第一章 新媒体基础理论

新媒体是指20世纪后期以来，由计算机及网络技术催生的媒介传播新产物。新媒体的进程是媒介发展的新一轮的革命性进程，目前仍然在发展进化。新媒体的名称其实并不是准确的指称，而只是一个相对的概念，犹如电视相对于报纸和广播是新媒体，互联网相对于电视又是新媒体。

要准确理解新媒体的概念，必须先从新媒体产生的技术源流、作用机制、对传统媒体的冲击等方面进行详尽理解。

第一节 新媒体概述

一、新媒体的概念

新媒体的概念目前并没有一种权威的界定。一方面，新媒体本身只是一种描绘，并非一个精确的概念；另一方面，它的内涵和外延在媒介技术的革新中仍在不断发生变动。从不同的角度、根据不同的参照，人们都能够看到新媒体的不同表现和特点，导致人们对新媒体的界定众说纷纭、莫衷一是。目前，比较有影响力的观点主要有以下几种。

美国连线杂志社认为，"新媒体是所有人对所有人的传播"。

联合国教科文组织对新媒体的定义为："以数字技术为基础，以网络为载体进行信息传播的媒介。"

清华大学新媒体研究中心主任熊澄宇教授认为，"新媒体是个相对的概念。今天的新媒体主要指：在计算机信息处理技术基础上产生和影响的媒体形态，包括在线的网络媒体和离线的其他数字媒体形式"。

清华大学崔保国教授认为，"所谓新媒体，并没有明确的定义，一般包括录像、多媒体、有线电视、卫星电视、光纤通信、综合数字通信网等。其中，渗透性最强、影响面最大的是高速信息公路和多媒体技术"。

当然，还有其他一些观点，比如"新媒体是在互联基础上实现多对多或点对点

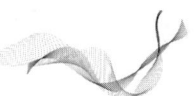

传播，具有与用户互动等交互功能的媒体形式""当新的传播形态达到大众传媒的规模，即是新媒体""新媒体是指人们在交流信息的过程中制作、传播、接受文化影响等可以用计算机技术实现的互动数字传播平台"。①

综上所述，新媒体是一个相对的概念，是在报刊、广播、电视等传统媒体的基础上发展起来的新的媒体形态；也可以认为，新媒体一直处于变动的概念，宽泛地包括所有数字化的传统媒体、网络媒体、移动端媒体、数字电视等。目前主要是指以互联网技术、数字技术、移动通信技术为基础，向用户提供内容资讯、音频视频、连线游戏、数据服务以及在线教育等集成信息和娱乐服务的新兴媒体。它有两个最核心的改变，一是传播媒介由传统媒介变成了基于互联网的新媒介，二是传播者由权威媒介组织和媒介机构变成了所有人。

二、新媒体技术

据文献记载，新媒体这一概念最早见于1967年。美国哥伦比亚广播公司技术研究中心负责人彼得·卡尔·戈德马克博士发表了创新研究成果报告，随后国际主流媒体对其系列成果应用与娱乐产业的实践进行了广泛报道。在研究中，戈德马克用新媒体以区别广播、电视、报纸等以电波、图像、文字传输为主的传统媒介，这一概念应运而生。1969年美国传播政策总统特别委员会主席罗斯托在向当时的美国总统尼克松递交报告的过程中，多次使用"新媒体"一词，新媒体由此开始广为传播。

（一）计算机与互联网

新媒体的发展同计算机及网络技术的发展密不可分。

世界公认的第一台电子数字计算机通常认为是1946年面世的，主要用于计算导弹弹道的"电子数字积分计算机"。它由美国宾夕法尼亚大学莫尔电工学院制造。它体积庞大，占地面积170多平方米，重量约30吨，耗电功率约150千瓦。另一种说法称，最早的电子数字计算机应该是美国爱荷华州立大学的物理系副教授约翰·阿塔那索夫和其研究生助手克利夫·贝瑞于1939年10月制造的"阿塔那索夫—贝瑞计算机"。无论如何，电子数字积分计算机的投入使用标志着电子数字计算机进入实用化阶段。第二次世界大战期间，由霍德华·爱肯设计制造的Mark-I被认为是世界上第一台自动机电式计算机。这台计算机的体积相对较小，高2.4米，长15.3米，重达35吨。

1969年10月29日是个值得纪念的日子，美国斯坦福大学的一台电脑和洛杉矶

---

① 郭栋. 网络与新媒体概论[M]. 西安：陕西师范大学出版社，2018：51-58.

加州大学的一台电脑连接起来了,这标志着互联网的正式诞生。

1972年,全世界计算机和通信业的专家在美国华盛顿举行了第一届国际计算机通信会议,就不同计算机网络之间进行通信达成协议。会议决定成立 Internet 工作组,负责建立一种保证计算机之间进行通信的标准规范(即"通信协议")。1974年 IP 协议和 TCP(传输控制协议)问世,合称 TCP/IP 协议。该协议为后来信息全球化时代的到来提供了初步的平台,1983年成为互联网上的标准通信协议。互联网从战争机器转变为人类信息服务的平台始于"冷战"结束。

(二)Web 技术的演进与飞跃

Web 是一种以 Internet 为基础的计算机网络连接技术,它允许用户在一台计算机上通过 Internet 存取另一台计算机上的信息,这是网络世界得以建立的基础。从技术角度讲,网络是 Internet 上那些支持 WWW 协议和超文本传输协议 HTTP 的客户机与服务器的集合,通过它可以存取世界各地的超媒体文件,内容包括文字、图形、声音、动画、资料库以及各式各样的软件。这也使得任何新的计算机都可以将散落在网络空间的各种信息进行无缝对接与组合,形成新的站点和内容。也可以表达为,超文本、超链接、超媒体是 Web 技术的重要表现形态。Web 技术的发展经历了以下几个阶段。

1. Web 1.0:信息的聚合与搜索

Web 1.0 指 Web 的第一代实用技术形态,始于 20 世纪 90 年代,其主要使用静态的 HTML 网页来发布信息。从传播学的角度看,Web 1.0 形态仍属于传统的媒介信息传播阶段,即信息发布者扮演着精英的角色,其传播信息是"推送式""灌输式",用户浏览获取信息实际上仍然是单向度的传播模式。但是相比传统媒体,Web 1.0 也有特殊功能,它善于集纳、整合各类破碎、零散、微小的信息,并直观地展示出来,而且用户能在各类网站上通过鼠标点击完成"超链接"。

也可以说,Web 1.0 技术在很大程度上依靠其"超链接"来实现聚众功能。它能够把各类不同的、分散的、碎片的信息进行重新整合,并重组资源形式与资源内容,让小内容释放出大能量。分散在社会各个角落的庞杂信息,因 Web 1.0 而可以聚合连接在一起,在人类信息传播史上,这是一个了不起的创举。人类从此真正进入了信息时代,各类信息样式崛起,让人们目不暇接。Netscape、Yahoo、Google 公司的技术创新成为 Web 1.0 时代的最好诠释。其中 Netscape 研发出世界上第一个大规模的商用浏览器,Yahoo 的杨致远提出了互联网黄页的概念,而 Google 后来居上,推出了大受欢迎的搜索服务。

Web 1.0 重新组合信息资源的功能,为用户提供了信息无限获取的可能性以及信息迅速搜索的便捷性。可以说，在Web 1.0时代，人们获取信息的时间和方式都发生了空前的变革。但Web 1.0带来的信息传播仍以单向度为主，用户的主体性地位尚未完全体现，人与人之间的直接沟通以及用户参与信息选择与共建信息的能力并未体现。

2. Web 2.0：用户的互动与共建

2004年，欧雷利媒体公司的副总裁戴尔·多尔蒂在一次会议上将互联网的新动向用"Web 2.0"一词进行阐述。随后，公司首席执行官蒂姆·欧雷利组织了一场头脑风暴，描述了Web 2.0的框架。由此，"Web 2.0"这一词语成为新媒体受众探讨的关键词并逐步走向主流。此后，一系列关于Web 2.0的相关研究与应用迅速发展，Web 2.0的理念与相关技术日益成熟，使得Internet的应用在变革与应用的基础上得到进一步的创新发展。BBS、博客、威客、维基百科等新兴网络传播形态应运而生。

Web 2.0是Web 1.0的技术升级与产品优化，它在Web 1.0的基础上着重发展了互联网用户之间强有力的互动。在Web 2.0时代，用户不仅可以获取信息，还可以交换信息、反馈信息。这样普通用户不仅仅是信息的接收者，也是信息的制作者。在网络信息的传播使用过程中，信息的接收者成为信息的参与者、互动者、分享者，传播主体由原来的单一性变为多元化，草根阶层与精英阶层实现了真正意义上的对话与交流。信息及文件的共享成为Web 2.0发展的主要支撑和表现。Web 2.0模式大大激发了用户创造和创新的积极性，使Internet变得更加生机勃勃。

从传播学意义上讲，在Web 1.0时代，用户通过浏览器获得信息，用户仅仅是信息的使用者，而不是信息实现互动的参与者与建构者。Web 2.0提升了用户的自觉性，注重用户的交互性。用户不再是被动的信息接收者，同时也是信息的参与者、推动者与生产者。Web 2.0时代的用户已拥有了信息传播主人公的身份，他们拥有传播权、知晓权、接近权等众多主体性权利。同时，Web 2.0使人与人在新媒体平台上能够有效沟通，让沟通、交往、参与、互动富有人性化色彩。Web 2.0以博客为代表，博客的出现成为网民表达心声的一种渠道。

3. Web 3.0：现实的虚拟与体验

Web 3.0是Web 2.0的升级版，它在纵向上延展了Web 2.0的技术范畴与传播维度。早在Web 2.0的概念被媒体广泛关注之时，Web 3.0的设计就已开始。Web 3.0是建立在全球广泛互联节点（与用户）无障碍互动的概念上的，具有人工智能的特征。如果说Web 2.0和Web 1.0解决了互联网"读"与"写"的物理与逻辑层问题，那么Web 3.0要解决的则是在这两层之上的表象或语义层的问题。具体说来，Web 3.0网站内的信息可以直接和其他网站相关信息进行交互，能通过第三方信息平台同时对多家网站的信息进行整合使用；用户在互联网上拥有自己的数据，并能在不同网站上使用，完全基于 Web，用浏览器即可实现复杂的系统程序才具有的功能。

如果说 Web 2.0 以用户为中心进行信息传播，那么 Web 3.0 就是一个为用户提供更多可能性的平台。实际上"Web 3.0"一词包含多层含义，可以用来概括互联网发展过程中某一阶段可能出现的各种不同的方向和特征，包括：将互联网本身转化为一个泛型数据库，跨浏览器、超浏览器的内容投递和请求机制，人工智能技术的运用，语义网，地理映射网，运用 3D 技术搭建网站甚至虚拟世界或网络公国等。

在 2006 年 11 月的 Technet 峰会上，Yahoo 的创办人兼 CEO 杨致远对 Web 3.0 做了细致阐述："目前对 Web 2.0 的归档和讨论很多。借助网络级别所能达到的效能，网络的力量已经达到了一个临界点。……你不一定得是计算机科学家才能创作出一个程序。这种现象在 Web 2.0 里初现端倪，而 Web 3.0 将更加深化，是一个真正的公共载体……专业、半专业和消费者的界限越来越模糊，创造出一种商业和应用程序的网络效应。"

Web 3.0 是一种更加深入、更加专业、更加广泛的技术，它比 Web 2.0 的互动更加深入，它创造了一个虚拟的类像世界，让用户体验仿真的快乐与模拟的真实。我国新闻学者喻国明教授认为："Web 3.0 时代是网络后台技术的进一步智能化，它使传媒机构具有更加强大的对于极其丰富的网络资源的提纯、整合的技术能力或应用模式（如维基百科、'第二人生'、人肉搜索等），充分利用全社会的微力量、微内容、微价值，形成具有智能化、个性化、定制化的内容服务产品及相关的衍生产品。"

总之，媒介技术的发展在不断地服务于人类社会的需要。Web 1.0 满足了人们对信息的需求；Web 2.0 解决了人与人之间的交往与互动；Web 3.0 深化了互动机制，不断满足人们对现实世界的虚拟体验以及仿真模拟的需求。

（三）网络及媒体

从 Web 1.0 到 Web 3.0，不仅是网络技术和网络应用的发展，其本质上也是信息传播途径及传播方式的革命性变化。在传统社会，人们依赖书籍、报刊及广播电视来传播和接收信息，网络技术的发展为人们提供了另外一条途径，这场信息传播的变革当然不可避免地对以报刊和广播电视为代表的传统媒体形成了巨大冲击。

这种根据网络技术发展形成的信息传播新途径足以同任何一种传统媒体形式相提并论，于是人们自然地开始用"新媒体"这个概念来形容和概括这种新形态。

第二节 新媒体的特征

一、数字化

数字化是人们对计算机及网络应用本质特征的最集中的一种表述和归纳。2012年4月21日，英国《经济学人》杂志以专题形式论述了当今全球范围内正在经历的第三次革命，即数字化革命。尼古拉斯·尼葛洛庞帝在《数字化生存》一书中将digital具体解释为：数字化技术是一种并不复杂的系统，主要是将信息编织成为计算机可以识别的二进制代码0和1，再转化为脉冲信号，最后，计算机就以一种人们可以识别的符号传递出信息。无论是图片、视频还是文字都可以这种数字化的方式最终呈现在受众眼前。因此，新媒体在某种意义上可以说成是"数字化媒体"。

也有人将数字化表述为"在网络社会中，人们的社会关系都是建立在以比特为单位的数字化信息的编译、存储、传递、交换和控制的基础之上，并通过这一系列基本的数字化的互动过程而反映出来"。在数字化基础上，人们可以在任何时间、任何地点以数据、文字、语言、声音、图画等方式与任何人进行对话和交流。

二、虚拟性

人们将网络空间概括为虚拟性，主要是因为网络上呈现出来的纷繁复杂的信息其实都是建立在计算机对一系列0和1信号的处理基础上的。作为新媒体最重要的基本属性，虚拟性伴随新媒体成长不断拓展，并衍生出了虚拟人类、虚拟社区、虚拟商品等具有虚拟价值的新媒体产物。①

人们在网络虚拟空间里获得了海量的真实信息，不仅极大地丰富了人们对现实世界的理解，同时也对现实世界产生了巨大影响。2001年，英国报业联合会新媒体公司推出了全球第一位虚拟人物——"阿娜诺娃"，为全球网民提供24小时的信息播报服务。此外，虚拟社区、社交媒体、网络视频、电子商务等形态对社会生活的改变也是有目共睹的。这也说明，网络社会是一个无限延伸的世界，它既是虚拟的，也是实在的。虚拟世界并非虚假世界，虚拟世界实际上是人类对现实世界体验的再现与延伸。可以说，网络社会是包含了虚拟属性的现实世界。

三、交互性

1948年拉斯韦尔在《传播在社会中的结构与功能》一书中提出了传播的"5W"

---

① 李长宁，李杰. 新媒体健康传播 [M]. 北京：中国协和医科大学出版社，2019：5-7.

模式。这一传播模式呈现出线性的单向传播特征，也是传统媒体惯用的传播方式。这种传播模式存在一定的弊端，即传播者和受传者角色的固定性，双方很容易被固定为一方只能是传播者，而另一方只能是受传者的角色，进而影响传播的效果，缺乏受众对信息的有效反馈。

然而，这种理论传播状况在1954年得到改善。施拉姆在《传播是怎样运行的》一文中提出了传播的"循环模式"，传播者和受传者的地位在循环模式中比较模糊：双方处于平等的地位，都可以是传播者，也可以是受传者。此模式的重点是提出编码者与译码者的角色。新媒体就是循环模式的实践者。因为在新媒体时代，受众不再是"魔弹论"的靶标，不再是简单的信息接收者，他们成为信息生产与传播过程中的积极参与者和建构者。

四、跨媒介性

新媒体集合了文字、声音、图像、动画、游戏等拟态环境，超越了传统媒体各自单一的传播手段，成了一个融各种媒体优势为一体的融合媒体，它体现了媒体"跨域传播"和"跨界融合"的特征。媒介融合不是简单的加减法，也不是媒介之间的物理结合，而是两种或两种以上的媒介多层次、多领域、多维度的相互渗透与交融。新媒体与传统媒体之间并不存在显著的障碍，它们能实现有效的融合。新媒体从诞生的那一天起，就与传统媒体相互融合。即使在新媒体发展的高峰期，也没有摆脱与传统媒体之间的关联。技术的不断进步加速了新媒体之间的融合进程。不同形式的新媒体彼此间相互影响、相互作用，形成新时期新媒体的大浪潮。

新媒体除具有以上特征外，还具有信息传播的即时性、信息传播渠道的多样性、信息传播的海量性、传播方式的灵活性等特征。

第三节　新媒体对社会生活的影响

一、大众生活方式的改变

（一）新媒体与教育

互联网的各项功能和作用，最初在很大程度上就体现在教育方面。互联网对远程终端的访问功能为全世界不同地区教育科研机构进行信息沟通交流提供了极大的便利。事实上，网络以及新媒体的迅速发展为教育科研的发展提供了巨大的推动，而教育科研的发展又促进了网络新媒体的进步。

互联网时代各种远程教育的方式打破了以往面对面授课的地域限制，使人们可以最大限度地突破时间和空间的局限，共享教育资源。同时，人们通过电子邮件、各种社交工具与专业人员交流，也能够极大满足不同求知欲望。在知识共享的同时，创造性学习被提上日程。学习者不能仅仅满足于获得固化的知识，还必须用创新性思维与网络接轨，为网络贡献自己的智慧。多种手段及方式交会的混合式教育日益受到欢迎，但是网络及新媒体时代带给教育的影响具有两面性。早在20世纪70年代，美国学者蒂奇诺等人就提出了"知沟"理论的假说。当然，"知沟""信息沟""数字鸿沟"等问题的提出，提示我们在网络和新媒体时代，在各种信息资源高度丰富、高级共享的条件下，由传播技能、知识储存量、社交范围、信息选择等差异所带来的信息不对等、信息资源占有不均衡的问题，有可能进一步拉大人们之间信息流的不对称。

(二) 新媒体与伦理

1. 个人隐私

个人隐私指公民个人生活中不愿为社会公开或他人知悉的个人信息。在现代社会中，个人隐私是个人权益中非常重要的部分，并得到道德及法律法规等各种社会规范的保障。隐私权是自然人享有的对其个人的、不涉及公共利益的个人信息、私人活动和私有领域进行支配的一种人格权。

个人隐私包括个人身份信息，如姓名、性别、出生日期、住址、电话号码、银行账号、密码、QQ号、微信号等；个人生活信息，如生理数据、身体状况、职业、职务、爱好、经历等；个人社会关系信息，如家庭、亲属、朋友、同乡、同事等。

在网络及新媒体条件下，在有信息社会之称的现代社会中，我们不仅能够高度共享各类公共知识和公共信息，也很容易接触和了解到个人的各类隐私信息。一方面，这是各类信息高度重合、高度共享的自然结果；另一方面，这也是部分机构及个人恶意利用网络的便利，为获取非法利益，故意收集、窃取、盗用及散播他人隐私的结果。我们有必要建立和完善各种切实有效的法律和行政措施，建立健康的网络空间，使每个社会成员都能够在个人隐私得到切实保护的基础上，充分享受信息社会的便利，共享新媒体带给社会生活的全新变化。①

2. "人肉搜索"

"人肉搜索"是网络社会建设和发展过程中非常特殊的一种社会现象，是网络

---

① 王凯琳.论新媒体对社会生活的影响[J].祖国，2018(24)：61.

社会里有关个人隐私问题的典型事例。"人肉搜索"简称"人搜",区别于机器搜索(简称为"机搜"),是一种以互联网为媒介,主要通过人工方式对搜索引擎所提供的信息逐个辨别真伪,部分还通过匿名知情人提供数据的方式搜集信息,以查找人物或者事件内情的群众运动。

"人肉搜索"在社会上广泛为人所知,是伴随一系列网络爆红现象而出现的。"人肉搜索"在发挥作用的同时也产生了因对普通公民个人隐私的挖掘散播,造成无辜个人身心受到极大伤害的现象。"人肉搜索"的两面性引发了社会的广泛争议,人们在认可其积极作用的同时,也希望能够通过一系列社会管理手段对其加以约束,这样既能继续发挥其积极作用,避免将其"一棍子打死",也能防止对普通公民个人权益造成损害。

3. 网络匿名性与信息失真

网络建设初期,人们关注的是更多信息的充分共享,即信息传播如何突破现实社会的既有约束。人们接触网络的第一感受往往是全新身份的轻松和自由,正如当年流行的一句话——"在网上没有人知道你是一条狗"。

这种网络空间的个人角色新定位往往使信息发布者摆脱现实身份的约束,获得新的感受,也使得网络文化更容易带有消解权威、消解传统规范的鲜明特色。但是网络空间个人身份的匿名性,客观上也造成虚假及不良信息泛滥的状况。这些信息的失真现象,一部分来自信息发布者自身的局限性,如主观臆测、片面夸大、情绪化等;另一部分来自信息发布者主观的恶意性,如故意曲解事实、无中生有、哗众取宠等。严重的时候会给人以网上谣言满天飞、网络言论粗暴低俗、网络观点偏激无下限等负面印象。

我国当前正在努力推进落实的"网络实名制",很大程度上是针对上述不良现象采取的措施,但是只靠实名制难以完全解决网络信息失真的问题。实际上,在现实生活中,个人社会身份高度明确清晰,社会行为规范完整严格,但往往还会出现流言盛行、真相不明、道德不倡的状况。因此,要解决网络空间信息失真现象,还需要更加综合性的措施。

4. 网络知识产权

由于网络建设的初衷是全人类信息的充分共享,共享一直是网络精神的主要内涵之一。人们在网络空间中自由使用各类信息,觉得理所应当,这在客观上也确实促进了网络的发展、社会的进步、知识的普及和文化的沟通。但是,信息的免费共享同现实生活中保护各种知识产权的法律及精神是矛盾的,尤其随着网络及新媒体的迅速发展,网络建设也从普及初创阶段进入规范完善阶段,各种新媒体艺术作品的创作、电子商务活动中对版权及商标专利权益的保护,客观上也是网络及新媒体发展的现实需要。

我们应该切实完善法律法规体系，有效保护网络空间的各种知识产权，打击违法犯罪行为。同时，也应尽早形成尊重知识产权、合理付费使用信息的良好行为习惯，创造更有创新性、更有生长活力的网络新媒体世界。

（三）新媒体与文化

当今社会是经济全球化和信息多元化的社会，传统大众传播日益趋向分众传播，受众从传统媒体简单覆盖的对象逐渐为各类新媒体争夺的对象。媒体资源的整合与竞争是信息化时代的必然趋势，不同媒体之间的合作与竞争进行排列、组合将是媒体市场及其信息传播形式多元化和多样化的根本所在。新媒体必须适应消费者的个性化需求，实际上折射出受众权利的一种提升。

新媒体便捷的多媒体终端或移动终端使消费文化符号刺激现实世界，它还使出浑身解数，竭力讨好和刺激大众的"虚假需求"和"炫耀性"消费。新媒体能够使消费者以"廉价"的支出成本，去热爱原本有"品位"和"格调"的商品，从而形成大众文化消费的繁荣。也可以说，这种新媒体时代的大众消费文化是一种符号文化、一种复制文化，亦是一种赝品文化。

二、政治意识形态的功能和作用

随着网络、手机等数字新媒体的广泛应用，信息传播渠道更加宽畅，手段更加多元化，公众接收信息变得更加畅通、快捷，从而加速了社会信息平权意识的建立和加强。新媒体的发展使政府通过网络等数字新媒体实现公共信息公开与透明，使公民接触更多政府政务信息成为可能。政府政务信息和公共信息的公开既是政府"以人为本"的重要职责，也是各级政府网站的主要工作任务之一。

新媒体的社会环境监测功能与社会协调作用，对政府治理发挥出越来越重大的影响。由于新媒体打破了传统媒体对大众传播渠道的垄断，因此其对于民意的汇集和反映具有前所未有的敏捷性，尤其是进入自媒体和大数据阶段后，这种对社会意见及民众声音的汇集反映，往往变得更加迅速、尖锐。对于社会治理和社会管理来说，这种状况具有比较显著的二重性。政府需要加强对新媒体使用的重视，努力使新媒体对现实政治发挥正面影响力。

综观国内外事件，新媒体对政治的影响力正在不断增强，包括国外的竞选活动、立法行为、政治斗争等，都广泛利用网络及手机媒体等各种手段。在国内，目前，党政机关普遍开设的官方微博、微信公众号，也是着眼于新媒体的社会功能，努力使新媒体在促进政府治理行为公开、透明、有序的发展过程中发挥积极作用。

总之，政府部门如何面对各种网络信息，尤其是在重大事件发生时能否有效利用新媒体手段快速反应和正确解决问题，已成为评价执政水平的一项指标。

三、对经济的影响及引起的变化

新媒体对经济的影响主要体现在现代企业和新媒体产业发展上。

一是通过计算机网络建立起电子商务的体系结构，从而形成独立高效的信息传播渠道，在市场营销中架设出一条从商品生产者直通消费者的信息高速桥梁，使得传统市场销售结构发生巨大变化。以淘宝及京东为代表的电子商务公司就是大家熟悉的典型代表，它们一方面颠覆了传统的商业体系，另一方面又极大地促进了社会消费，带动了社会经济的巨大发展。

二是积极运用各种新媒体手段开展品牌塑造及市场营销行为，是新媒体带给经济的另一个巨大变化。在传统条件下，商品生产者主要依靠大众传媒进行广告宣传、打造品牌形象，这种方式成本高、效率有限。新媒体时代，厂家纷纷开设网页、官方微博、企业微信公众号等，利用大数据手段，对潜在客户进行精准营销。这种趋势不仅极大地改变了传统市场营销模式，也极大地提高了企业营销的效率。

同时，在购买支付行为方面，新媒体也给社会带来了巨大的变化。基于电子金融手段和商务网络终端技术的逐步完善，电子支付成为人们生活中更加方便的方式。生活中广泛应用的支付宝及微信支付，就是这种方式的典型代表。

总之，作为一种传播介质与传播手段，新媒体为新媒体产业本身及相关信息产业带来了巨大的经济效益。

第四节 新旧媒体间的融合

从大众传媒演变的历史过程来看，任何一种新媒体的出现都会引起新旧媒体之间的激烈竞争。这些竞争关系往往并不是"新"的媒体取代"旧"的媒体，并进而导致"旧"的媒体消失。一种"新"的媒体的出现本质上并不是对"旧"的媒体的替代，而是对"旧"的媒体的补充和扩展。如广播对报刊的冲击，是听觉媒体对阅读媒体的冲击，本质上是补充，而不是替代；电视对广播的冲击，是视觉媒体对听觉媒体的冲击，本质上也是补充，而不是替代，最后形成"新""旧"媒体共存的状态。但是网络和新媒体对传统媒体的冲击不同于历史，它不是以一种不同的、独立的方式出现，而是具有显著的综合性，即利用数字技术和网络技术，将所有传统媒体形式包容在一起，形成一种全能的媒体新形式，即所谓的"媒体融合"。可以说，直到以网络与手机为代表的新媒体诞生，新旧媒体的融合才呈现出前所未有的规模与速度，并引发了全球性的新媒体革命。

一、什么是媒体融合

媒体融合的概念是美国麻省理工学院媒体实验室创始人尼葛洛庞帝在1978年首次提出的。关于媒体融合的具体概念，最具代表性的有"技术融合论""大汇流论""大媒体论""生产融合论"。虽然这些定义都是从特定的视角来界定的，并不一定全面揭示媒体融合的内涵与外延，但对我们全面理解媒体融合的概念具有重要的认识价值。

（一）对媒体融合的不同认识

1. 技术融合论

尼葛洛庞帝对融合的界定是"所有的传播技术正在遭受联合变形之苦，只有把它们作为单个事物对待时，它们才能得到适当的理解"。他画了三个交叉的圆圈来代表计算机、印刷和广播三者的技术边界，认为三个圆圈的交叉处将会成为成长最快、创新最多的领域，并进一步认为"广播和动画业""电脑业""印刷和出版业"三个领域将会逐渐趋于融合。

在计算机和网络技术的基础上，文件、对话、图片、音乐和影像等原来分别独立存在的数字信息都可以使用一种终端和网络来传播，这就大大加强了不同媒体之间的互换性和互联性。虽然这在当时只是一种设想或预言，还没有得到网络媒体大发展的实际印证，但从根本上指明了新旧媒体技术发展融合的趋势。

2. 大汇流论

大汇流的概念，来自托马斯·鲍德温、史蒂文森·麦克沃依、查尔斯·斯坦菲尔德三位学者对美国《1996年电信法案》的分析评价。他们认为这个法案结束以往电信、有线电视、广播和计算机业各自为政的局面，产生"整合宽带系统"，为社会信息传播开创了一个数字化的时代，继而引发了大汇流。"整合宽带系统"也可以称为"全方位服务网络"，其发展取决于信息源、设备和软件的设计者和制造商、网络的建造者和经营者以及用户。也就是说，信息传输渠道的"三网"融合引发了信息数字化和新旧媒体技术的融合，从而实现新旧媒体的融合。①

---

① 彭东.新媒体与传统媒体的互动融合研究[J].西部广播电视，2021，42（1）：10-12.

3. 大媒体论

大媒体论来自美国学者凯文·曼尼在《大媒体潮》一书中的界定，凯文·曼尼对新旧媒体的融合是这样解释的：在传媒业不分领域的全面竞争中，传统的大众传媒业、电信业、信息（网络）业都将统合到一种新产业之下，这个新产业就称作"大媒体业"。在大媒体业爆炸性成长的同时，也会造成所有的企业投入同一个市场，不是与他人结盟就是要和过去从未竞争过的对象竞争，媒体内部出现"崩陷"的现象。也就是说，大众传媒业、电信业和信息（网络）业将实现融合，形成"大媒体业"。

4. 生产融合论

中国人民大学新闻学院的王菲教授对新旧媒体融合的解释是："媒介融合是在数字技术和网络技术的背景下，以信息消费终端的需求为指向，由内容融合、网络融合和终端融合所构成的媒介形态的演化过程，其本质为生产形态的融合。"

（二）媒体融合的基本要素

综合目前已有的代表性定义，要全面准确地理解媒体融合的概念，应该着眼于媒体融合的几方面基本要素，即本质特征。

第一，媒体融合的前提是新媒体技术，即数字技术、计算机网络技术和移动通信技术三大基本技术的综合发展；

第二，媒体融合的根本动力是社会需求与市场竞争；

第三，媒体融合是混合形态，是计算机、手机等新媒体技术平台与图书、报纸、杂志、广播、电视等传统媒体相互融合，形成新的混合型新媒体；

第四，媒体融合的结果是传统媒体形态全方位的改变，包括媒体组织的融合、生产的融合、管理的融合、交易的融合、产品的融合、竞争的融合和市场的融合，最终还会导致技术的融合、产业的融合、消费形态的融合。

二、媒体融合的历史过程

新媒体条件下的媒体融合不同于历史上发生过的"新""旧"媒体的冲击和混杂，新媒体与以前的所谓传统媒体，实际上都各自具有一种独特的传播特性。如：报刊是典型的阅读媒体，以文字以及图片作为信息传达方式；广播是典型的听觉媒体，以声音作为信息传达方式；而电视是视觉媒体，以声音和活动图像作为信息传达方式。除电视和广播具有一定的替代关系外，各种媒体实质上是媒体传播手段的补充和延展。它们之间的激烈竞争，其实只是对"第一媒体"地位的竞争，而并非你死我活的替代关系。在激烈的竞争过后，各种媒体各自在社会生活中找到自己的位置，确定媒体间"差别发展"的关系，明确自身传播特长及定位，达到媒体竞争发展的动态平衡，构成相对稳定的媒体传播体系。

但网络及新媒体的出现，改变了传统媒体间"新""旧"竞争的基本形式，新媒体的信息传播手段是综合性的：既是阅读的、收听的，又是视频的；既可以现场直播、即时观看，又可以长久保存、即用即取。这样人们有了一个新媒体终端后，就可以不看报纸、不听广播、不看电视了，似乎新媒体对传统媒体是一种替代和消灭。但更进一步看，人们并没有不看报纸、不听广播、不看电视，只不过不是用传统的方式，而是使用新媒体的终端。人们利用网络，在电脑、手机、平板上看报纸、听广播、看电视，但看的是新闻网页、电子报刊、网络视频、IPTV……这些高度综合性的信息传播，形式多样，手段新颖，灵活多变，满足了人们不断增长的信息消费需求，这是传统的报社、电台、电视台难以满足的。

综合来看，新媒体是集各传统媒体所长，综合各种信息传播方式，能够同时满足人们对信息传播各方面要求的新形式。从媒体功能和性质的角度看，新媒体并非一种全新的信息传播渠道，也不是一种全新的媒介体系，它是对所有传统媒体的大融合。

三、媒体融合的基本方式

具体考察当前媒体融合的方式，可以从不同的视角和切入点进行，比较具有代表性的有"生产管理融合论""新闻融合论""综合融合论"几种观点。

（一）生产管理融合论

美国西北大学戈登教授立足于美国媒体结构以及新闻生产的方式，从生产管理的视角把媒体融合归纳为所有权融合、策略性融合、结构性融合、信息采集融合、新闻表达融合五种方式。

（二）新闻融合论

美国鲍尔州立大学戴默教授着重从新闻信息传播的角度，按照新闻融合的程度，将媒体融合归纳为交互推广、克隆、竞合、内容分享、融合五种方式。

（三）综合融合论

中国人民大学王菲教授的观点是，媒介融合的本质是生产形态的融合，主要包括内容融合、网络融合和终端融合，在此基础上产生了技术融合、产业融合、产业链融合、生产形态融合、消费形态融合等融合方式。

四、媒体融合的产物

媒体融合是传统媒体从形式到内容、从表象到实质的全面融合。媒体融合的最终产物是新媒体技术与传统媒体的内容、形式相结合而形成的新的混合型的媒体形式。对目前以数字化为特征的新媒体来说,媒体融合的主要产物有网络媒体、手机媒体两大类型。其中,网络媒体以电脑和平板为主要手段,其与传统媒体融合而催生了网络报纸、网络电视、网络广播、电子杂志、电子图书等新媒体。手机媒体立足于移动网络技术,以不断推陈出新的智能手机为平台,既与传统媒体融合,又广泛结合网络媒体的形式和内容,产生了手机报、手机杂志、手机图书、手机广播、手机电视、手机电影等新媒体。此外,数字技术与广播、电视融合产生了数字广播、数字电视,移动通信技术与电视融合又产生了移动电视。这些新媒体的产物每天都在不断进化,在技术和内容两方面不断提高,通过激烈的社会竞争和市场竞争,力争在未来的信息传播体系中发挥更重要的作用。

五、新媒体的冲击效应

(一)颠覆话语权利

在传统媒体时代,报刊、广播、电视、等媒体牢牢掌握了社会的话语权。任何人想要广泛传播信息、营造或影响舆论,必须通过大众媒体。新闻工作者"无冕之王"的美称也来自传统媒体对社会的广泛影响。这种对社会舆论、社会公众的巨大影响,在新媒体时代发生了巨大改变。新媒体的出现对传统媒体的冲击,首要体现即是对传统媒体的话语垄断产生了强烈撞击,媒体生态的传播权、话语权得以重塑。传统媒体的信息生产传播是以传播者为起点,接收者为终点,是一种线性传播。这种传播模式是少数人对多数人的传播,信息生产的话语权掌握在少数媒体精英手里,他们设置社会话题、引导舆论走向、控制信息类型、垄断传播渠道。而互联网及新媒体的出现,使普通信息接收者也能够进行信息发布,并且可以不通过传统媒体发布信息、影响社会、引导舆论。这样新媒体为社会公众提供了话语平台,同时也赋予了公众话语权。草根的话语表达虽然往往有庞杂性、纷繁性、多变性的特点,但也体现了当代社会的多种观念。

新媒体对传统媒体的冲击除了体现在传播渠道和方式的改变外,还体现在对传统媒体的内容生产造成了一定的冲击。新媒体的内容生产不再遵循固有的传统思维逻辑,内容生产拥有了很大的自主性,并且更加贴近平民的趣味和喜好,更加符合普通民众的眼光和价值。如新媒体中"标题党"现象更加严重,这是因为在一定意义上,新媒体就是一个视觉性媒体。要在五花八门的信息中更多地吸引大家的注意，"争抢眼球"，就得更加显眼、更加"出众"，乃至哗众取宠。有一个抢眼的标题，吸引人点击观看，就算成功，至于内容，难免会出现不过如此、文不对题、错漏百出的问题。

新媒体是制造碎片化内容、微传播内容的行家。从这一层面上，它冲击了传统媒体的深度报道，限制了内容生产的深度性。新媒体的出现降低了传统媒体的内容生产能力。一方面，新媒体抢夺了传统媒体的内容资源。新媒体传播的门槛与成本都比较低，随意引用传统媒体的内容，导致传统媒体的内容资源逐步流向新媒体。另一方面，新媒体重构了传统媒体的内容价值，这也引致社会的批评和担忧。

（二）解构把关角色

在传统媒体时期，"把关人"是非常重要的概念，它涉及新闻的选择与判断，关系着新闻价值的选择。"把关人"又称"守门人"，是指那些在新闻媒介系统中居于决断性的关键位置的个人，如信源、记者、编辑等，或指媒介组织，如报社、电视台等。他们依据既有的价值倾向或者经验对信息进行筛选和过滤，保证传播给受众的信息是正确及适当的。而新媒体时代，传统媒体"把关人"的角色遭到了颠覆和解构。信息传播容易带有感性色彩，助长非理性思潮的泛滥。其表现在社会层面，则是极端性、冲突性以及情绪性的舆论容易制造各种事端甚至引发暴力。

（三）重构广告产业

广告是传统媒体生存发展的重要倚仗，一般来说，一个没有可靠财政来源的媒体，每年吸纳的广告费如果低于全年经费支出的50%就很容易面临经济问题。发展态势越好的媒体，广告的吸纳能力、吸纳比例也就越高。随着新媒体的迅猛发展，新媒体成为广告的新载体，瓜分了传统媒体的市场份额，传统媒体的影响力降低后，广告的吸纳能力也随之降低，然后进入恶性循环。对于受众而言，传统媒体的广告是强迫式的，而新媒体的广告是软性的。对于广告主而言，传统媒体的广告像农田的漫灌，片面追求覆盖面，费用高、效率低；而新媒体的广告总体费用低，而且投放精准，效率大大提高。这种结果导致越来越多的广告主把广告投放的重心转移到新媒体领域，这对传统媒体来说无疑是雪上加霜。

第二章　新媒体发展趋势

新媒体的发展势头一直没有衰减，各种新技术、新内容、新服务都以爆发般的速度展现在我们眼前。任何事物的发展都要经过推陈出新、优胜劣汰，新媒体必然也不例外。要从网络新媒体纷繁复杂、变化多端的发展过程中归纳出发展趋势和规律，这并不简单，但如果将其细分成技术、内容、服务、管理等方面来进行梳理，则不难发现其发展趋势和规律。其中，新媒体的内容融合、网络融合、终端融合特征已崭露头角，同时，移动化和宽带化也是新媒体平台发展的趋势。

第一节　移动化与浅阅读

一、移动互联网时代凶猛来袭

新媒体的移动化一直在改变着人们的生活方式，渗透到人们的娱乐休闲、消费模式中，给人们带来了一轮又一轮的全新体验。移动技术和互联网已经成为信息通信技术发展的主要驱动力。

（一）移动媒体应用

当今社会对生活空间分配的时间发生了变化。人们在工作单位里停留的时间比过去长了，在户外流动和穿梭的时间也越来越长。都市生活的快节奏使移动日益成为都市人生活的典型特征。城市面积的扩张延长了上班族通勤所花费的时间，乘车、等候电梯等行为产生了一系列碎片时间，引发了人们对碎片时间处理的需求。候机大厅里、公交车上，随处可见人们正全神贯注地看着小小的手机屏幕。与这种移动生活形态相适应的是，一方面越来越多的各式的移动媒体为信息的传播提供了更多的渠道，另一方面他也改变了人们原有的信息接收习惯。

移动阅读是指用手机或带有通信功能的电子阅读器等通信终端将阅读"口袋化"、移动化、个人化的行为。阅读内容可能包括报纸、杂志、博客、微博、网络文学、图书等，或者是专门定制的手机报、手机杂志、动漫及各类互动资讯。当下我国移动阅读主要分为三个层次：一是浅阅读，即利用无聊的碎片时间进行的阅读；二是利用成块时间进行有方向的深度阅读，例如用亚马逊 Kindle 阅读器进行的阅读；三是个人出版，在移动互联网并不发达的过去，90%的书稿无法出版，但现在的手机阅读平台可以将人们的阅读需求和创作需求嫁接，发表的技术门槛降低，开掘了点对点的出版机会。[①]

移动社交网络成为主流。在网络时代，人们的交流几乎不受空间的限制。人与人之间的交流不需要考虑空间距离以及周围有什么人，只需要通过移动媒介就可轻易实现远距离沟通。由此来说，移动式阅读，微博、微信等社交媒体与手机移动终端的捆绑都必然会促使社交功能的进一步拓展。

新技术的出现和应用往往是媒体产生变革最直接的推动力，科学技术上的突破往往引发媒体的革命，比如造纸术和印刷术的发明。近年来移动网络的飞速发展为数字媒体移动化提供了直接的推动力。

（二）新媒体移动化存在的问题

第一，内容问题。在信息内容数量爆炸的今天，如果想要被人注意到，那么依然要以内容作为竞争力。目前，虽然新媒体数量日益增长，但一味地求多求快，就会导致信息内容质量得不到保障，失去很大一部分竞争力，这种不良情况蔓延成灾，就是目前新媒体移动化所具有的普遍化问题。

第二，技术问题。技术问题依然存在于移动媒体上，诸如网络传输速率慢、电池寿命短、终端小型化等问题，以及相关技术标准的制定问题，还需与内容服务商进一步协调发展。

第三，资本问题。目前资本投入更倾向于面向硬件，比如终端和线路。相对而言，对软件的投入就没有硬件多，对于服务的投入更少。

二、浅阅读时代的到来

（一）浅阅读是时代的需求

浅阅读即阅读只需要较少的思考，采取跳跃式的阅读方法。浅阅读追求的是短暂的视觉快感和心理愉悦。浅阅读是一种以"快餐式"的图像、短信、帖子，或者是包装过的对名著的读图、缩读、速读为阅读对象的浅层次阅读形式，整个过程简单轻松，以娱乐为旨归。简单、直接、感性，瞬间能得到愉悦与满足，是浅阅读文

---

① 陆琼. 新媒体发展与新闻传播创新研究 [M]. 广州：广东旅游出版社，2019：77-83.

化的显要元素。浅阅读往往从第一印象开始，形式就是内容，并通过形式放大内容，它标志着网民可读—易读—悦读的趋势日益明显。

浅阅读给人们生活带来了很多影响：日益工业化生产的媒体阅读比书本阅读更容易被人接受；媒介批评正在替代传统批评影响人们的意志；人们关心的重点更多的是事件、人物的冲突和戏剧化的娱乐效果，新闻背后的真相反而并没有多少人关心。浅读物的生产方式日益模式化、批量化、标准化、通用化，这使它的商品属性居于精神属性之上。浅阅读及其衍生的"读图时代""动漫时代"都是文化工业时代的一种必然结果。以"短、平、快"定位的三俗作品更具吸引力，浅阅读与经典阅读不断进行空间竞争，越来越有压倒性优势，娱乐化阅读成为主导。浅阅读受众范围日益扩大，身份多样。

（二）浅阅读的社会影响

在传统阅读遭遇消费文化日益衰落的今天，网络图片、快速翻阅、缩读略读等浅阅读行为成为阅读新风尚。浅阅读这种一味追求快速、海量和感官刺激传播效果的行为，虽然拉动了商业文化和消费文化，但它对于传统的深阅读是一种从内容到情感诉求的解构。浅阅读更偏重于体验阅读的快感和阅读过程中的娱乐性，而不再需要认知心理的深度介入。

但换个角度，在信息量呈爆炸式发展的今天，现代人生活节奏加快，他们需要用最少的时间成本从海量的信息中选出自己需要并且有用的信息，以节省时间和精力。浅阅读这种碎片化阅读方式同现代人获取信息的方式相契合，是现代人的一种适应性选择。

从内容生产方面来说，浅阅读的内容一般偏微小化，正因如此，这种阅读趋势也促进了"微内容"的生产需求，激发出一种全新的有活力的文体。

从受众方面来说，如果是以学习为出发点，那么可以采取浅阅读与深阅读结合的学习方式。浅阅读的快速高效可以直接切中某一知识点或对知识有一个提纲挈领的概括功能；深阅读则可以纵向延伸阅读者的知识体系，使其了解更加深入。总而言之，这两种阅读方式都是人们在学习过程中不可避免的两个必经阶段，它们可以交叉并存。

第二节 个性化定制

随着新传播技术的不断出现，互联网新媒体正在飞速发展。2014年在浙江乌镇举行的首届世界互联网大会上,与会的部分业内人士认为,未来新媒体的个性化定制将成为大趋势,网络"比你更了解你自己"。当时《人民日报》副总编辑马利在"新媒体新生态"分论坛上分享了一个案例：美国的一位父亲父亲怒气冲冲地质问沃尔玛,为什么总把婴儿用品的优惠券寄给他读高中的女儿？事后证明他女儿怀孕了,是女孩在社交网站上留下的信息,让商家捕捉到了。

今日头条是一款基于数据挖掘的推荐引擎产品。系统通过观察每个用户的行为,不仅了解这个用户,还得到不同用户之间差距的数据、它可以知道使用同一款手机的用户有什么共同的特点；在使用3G/4G/5G和Wi-Fi网络的时候,小米手机的用户喜欢看的内容有什么区别。手机屏幕很小,信息却那么多,这两者之间的矛盾越深,信噪比(有效面积内的信息和噪声的比例)就显得越加重要。根据受众在特定的情境下的需求,媒体需要在不同的时间、不同的地点准确推送不同的内容,故个性化推荐的需求只会更强烈。而百度副总裁朱光曾说过："比如你搜过科技、体育等领域,我们就能知道你对哪个领域感兴趣。"百度自己不产生新闻,但是它通过搜索技术聚合全球新闻,每天要聚合超过40万条新闻。在这当中,定制千人千面的个性化新闻是百度坚持的一个重要理念。①

"大数据时代,网络比你自己更了解你的喜好。"新媒体现在越来越主动地运用大数据,推送用户所需要的内容。未来大规模的个体信息定制将成为可能,媒体将变得更加智慧,更能满足人们个性化、情境化的需求,成为人们获取特定信息的"阿拉丁神灯"。新媒体不仅帮助用户找到优质的内容,同时还帮助优质的内容找到优秀的读者。

一、个性化趋势的理论基础

分众理论是传播学理论中能直接体现受众的个性化诉求的理论。"分众"这个词是说,受众并不是同质的孤立个人的集合,而是以不同社会性质所区分的人群。分众理论认为,社会机构具有多样性,是多元利益的复合体；社会成员分属不同的社会群体,其态度和行为受群体属性的制约；分属于不同社会群体的受众个人,对大众传播有不同的需求和反应；在大众传播过程中,受众并不是完全被动地存在,他们在接触、选择内容和理解媒体上有着某种自主性和能动性。

分众理论的一个前提假设是认为人们有着不同的性别、年龄、职业、学历、文化背景,具有不同的个人属性和社会属性,也正因如此,每个人的媒介需求、接触动机、媒介取向也不同。媒介需要对受众进行准确定位,才有可能取得较好的传播

---

① 翀翀.广播电视艺术与新媒体发展研究[M].北京：中国国际广播出版社,2019：156-161.

效果。网络空间技术的发展为受众的细分化提供了有利条件,也让受众的个性化信息在网络空间上展露无遗。

二、个性化定制的优势

(一) 以个性消解内容同质化的影响

"同质化"最初是一个经济学概念,主要是指产品或服务竞争到最后阶段出现的产品趋同,消费者很难区分产品质量的差别。此概念被引入媒介传播领域,主要表现为传播内容的重叠和趋同。在信息极度过剩的时代,大量冗长无效的同质化信息导致受众注意力下降,也影响了媒介的传播效果,人们对这种大规模生产的同质化内容逐渐失去兴趣,开始尝试追求阅读与浏览个性化和差异化的信息。而定制服务让受众真正能够阅读"我的版面""我的栏目",满足了受众对信息接收的个性化需求。在充斥大量碎片化信息的社会中,人们对于信息的接收和容纳不可能面面俱到。作为接触和使用媒介的受众来说,越是能让他们偷懒、省心省时省力的应用就越能获得他们的好感。今日头条最明显的优势就是降低了用户的阅读成本,如选择成本、筛选成本、时间成本等,同时减轻了用户的阅读和选择困难。

(二) 以细分化提高受众身份认同

个性是什么?定制是什么?本质就是新媒体传播市场的细分化。通过本土化定制,能针对不同地域的人群发展地方版。通过对不同层次、不同领域的受众量身定制,能进一步让养生、时尚、军事、地产等信息有效扩散到老年、妙龄女性、中产男性中产等群体中。情境化定制,例如:针对开车一族,可以随时提供路况信息;针对逛街购物的人群,能够根据用户所处的地点,提供附近商场商品的打折促销资讯。"我的头条"不见得是你感兴趣的,"你的头条"也不见得就是我心目中的头条。

(三) 以消费黏性增强信息接收效用

对于受众来说,信息获取需求受到自身习惯、文化水平和知识要求因素的影响,受众对信息的需求和选择是基于自身背景进行社会选择的结果。需求的不同使得不同类型的新闻都有各自忠实的读者。在这样的情况下,定制化信息可以使受众无须为阅读某类资讯而购买大量的无用信息,在某种程度上提高了受众的媒介阅读忠诚度,使受众满足于按照自我偏好和需求组合的"我的头条",达到自我接收到的新闻信息都能为我所用的目的,实现信息利用价值的最大化。

三、个性化定制的弊端

尽管定制化内容能够满足受众的多样化需求,受到受众的喜爱,但在其发展的过程中,一些不可避免的弊端和陷阱也不断显露出来。我们应该从以下几个方面反思定制化内容。

(一)资讯数量与质量不成正比

只做内容聚合的公司没有自己的采编人员,因此不进行传播内容的采、摄,其传播内容以其他媒体的新闻报道为基础聚合而成,这就造成了内容碎片化十分严重。除此以外,他们利用科技手段将资讯推荐给用户,但是在发送资讯之前并不能进行人工筛选,这使传播内容的质量得不到充分保障,进而产生质量问题——当受众得知其获取的信息归根结底来源于其他媒体时,就会下意识降低好感度。

(二)点开并不代表真的喜欢

个性化定制的最终目的是将有价值的内容传递给受众并唤醒受众。在一项基于荷兰媒体与受众的调查显示,个性化定制的新闻会使受众视野首先或过多关注不良信息。由此我们需要思考的问题是,以受众浏览过的信息为基准进行新闻推荐的模式是否真正可行,受众点开新闻是否代表真的喜欢这条新闻并想继续浏览类似的新闻。一个人的消费行为并不一定真正代表着喜欢,往往是偶然或者惯性等多种因素影响的综合结果。无论是机器还是数据都不具备复杂的、人性化的识别能力,而是倾向于强化分析所带来的结果,并以此为依据源源不断地向同一用户推荐同样的产品,这样机械化的强行兴趣塑造也在很大程度上让受众产生反感情绪。

(三)信息回音壁

美国社会学家桑斯坦在其著作《信息乌托邦》中提出,在信息传播过程中,由于公众自身的信息需求并非全方位的,公众只注意自己选择的东西和使自己愉悦的通信领域,因此久而久之会将自身桎梏于"茧房"中。在个人建造的信息茧房中,个人的喜好和关注领域会逐步定式化、程序化,逐渐失去了解不同事物的能力和机会,造成个体信息孤岛的产生。大数据算法和关键词定制强化了受众对某类信息的关注,将受众的视野无形中限制在一定的范围内,从而错过重要的信息。虽然一味地关注同一类信息做到了"术业有专攻",但久而久之会使受众欠缺宏观知识架构的全局视野。正如张朝阳认为的那样:"一味地个性化,将导致推送内容的僵硬,因为很多时候人们对信息的索取是随机的。"

(四) 旧的同质化与新的同质化

手机新闻客户端和新闻定制服务最大的目的就是和其他同类媒体相区别，吸引那些有个性的用户。但是随着近年来信息科学技术的持续发展，新闻客户端在技术上的差距已经变得很小，同时各大新闻客户端也都开始重视个性化新闻的发展，朝个性化推送努力。向用户推荐某类信息或者诱导用户订阅某类信息已经成为各大新闻客户端的"标配"，再加之不同客户端之间新闻主题、频道内容和关键词的高度重合性，推送信息再次呈现同质化发展趋势，甚至出现伪定制化，新闻客户端不是以受众作为第一位而是将个性化推荐作为争抢受众的噱头。

简而言之，虽然新媒体的个性化定制会面临诸多问题，但新媒体的个性化趋势具有强大的生命力，并将随着新媒体发展而日趋凸显。

第三节 宽带化

网络电视、手机电视、移动电视等新媒体不断涌现，为宽带服务的发展提供了全新传播渠道，也推进了宽带服务的进一步发展。由此可见，数字新媒体的发展与宽带化是互相促进的。一方面，新媒体的出现为各种宽带服务的发展提供了新的突破空间；另一方面，各种优化宽带的行业标准的颁布，也必将推进网络电视、手机电视、移动电视等新媒体的进一步发展。

一、推动数字新媒体宽带化的因素

（一）网络新技术保证了数字新媒体的宽带化

当前宽带网络技术主要包括四个方面的内容：首先是流媒体技术，它是实现信息内容安全、稳定传送的一个重要保证；其次是光纤技术，它保证了大容量信息可以快速传输；再次是无线技术，它可以保证人们不限时间、不限地点接入宽带网络；最后是互联网技术，它包括互联网的协议、标准等，互联网技术的发展丰富了信息资源和服务。

信息传播的数字化正在高速发展，各种网络在传输技术上都以数据传输为主流，其中多媒体、流媒体已经成为广泛使用的常规形式。网络传输技术的进步可以为在不同的网络中实现各种业务的交叉应用提供技术基础。另外，在不同网络中提供开放的服务体系，可以更好地支持第三方服务提供商，提供更多有特色、个性化的内容服务。

(二) 媒体融合推进了数字新媒体的宽带化

媒体融合推进了媒体模式的创新，也推动了新媒体宽带化的进程。当前信息传播越来越多元化，网络传输向着宽带化迈进，网络功能也越来越趋同。这些事物带来的服务融合正在深刻影响传统的语音、数据和图像这三大基本业务的行业界限。这些事物在业务上的相互交叉与整合，也必将为社会经济信息化、网络化、数字化提供基于 IP 技术和具有融合能力的多平台、多服务、多种类的数字新媒体传播模式。这些由于信息传播网络和接收发送载体进步而产生的新的媒体模式的主要互动特征是，一对多、多对多、多对一、一对一等多元形式的混合。①

(三) 市场需求推动了数字新媒体的宽带化

新媒体受市场发展与需求的推动一直在向宽带化发展，媒体传播模式也在不断创新，一步步在创造和推动着市场需求。首先，对于承担主流传媒职能的广播电视而言，以前那种传统的观众被动接收信息的方式，正被多元化的主动需求、个性需求、互动需求所影响，同时数字新媒体的宽带化又为满足这些需求提供了很好的解决方案。其次，电信运营商迫切需要在服务模式、增长方式上有新的突破。目前，涉及三网 (电信网、计算机网、有线电视网) 交叉或融合的新媒体服务有网络电视、手机电视、多媒体短信、网络电话等，这些都是业界认为可创造巨额财富与价值的新型媒体。如果在这些新媒体业务上努力进行开发，将会引发业界新一轮的竞争和变革，推进宽带化的发展。

二、新媒体宽带化存在的问题

数字新媒体的宽带化发展趋势日益凸显，但数字新媒体的宽带化进程无疑也存在各种问题。

(一) 价格问题

价格决定了进入宽带网的门槛高低。高昂的价格会影响宽带网的普及速度，这会相应减缓新媒体的宽带化进程。

---

① 李晓. 信息传播与新媒体发展研究 [M]. 长春：吉林美术出版社，2020：97-104.

（二）运营模式

新媒体不单是发展硬件就可以，只有和新模式结合起来才能得到健康的发展。目前，大多新媒体服务在运营方式方面还处于探索阶段，暂时还没有运营商有能够独自完成整个产业链开发经营的优势。因此，新媒体服务的发展离不开多元化的合作和运营体系开放规则的创新，而这些都需要与适合新媒体服务特点的市场营销模式相伴随。

（三）内容监管

在新媒体服务发展迅速的同时，对于服务内容是否健康的监管问题也制约着其发展。网络应用总在朝着越来越个性化的用户主导服务发展，因此，对于用户的网络使用行为和用户自主在网络上创造内容这些行为而言，必须对其进行合理有效的监管，才能真正可持续发展。

（四）技术问题

目前的宽带技术还无法满足新应用的需求。一是需要宽带网络具备超强的健康运行性和自组织自适应能力，才可以适应数量越来越多、功能越来越强的具有超强移动性和时变性的海量媒体数据的传播。二是要求宽带网络能够对网络资源进行调度与控制，使得各种原有的服务都能在同一网络上被提供，适应新内容和新服务不断增加的情况。除此之外，网络资源控制必须拥有自我升级的能力，才能适应应用服务的发展。三是移动宽带网络的解决方案需要能有效满足新媒体应用，这样才能保证移动媒体用户具有双向有效的高带宽。

事物的发展趋势都是前进而曲折的，相信随着新媒体的进一步发展与应用，上述各种宽带化进程中的问题与屏障都会慢慢解决。

第四节　人工智能

一、人工智能在新媒体上的运用

近年来，各大科技公司纷纷大举进军人工智能领域，如特斯拉、百度的无人车、IBM 的 Watson 认知平台、苹果的 Siri、微软的"小冰""小娜"等。在全球资本转冷的大环境下，人工智能领域仍然能迅速成为各大风险投资基金的追逐热点。"世界互联网教父"凯文·凯利预测表明:"人工智能会是下一个20年颠覆人类社会的技术,它的力量将堪比电与互联网。"

从技术角度来看,人工智能与新媒体传播几乎是纠缠在一起的。早在2010年,美国一家名叫"叙事科学"的服务公司就推出了一款名为Quill的写作软件,这款软件能从不同角度将数字转化为有故事情节的叙述文。Quill曾被用来撰写电视及网络上棒球赛事的比赛报告,福布斯网站曾使用Narrative Science的技术自动制作财报和房地产相关报告等。在此之后,很多国外主流媒体都先后尝试了人工智能。

观察国内新媒体运用人工智能的情况,笔者发现近年来人工智能主要被应用在机器写作和智能化推荐两个方面。

写作机器人的特点是快速、模板化。国内最早采用机器写作的是腾讯。腾讯于2015年9月在旗下财经频道用写作机器人Dream-writer发布了一篇关于8月CPI的稿件,题目名称是"8月CPI同比上涨2.0% 创12月新高",稿件主要是数据和各界评论专家对数据的分析解读。在此之后写作机器人Dream-writer持续发布新闻稿件。来自《2016中国新媒体趋势报告》的数据显示,2016年的前三个季度,写作机器人Dream-writer写作文章的数量达到了4万篇。2015年11月18日,新华社推出旗下的写稿机器人"快笔小新"。新华社的写稿机器人操作简单快捷,输入一个股票代码,再点一点鼠标,就能产生一篇财报分析。"快笔小新"其实就是一种普通的计算机程序,虽然写出来的内容不算完美,但速度非常快。新华社的体育部和《中国证券报》也应用了"快笔小新"。除了这两个部门,新华社其他部门均未应用"快笔小新"。目前来看,国内的机器写作范围主要限于财经、体育等领域,体裁并不多,通常是快讯和财报。今日头条在奥运会期间,推出了旗下的写作机器人Xiaomingbot。区别于腾讯的Dream writer, Xiaomingbot的写作水平仿佛提升了一个层次,因为速度更快,数据入库两秒内即可生成新闻稿并实时发布。不仅如此,Xiaomingbot的稿件样式较多且自适应能力强,能够根据多方收集而来的赛前预测和实际赛果之间的差异来生成新闻稿件的语气。尽管Xiaomingbot看起来有不少进步,但其实国内的机器写作仍处于初级的应用阶段。①

在智能化推荐方面,笔者发现有看得见的改变。在很多情况下,用户并不知道媒体会在何时发布自己关心的新闻,智能化推荐则显得尤为重要。腾讯的《天天快报》、百度的百家号、今日头条都在该领域中尝试。今日头条的广告词说得很简单直白——"你关心的才是头条",也就是根据用户的个性需求将内容推送到用户的首页上,让用户最先看到他们关心的内容。其实百度在很早之前就开始布局人工智能,

---

① 曾迪亚. 新媒体和传统媒体的共赢发展 [M]. 北京:中国国际广播出版社,2020:132-143.

并一直在旗下的百家号上进行测试。百度在介绍百家号时是这样说的：它们是多维度来刻画用户群体，当用户登录后，用户所搜索的数据都会被记录，相关的内容监测会出现在搜索框的下侧，进行垂直刻画；如果有用户多次搜索了"英超""足球"，那么下次关于英超足球的文章会被优先推荐到该用户的页面首页，这实际上是一种数据积累和维度刻画。目前，国内人工智能与新媒体结合的发展正在飞速发展，但离人工智能被真正应用于新媒体领域还有着不小的距离。

二、人工智能在新媒体上的普适方向

（一）数据处理

现在是一个数据信息大爆炸的时代，互联网环境下每天产生着无比庞大、难以统计的数据信息，数据已经渗透到各行各业之中，成了重要的生产要素。新媒体是大数据时代的受益者，数据是新媒体非同小可的优势。收集数据、管理数据、分析数据、利用数据等每一环节都能为新媒体所用，并产生可观收益。但新媒体中内容的生产者和受众均是人，而人并不擅长去处理复杂、多样、烦琐的数据。所以我们将这些工作交给更智能、会成长的机器——人工智能来完成，以快速适应处理各种数据的相关工作。然而数据是人工智能的关键，也是最重要的要素，数据的数量和质量会共同决定人工智能的发展水平。全球持续增长、无所不在的互相联系的设备、机器和系统产生的非结构化数据的数量呈现出了巨大的增长。一般情况下，拥有的数据越多，新媒体传播的神经网络就会变得越有效率。人工智能帮助新媒体处理数据，同时新媒体产生的大量数据又可引领人工智能在该环境下进一步成长，进而推动新媒体自身的不断发展。

（二）语音与图像识别

语音与图像识别相当于人工智能模拟人类的听觉、视觉及基本的语言能力。新媒体发展到现在，内容上早已不再停留在图文层次，越来越多的视频、音频成为新媒体传播的主力军，特别是智能手机硬件设备的升级和普及，人人都可以十分便捷地生产视频、音频内容。但是即便如此，无论是从制作、传播还是审核等与新媒体相关的角度来看，视频音频都要比图文更加复杂。而人工智能在语音与图像识别领域已经逐渐趋向成熟，甚至有不少被应用到人们的生活当中，如科大讯飞的语音输入法、高德地图的智能语音导航、百度的百度识图、微软的微软识花，这些语音与图像识别的人工智能技术与新媒体将会有多维度的有机结合。

（三）机器学习与深度学习

人类把自我意识赋予机器硬件将会是一个递进的过程，机器学习专门研究计算机怎样模拟或实现人类的学习行为，以获取新的知识或技能，重新组织已有的知识结构，使之不断改善自身的性能。同时机器学习也是人工智能的核心，是使计算机具有智能的根本途径，其应用遍及人工智能的各个领域，它主要使用归纳、综合而不是演绎。新媒体环境日益复杂，新媒体人必须保持学习才能跟上新媒体整体环境的快速变化，更何况是满足新媒体人与受众多重需求的机器硬件。当人工智能根据大量有用数据进行不断试错与调试到一定阶段后，能提升算法的精准度和完善算法，也能低成本快速满足新媒体发展的各方面应用需求，推动新媒体发展。

（四）算法

算法是计算机解决问题的方法，是人工智能思考问题、处理问题的基础核心，其作用相当于方法论。而算法是目前新媒体领域对人工智能最常见的运用，如百度、今日头条的内容分发，其本质核心便是人工智能。将内容依据算法分发给不同的受众，这实际上是一种数据积累和维度刻画：一个受众长期使用某种新媒体应用浏览内容，该受众的阅读数据就会被不断反馈进数据库，受众画像就逐渐清晰。同时，随着受众数量的增加，通过相似点描绘可以将人不断地分群，进行群体分发，再加上之前累积的数据，通过算法运算完成智能化的推荐。

三、人工智能在新媒体中的潜能

（一）人工智能帮助新媒体提高效率

1. 内容制作

如今新媒体竞争激烈，对于新闻时效性和准确性的追求越来越高，在内容生产上，人工智能可以成为人类最得力的助手。首先，人工智能可以快速搜寻整理所需素材、检查语法及错别字，甚至能通过数据逻辑分析出该内容的真实性以及合法性。其次，人工智能还能将文字内容转化成视频和音频，使得内容更加多样化。然后在标准化、结构化程度高的领域，其效率将有更出色的表现。比如在体育新闻中，以足球为例，中国的广大球迷更加偏向于观看欧洲足球联赛，但是时差的缘故，欧洲足球联赛通常在北京时间深夜或凌晨举行，若没有人工智能的加班或者夜班跟进，媒体很难在第一时间对赛事进行报道，而人工智能可以无视时差进行24小时跟踪报道，在第一时间生成有关赛事的内容，并且还能截取赛事中的精彩片段插入内容中。

另外，在体育世界中的一些领域如橄榄球、棒球、冰球等，这些运动在中国不是主流体育项目，相关赛事非常少，但所有这些冷门体育赛事总的关注者的数量并不可小觑。媒体如果花过多人力与精力去跟进，所获得的收益与相应投入大概不会成正比，不过如果交由人工智能来完成这些工作则省去了不少人力消耗，并帮助媒体积累不少长尾流量，由此获取更高的收益。以前因为人力不足或关注度不够而被迫抛弃的新闻资讯，可以交由人工智能生产。

2. 内容审核

以往传统媒体中设有"把关人"，对传播内容的质量与尺度都有所把控。现在新媒体每天产出海量内容，特别是视频、音频的急速增加，网络审核人员根本无法跟上其脚步，当审核时间过长或审核存在失误造成漏网之鱼时，都会导致媒体平台各方利益的损失，人工智能的加入成了迫切需要。举例来说，对于以往机械化的文章关键字屏蔽，只要动机不良的内容制作者稍动脑筋，改用网络衍生词便可绕开机械化过滤。而人工智能的做法则是将文章翻译成自身能完整理解的"机器语言"，将存在违规信息的文章标记出来，发送给网络审核人员来处理。人工智能充当着一个大滤网的角色，但它并不会满足于此。当网络审核人员处理完人工智能的标记后，人工智能会记录并学习网络审核人员的处理行为。当数据量足够多时，人工智能经过学习后能进一步提升自己的审核能力，极大地降低了网络审核人员的工作压力，并提升了整体的审核效率。对于视频、音频，人工审核通常要完整地浏览视频内容或者冒着漏审的风险进行片段抽查，但这两种方法都无法把时间成本和风险降到最低，而人工智能的做法则是可以在同一时间通过节点逐帧分析全内容片段，当分析出像素点的组合画面存在违规，如淫秽、血腥暴力等时、人工智能会对该内容进行标记并进行相应处理和学习。

3. 内容分发

在内容分发上，以往的新媒体平台如搜狐、雅虎、百度等门户资讯网站及其移动端的做法通常如下：第一，采取按时间和点击量的顺序来将内容展示给受众；第二，以编辑推荐和精选的形式来将内容展示给受众；第三，依靠受众搜索或定向关注来展示内容。但受众的兴趣口味、所需要了解的信息都有所不同，甚至更多时候受众可能并不知道自己需要哪些信息。今日头条是一个典型的成功案例，它运用人工智能算法在内容分发上战胜了比它更有流量优势的百度。人工智能在内容分发上确实大有可为，它会记录受众的行为，并将这些行为归类，为每一个受众绘制出一份专属的图表。受众的行为和特点越多，人工智能收集的数据就会越多，所绘制的图表就会越详细。如受众的地理位置、兴趣爱好，甚至是情感状态，一旦人工智能掌握了受众的相关信息，便可以精准地将内容分发给特定的、最有可能需要这些信息的受众。如人工智能通过判断受众的地理位置分发当地新闻和交通信息,而当地新闻和交通信息对于其他区域的受众而言几乎是没有价值的。人工智能通过算法分析出受众可能会感兴趣的内容,优先将这些内容展示给受众,以最快速度实现内容对于受众的价值。人工智能通过高匹配值提高内容从分发到被受众打开的效率。

4. 数据反馈

新媒体数据主要包括阅读量、点击率、转发量、收藏量等,同时也涉及受众的地域分布、性别比例等,并且是实时更新的。但它们对新媒体的作用最大化了吗?让我们来看下在加入人工智能后的新媒体可以拥有怎样的改变。首先,收集数据并不是最重要的一环,若收集到的数据不加任何处理和利用,那么数据无法产生实质价值,对于新媒体而言,更重要的是怎么样对收集而来的数据进行处理反馈。针对新媒体平台来说,受众的屏幕展示位置虽然可以无限下滑刷新内容,但优先级顺序是有限的,平台可以通过算法计算出最受欢迎的内容,将它们优先展示给受众。如哔哩哔哩视频平台会对视频内容的播放量、弹幕数、收藏量、投币数、分享次数进行计算,通过综合分数来确定优先展示的内容,而这些数据则是由受众的行为来得出,再进行反馈,最终产生影响。其次,每个受众由于生理与心理的习惯不同,对屏幕位置的注意力也不同,人工智能会记录这些受众的使用数据,知道每个受众的注意力会最先集中在屏幕的哪个位置,如此一来便能将平台方极力推广的内容自动适配到被受众最先注意到的特定位置,从而极大地提升点击率。

针对内容制作者而言,标题越来越重要,一个好的标题通常能带来更多的点击流量。当有多个旗鼓相当的标题等待着被抉择时,人工智能会先将内容制作者准备好的几个标题伴随着内容一起发布,在特定的时间节点和小范围内分发这个内容,然后不断收集这些标题对受众产生影响的数据。当数据达到一定量时,人工智能会自动帮助内容制作者更换数据最优的标题并且不限制范围地分发内容。被称为媒体行业颠覆者的美国聚合新闻媒体巴斯菲德(Buzzfeed),通过人工智能收集并分析网络上的各式内容和数据,当人工智能搜寻到一些受众反映不错但并不知名的内容时,会对数据进行分析,并将结果反馈给 Buzzfeed 的编辑小组,编辑小组将会迅速制作出相近的内容并且分发到各大媒体平台,而这些本身极具潜力的内容在被重新包装和分发后通常会在各大社交媒体上走红,进行"病毒式"传播。

(二)人工智能帮助新媒体受众改善体验

1. 阅读方式

随着智能设备的不断发展,人们获取信息的方式也在不断变化。不少原来在 PC 端独占鳌头的媒体平台也纷纷推出了智能手机移动端,为的就是抢占移动端的流量,同时改善受众的阅读体验。目前，中国互联网用户人均拥有智能设备数量为4.1个，他们对智能设备的使用行为在不断切换，办公室使用台式电脑或笔记本电脑，路途中使用智能手机，回到家后会使用智能电视、平板电脑、VR虚拟现实设备，而晚上出去跑步的时候会使用智能手环、智能手表。的确，越来越多的人正在使用不止一种智能设备。腾讯旗下的QQ浏览器曾推出过多端同步功能：已登录用户退出QQ浏览器但并未关闭网页，用户下次无论通过哪种客户端使用QQ浏览器都可以自动打开上次未关闭的网页，该功能方便常切换客户端的用户使用，因此在较短时间内吸引了一大批用户下载使用。不少科技专家认为，未来人们切换使用智能设备的频率会不断增加，但是这也意味着每次切换设备需要进行重复的指令动作，白白消耗时间，而人工智能的加入是改善体验空间的关键。人工智能像一个庞大的系统，连接着受众的每一个智能设备，无论受众切换至哪种智能设备，只要被同种人工智能覆盖便能建立联系，如此一来，受众即便更换了场景，他的阅读也不会被中断。例如有人在地铁上使用智能手机阅读文章，在他到站下车后，他的视线被人群阻挡或者需要用来看路，这时人工智能将识别到他的阅读场景和需求，将文章以语音的形式在他的智能耳机中继续播放，毕竟人的听觉也是接收外界信息的重要渠道，且听觉的接收难度比视觉要低，这样此人便能完整地阅读内容而不被中断。

随着新媒体的不断进化，人工智能将会一直贯穿其中，人工智能能帮助人类随时应对各种阅读情境以适配不同的阅读方式。

2. 阅读喜好

每个人的喜好多多少少是有区别的，从心理学角度出发，投其所好能带来更好的体验。但要掌握一个人的爱好并不是件容易的事情，需要花时间去了解和记录这个人的一举一动，没有人工智能的帮助，现阶段的新媒体是很难做到的。前面提到了人工智能会收集受众的阅读行为来生成针对该受众的数据图像，并围绕受众的喜好来分发内容。当人工智能拥有了受众的数据图像后，能够针对受众的阅读喜好来讨好受众。对受众而言，这样的媒体平台使用体验更佳，所以满足用户阅读喜好的体验将会是新媒体的发展方向。

3. 阅读延伸

传统媒体是没有"链接"这个概念的，如果想要延伸阅读或观看，得去相关机构浏览更多相关资料才有可能获取想知道的结果。而网络中的超链接技术，能将一个个物体、事件、地点、时间联系在一起。但是如果内容制作者没有那么贴心，没有将相关文章联系在一起，受众也只能花费心思去搜寻前后文；互联网百科全书也并不会完整收录任何细小或者最新发生的事件，受众可能依旧得不到想要的答案。而在视频方面，例如某场球赛中出现了新面孔，我们却错过了对新面孔的介绍，因此很难马上知道这个新面孔是谁；电视剧中某个物品我们想知道怎么购买，但因为不知道其名称，我们无从下手。新媒体发展到现在，受众的阅读仍然受到各种限制，仿佛被各式各样的枷锁束缚着，这是亟须释放的。但是具体情境中复杂的信息交织在一起且不断更新，简单的人力根本无法解除这些无尽的枷锁。我们还是得将这个难题交由人工智能来处理，人工智能可以使得新媒体中的一切都建立起联系，它拥有的音频、图像识别能力以及不间断的学习能力能帮助我们将阅读延伸到我们所需要的每一个内容中去，例如一段视频中的某个物品，如明星的服饰，我们可以通过人工智能来与这段视频产生交互，利用人工智能帮助我们快速寻找该物品的详情，并且将阅读场景跳转至我们想要了解的相关信息。有了人工智能的帮助，即便我们得到的只是碎片信息，如某个电影中的短暂片段或某个视频中的一段音乐，人工智能都能识别并为我们搜寻出完整的版本，甚至一个视频中出现的某张脸，人工智能也能找出相关信息，如他的社交网络账号、职业、爱好、日常消息等，并询问我们是否关注他。

人工智能帮我们将脑海中的求知延伸到那原本漆黑一片且难以触及的未知，带来的是更加自由高效的新媒体阅读体验，这是新媒体的重大革新。

4. 阅读记录

新媒体中受众如果阅读到自己认为有价值的信息可以将其收藏，等到有需要时再翻出来查阅，但是每天的信息内容如洪水般汹涌而至，而人类通常受记忆曲线的限制，往往会忘却那些被收藏的有价值的信息内容，或是不断重复阅读类似的信息内容，浪费时间与精力。人工智能可以帮我们管理这些被收藏的信息，在我们查找或阅读类似的信息时给予我们相应的提示。我们可以从实例出发：某先生数月前收藏了一篇令他相当满意的英国伦敦旅行游记，打算以后可以参考，而当他真正到达伦敦后，却忘记了这篇收藏已久、有实用价值的游记，幸好人工智能识别定位了该先生的所在地，判断出之前被收藏的游记内容可能会是他需要的，便温馨地给予了他相应的提示，该先生这才回想起来这些被遗忘却在此时无比重要的内容。不仅如此，不少受众在追寻自己所关注的社会热点时，总是苦于等待事件进展更新或结果真相大白，但是未知的时间长度会让受众的注意力渐渐转移到别的事件上，而其实受众对事件真相的求知却未淡化，人工智能能帮助受众关注后续的事件进展，并在第一时间通知受众所记录事件内容的新动态进展，仿佛是人性化的一对一服务，这样的体验是人工智能给新媒体带来的智能革新。

四、人工智能对新媒体的意义

(一) 经济意义

经在线统计网站 Statista 和 Talking Data 中的数据，可以看出，中国社交媒体用户基数巨大，但唯一占有率普遍偏低，只有个位数，有的甚至不足百分之一，这说明绝大部分的网络用户远远不止使用一个社交媒体。腾讯旗下的社交媒体虽然用户基数巨大，但并未形成遥遥领先之势，也正在面临着其他社交媒体的挑战。

在社交媒体中，用户之间的联系密切，关系复杂，有双方之间的交互，如聊天对话，也有多方对一方的追随，如关注明星博主。这些复杂的关系之中蕴含着绝不可轻视的巨大商机。新浪微博根据用户所关注的博主来分析用户的属性，从而分发合适的信息流广告；微信根据用户平时在朋友圈所发送的内容来对其定位，以帮助广告主精准地分发广告。但是大量用户每天都在进行不同的操作，其中的关系网也在时时发生着变化，社交媒体分发的广告不精准或具有滞后性很可能会引起用户反感，造成部分用户流失。社交媒体想要挖掘这块"大黄金"，随时跟上用户的脚步，甚至能预测出用户的关系网行为，单纯靠人力和数据分析是无法很好地完成的，想要更上一层楼，社交媒体需要人工智能的帮助，人工智能能帮助社交媒体梳理其中的关系。一个社交媒体可借助人工智能的帮助，率先建立起更完善、更庞大的关系网，清楚地知道每一个用户的真实想法，知道用户之间的关系，知道用户喜欢什么不喜欢什么，甚至知道用户的朋友、家人喜欢什么不喜欢什么，提前分析传播路径和预测结果，这样才能获得巨额的商业利益，快速强化自己的媒体竞争力。

人工智能与新媒体都是在信息化技术的基础上诞生的，二者在底层逻辑上具有共通性。随着近年来人工智能在新媒体中的不断应用，新媒体的传播效能得以大幅提升，新媒体的传播优势也得以强化。人工智能正在逐步影响并改变着新媒体的信息生产与传播模式，这也让媒介的边界变得日益模糊。

第三章 新媒体与社交网络

第一节 社交网络

"所谓社交网络,是指人和人之间通过血缘、亲缘、乡缘、业缘、地缘、学缘、族缘等一系列社会关系建立起来的社会网络结构。从社会学角度来看,它是指社会行动者及其关系的集合。也可以说,一个社会网络是多个点(社会行动者)和各点之间的连线(行动者之间关系)组成的集合。""行动者"(人与人、群组)和"关系"是其中两个关键词,说明在社交网络中,人的社会化及社会关系的建立与维系是核心内容。从社会生活的功能作用来看,社交网络的目的是"节约社交时间和物质成本,获取高速、有效的信息"。社交网络能够把特定的社会群体,按照一定的目的和规范,聚集在特定的平台之上,实现社会关系在网络上的加倍延伸,使社会关系和社会交往突破时间、空间等因素的障碍。社交网络覆盖了社会生活各个层次,从国家外交,到家庭关系、企业营销、组织运营以及个人交往等方面都具有举足轻重的作用。

一、社交网络的相关理论

(一)中国传统文化中的人伦关系

在中国传统文化里,儒家学说倡导一个"关系导向型"社会。以孔孟为代表的儒家传统文化中的人际关系理论,以"仁"的理念为核心,以"礼"为整合手段,以宗亲关系为出发点,以"和"为目标,构建了一个较为完善的中国古代理想人际关系思想体系。"和"为贵不仅是我国传统文化的精髓,也可以理解为现代公共关系的核心思想。它要求人们在人际交往中,依照"礼"的规范,秉持"仁"的理念,达到"和"的目的。从个人关系角度看,在传播和自我认同时,要懂得尊重他人,才能得到他人的尊重、理解和认同。

由于我国传统社会是农业社会,所以从根本上说,我国传统人际关系是以"人伦"为本,通过"亲缘"扩展人脉的"熟人"关系体系。熟人间的"信任"与"和谐"

是建立人际关系的心理起点,"人情"是维系人际关系的主要纽带。由于缺乏法治精神的支撑,因此传统人际关系又与现代公共社会的规范和准则不完全适应,在现代生活中往往表现出较突出的矛盾性。①

在电子时代,"我们身披全人类,人类就是我们的肌肤"。走进互联网,我们就融入了全人类,因此,我们也需要建立和遵循新的人际关系规范。一方面,我们需要将传统人际关系的良好效应延续和发扬;另一方面,我们也需要运用互联网带来的新契机,利用新的技术及系统基础,改善和完善传统人际关系规范,以便能够更好地管理人际资源,处理好人际关系,从而减少社会价值体系中的交易浪费、沟通损耗以及无效交流,进而节约社会资源,增加社会资本。

(二)平衡理论和对称理论

马歇尔·麦克卢汉在《理解媒介》一书中这样描述:"每一种新技术总是在造就它的人身上造成新的紧张和需要。"当数字化时代以"碎片化""去中心化"等为主要文化特征,构建关系途径更多、沟通成本更低廉、沟通时效更快捷的平台之时,个人应该能够与他人、社会建立更加紧密的关系体系。但我们似乎并未实现人类社会交往的理想状态,相反有时个人更像孤独的"原子化"个体,人与人之间的隔阂和鸿沟反而有逐步扩大的趋势。当然,期望更密切的社会关系、寻求和谐一致的倾向是社会的主流,只有和谐一致,个体才不至于产生心理紧张或被孤立。人类渴望社交的心理便是基于这种平衡与对称心理的需求和满足。

美国社会心理学家海德于1958年提出了人际关系的平衡理论,认为在人际关系中人类普遍地有一种平衡、和谐的需要。一旦人们在认识上有了不平衡和不和谐性,就会在心理上产生紧张的焦虑,从而促使他们的认知结构向平衡和和谐的方向转化。它阐释了人在社会中的心理动态:当人与他人及事物之间的关系处在不平衡状态时,人体验到不愉快。不愉快及不愉快的体验可以作为一种动机,驱使人采用多种方式,将不平衡状态转化成平衡状态。平衡理论使人们可以用"最小努力原则"来预计不平衡所产生的效应,使个体尽可能少地改变情感关系以恢复平衡结构。在一定的情境中,平衡理论能以简练的语言来描述认知的平衡概念,使它成为解释态度改变的重要理论。

美国社会心理学家纽科姆于1953年提出了对称理论,这是一种关于认知过程中人际互动与认知系统的变化及态度变化之间的相互关系的假说。他认为,人有和谐的需求,他用"趋对称压力"来表达这种需求,在这种压力下产生的认知不平衡会

---

① 周小平,梁循.社交网络大数据融合[M].北京:科学出版社,2019:1-18.

沿着"趋对称压力"的方向变化。它意味着任何一个特定系统都有平衡力量的特征，系统中任何部分的改变都会导致倾向平衡或对称张力，因为不平衡或不对称会造成人的心理的不舒适感并产生内在压力，并以驱动改变。从认知均衡角度来看，纽科姆理论与海德平衡理论十分接近，只是海德平衡理论是关于认知主体自身的认知平衡，而纽科姆对称理论则是把认知平衡扩大到了人际互动过程和群体关系。

在网络数字化时代，人类社会的传播实现了在更高层次上的"重新部落化"和"重新人际化"。新型社交网络把传播视为一种维护人际关系的互动过程，在社交方式上人类重新回到个人与个人的交往。它强调个体之间为了达到和谐一致而进行交流和对话，其结果是传播的效果更易于趋向恢复平衡。

（三）六度分隔理论和"150法则"

六度分隔理论是美国心理学家米尔格伦在20世纪60年代提出的，主要意思是"你和任何一个陌生人之间所间隔的人不会超过6个，也就是说，最多通过6个人，你就能够认识任何一个陌生人"。该理论揭示了人们的社会关系网络远比实际生活中的感受更加紧密，大量人们平时未知或闲置的社会关系，即所谓"弱链接"的关系，也能够在人们的社会关系中发挥意想不到的重要作用。1973年，美国马克·格兰诺维特也提出了相似的"弱关系的威力"观点。他发现，有时弱的关系网络可能比强的关系网络显得更有力量。因为强关系意味着同质性，由此获得的信息和资源大部分是重复且冗余的，而弱关系意味着异质性，在弱关系之间搭起桥梁来传递资源，能够获得更多样化的价值。

许多人通过社交网络找工作时都会深切感受到这种弱纽带的作用。可见，社交网络是人们在社会中保持弱关系的有效工具；弱纽带使人与人之间的距离变得非常相近。它帮助用户关注到人际关系中的"长尾链条"，进而使短期关系变成长期关系。依照六度分隔理论，个体的社交圈都能不断放大，最后成为一个社会化网络。这种社会化网络，是一种基于相互结识、信息往来的社会节点和连接所构成的网络。其中，"熟人的熟人"只是拓展社交关系的方式之一，当今社交网络的内涵已经远不止"熟人的熟人"这个层面。在互联网条件下，根据相同话题进行凝聚（如贴吧），根据同学聚会进行凝聚（如校内网），根据学习经历进行凝聚（如Face-book），根据爱好进行凝聚（如Fexion网）等，都被纳入社交网络的范畴。

"150法则"的说法来源于欧洲发源的"赫特兄弟会"，这个自给自足的组织认为"把人群控制在150人以下是管理人群的最有效的方式"。它把150人当作"可以与之保持社交关系的人数的最大值"，这意味着无论个体通过一种社会性网络服务与多少人建立了弱链接，他的社会关系的强链接数量仍遵循"150法则"。英国人罗宾·邓巴于1992年提出，人类和其他灵长类动物一样，其保持社交关系的人数最大值为150，即邓巴"150定律"。该理论依据来自进化心理学研究成果，它显示，人的大脑新皮层大小有限，提供的认知能力只能使一个人维系与大约150人的稳定人际关系。这一数据主要指个人拥有的与自己有私人关系的朋友数量。

总之，在社交网络中，既有强关系链，也有弱关系链。强关系增进了群体团结和凝聚力，弱关系促进了对不同的新信息的多元化吸取。但是，由于一些传统交往方式的不活跃，经常导致弱关系链不容易被激活、强关系链处于惰性状态，因此，在社会化网络服务中，一个人的社会关系人数通常被控制在150人以内。此理论也符合著名的"二八法则"，即80%的社会活动可能被150个强链接所占有。

二、社交网络的新媒体特性

（一）人际传播回归

人际传播是人类最基本、最古老、最长久的传播活动，人际传播指两个或两个以上的人借助语言和非语言符号互通信息、交流思想感情的活动。最早的人际传播一般是面对面完成，有了文字后，传播活动可以跨时空进行。人际传播的传播路径主要是个人（或多人）对个人（或多人），本质上是一种私人活动，但社会上如果同时有若干个人都在传播相同或相似的信息，人际传播也能产生类似大众传播的效果。

人际传播以个人社会关系为依托，具有较强的私密性、互动性、平等性。这些特性保证了人际传播良好的效果和影响力，也是大众传播无法根本替代人际传播的原因。现代社会人际传播的实际应用层出不穷，从电报、电话，到 E-mail、手机，再到短信、QQ、微信，人们对人际交往、人际关系的需求是无法改变的。随着现代传播工具的广泛使用，人们还进一步意识到，网络工具并不总是能增进人们内心的亲切感和信任感。以网络及新媒体技术为基础的现代社交网络正在向传统人际传播回归，它力图以现实社会关系为基础，模拟或重建现实社会的人际关系网络，提高社会交往的质量和效度。

有人认为，相比传统社会，未来社会会是一种人与人之间更有"黏性"的关系社会，是社会资本的不断累积，社会交往的嵌入式信息比任何时候都更有价值。如2008年微软推出的"人立方搜索"，它拥有一个巨大的人脉库和关系网络，通过对超过10亿中文网页中的人名、地名、机构名以及中文短语进行过滤、整理和聚合，将所有与搜索关键词相关的信息按照网络流行度或关系亲密度进行排序，以获得更为垂直和精准的人际关系图景，这种对未来社交网络及人际关系的认识具有一定的现实基础。

(二)虚拟社区

随着网络和新媒体技术的发展,各种网络社交应用受到人们广泛欢迎,从早期的聊天交友软件,到后来的虚拟社区、社交App,网络社交在"虚拟化生存"的基础上,正在走向现实化、真实化。人们已经不再满足于匿名身份和虚拟符号的社交方式,而希望让网络社交更多地同现实生活相联系,更好地服务于个人发展和实际社会关系。今天,虚拟社交网络已经越来越多地渗透进人们的日常生活,融入人们的工作圈和生活圈中,网络社交逐渐从虚拟关系过渡到真实关系。如微信群不仅是人们进行社会交往、密切社会关系的重要工具,同时也能进行商务营销、电子支付、生活服务等活动。无论是BBS(论坛)、贴吧、公告栏、群组讨论,还是在线聊天、交友、个人空间、无线增值,同一主题的网络社区集中了具有共同兴趣的访问者。虚拟社区就是社区网络化、信息化。

(三)私人空间的变化

在传统社会,社会公共空间和私人空间往往存在比较明确的界限,但网络及新媒体的广泛应用,使人们的社会生活形态发生了改变。有学者认为,现代人的生活方式和网络交往方式呈现出私人空间与公共空间界限模糊的特征,或者说私人空间与公共空间相互侵占和融合。移动媒体对个人和社会的发展存在某种潜移默化的影响,尤其是在重新界定公共空间与私人空间的作用上。比如以手机为代表的个人移动终端,正模糊着私人空间和公共空间的界限,在两个空间中起着连接与转化的作用。一方面,手机媒介使私人空间变得"公共化",使用移动媒体终端原本是一种私人行为,但当其在一定的公共领域进行网络交往时,就不可避免地转变为一种公共行为。另一方面,手机媒介又是对公共空间的"私人化"。通过手机讨论个人关注的话题,人们使公共空间中的"空气都充满了私人话题的气息",个人通过讨论私人话题并从原本的社会交流"撤退"到依靠移动媒体的人际传播。

在工业化时代,个人空间和公共空间往往有明确的界限,如果新媒体社交网络消除这种界限,并不符合人们的利益和意愿。从传播的角度看,一个成熟理性的网络交往社区应该是私人空间和公共空间的有机结合。社交网络媒介塑造的新的人际交往形态和传播情境,应有助于个人空间与公共空间的联系和重构,促使个人空间与公共空间的有效融合,从而最大限度地提高个人社会关系的发展及社交网络的成效。

(四)电子商务

电子商务是互联网领域最赚钱的商业模式之一,社交网络是互联网领域最活跃的应用之一,二者结合必将催生出更多的商业机会和拓展出更多的社会资源。

在 Web 2.0 时代,电子商务本来已经有一套比较成熟的发展模式,亚马逊、淘宝、京东等网络电商已经取得了巨大的成功,但在网络和新媒体发展的新时期,越来越多的企业看到了社交网络的商业价值并参与其中,如阿里巴巴商人社区、淘宝社区、腾讯空间、百度空间等。电子商务改变了传统商业的形态,它有着传统营销模式不可比拟的优势,可以提供在线交流与洽谈、现货挂牌交易、网上专场采购与拍卖等多种交易模式,可以提供对称信息及平等交易机会,精简流通环节,加速资金周转,增强产品生产、消费、流通之间的交易等。不同类型的企业和个人有不同的电子商务模式,但其核心是不变的,就是进行更优质、高效的商务活动,真正实现信息共享和资源的互联互通。

社交网站和电子商务的结合将商业营销直接同消费者相连接,能够极大地提升市场营销的精准程度,同时也能够为消费者提供更能满足其个性化需要的产品,这必将带来更多新的商机和共赢机会。基于人脉的电子商务平台,在庞大的人脉数据库中,通过交易双方需求和供给之间的匹配,每个企业或用户都能在其中找到自己最想要的优化产品和服务。社交网站可利用用户口碑中的"口口相传"效应来进行"病毒式"快速传播,并通过品牌自身的影响力,使产品购买者能够在生活中向其交际圈内的亲友进行展示或传播。

在我们提到社交网络时,必然会想到一个概念——SNS。SNS 既指社交网络服务,也指社交软件,还指社会性网络服务网站,其核心词就是网络与社交。传统的实时通信都是基于集中管理的网络模式,需要后台有成千上万的服务器。如果用户只进行文字聊天,没有太大的问题,但如果进行音频或视频聊天,所占用的服务器资源就会增大。而 SNS 最大的特点就是提供新型的网络操作系统,那些只有一台或几台设备的个人公司,一经安装 SNS 平台就可以进入一个崭新的网络世界。

第二节 博客与微博

一、博客、微博概述

博客,又叫网络日志,是一种将网络链接、内容按时间顺序排列并且不断更新的网上出版方式。使用者在自己的博客上,可以通过网页、WAP 页面、手机短信、IM 软件及 API 应用等方式直接发布图片、视频、消息等,同时任何网络使用者均可任意访问博客。它起源于 2002 年的海湾战争。当年 9 月,萨利姆·帕克斯的博客一直撰写并张贴相关局势的文章,报道战争情况。另一个战争博客是克里斯托弗·阿布瑞顿将自己的 Back-to-iraq.com 网站装入一辆汽车,通过从纽约出发的旅行来为自己报道伊拉克战争募捐。阿布瑞顿曾任美联社和《纽约每日新闻》的记者,在线上他最终获得了1万美元的捐赠,实现了博客报道的心愿。

微博是博客的发展,是 Web3.0 新兴起的一类开放互联网社交服务。在以手机为终端的移动互联网时期,人们把博客搬到手机上使用,并诞生了微博,它打通了移动通信网与互联网的界限。由于手机容量及移动通信技术的局限,因此手机上的博客不能像在电脑上那样长篇大论,只能把每条博客的字数限制在140字以内。这种应用状似微型的博客,所以人们形象化地称其为微博。国际上最知名的微博网站是 Twitter,国内早期有"随心微博""分享"网、"饭否"网(已关闭)、"叽歪"网(已关闭)等,现用户最多的是新浪微博。Twitter 开始的广告语为"你在做什么"。2009年7月29日,更换为"分享和发现世界各处正在发生的事"。新浪微博广告为"随时随地发现新鲜事",而人民网的表述是"服务美好生活"。

二、微博的传播特性

(一)快速化——信息流动更新过快、即逝

在微博的实际使用中,除了少数用户能够通过微博表达比较有深度的观点外,大多数用户在微博中展示的都是个人的日常生活和点滴的所感所想,事无巨细,无所不包。这种随时可以发送、随时可以更新的工具,满足了人们不甘沉默、表达存在的心理需求。微博上信息的发布不再是延时而是实时、即时,没有了时间线的限制,我们会发现微博上信息的流动或更新过快、太快,瞬间即逝。[①]

(二)碎片化——横看成岭侧成峰

碎片化在形式上是由微博的篇幅局限性决定的。在快节奏、高压力的社会生活下,人们往往静不下心来坐在书房、图书馆认真阅读长篇大论,这种百余字、有图有符号的信息,拿起手机就能观看的碎片化信息,自然更加符合人们的心态和需要。

乔治·齐美尔认为"现代性的一个本质特征就是'碎片化'"。这种"碎片化"的社会生活方式使人们成为彼此孤立、离散、互不相干的"原子化"个体,人的自我感受与社会存在日渐分离,人的主体意识呈现"碎片化"状态。"在电子媒介的阶段,持续的不稳定性使自我去中心化、分散化和多元化。"

---

① 谭前进,郭城,李强等.新媒体运营的理论与实操[M].南京:东南大学出版社,2018: 2-4.

很多突发事件的现场恰恰可能就有微博的用户，他们可以即时传递信息，而每个人观察传播的视角都不一样，"横看成岭侧成峰"，但碎片化的信息在微博上往往能集合呈现，从而在宏观上还原一个事件的整体。

（三）用网络扩展现实社会关系

从传播的角度看，微博对所有用户开放，使每个人都能够自由地回应自己所看到的微博信息，这种即时、充分的双向沟通是传统媒体无法实现的。所以说，微博对个人的意义不仅在于述说和表达，还在于倾听和关注。从微博的实际表现看，多数微博个体会愿意倾听和关注其"follow"对象发布的信息，并通过回复达成关联。每个人与"follow"对象形成一个小循环，许多小循环紧密相扣就构成了SNS网络（社交网站）。通过微博建立SNS网络更显示出其价值，使网络用户"可以实现个人的数据处理、个人社会关系管理、可信的商业信息共享，也可以安全地对信任的人群分享自己的信息和知识，用信任关系拓展自己的社会性网络，达成更有价值的沟通和协作"。

相比过去电子公告板式的虚拟社区网络（如新闻组、BBS等），微博开拓了一种新型的社区和人际交往方式，这种新型社交网络从传统社区定位模糊的"多对多"转向"一对一"或"一对多"，形成较为清晰的人际关系链，能够构建属于自己的人际网络世界。这样通过微博这种虚拟社区创造了新的社会交往社区，并通过不断扩展人际传播链产生连续传播效应，进而能够在现实世界获得更多的社会资本和社会关系。微博上这种由"微信息"和"微交流"共同推动的能量聚合会产生让人意想不到的"蝴蝶效应"（气象名词，是指在一个动力系统中，初始条件下微小的变化能带动整个系统长期的、巨大的连锁反应）。

三、微博与博客的不同

（一）微博打破了通信网与移动互联网的界限

在传统互联网时代，往往通过台式电脑上博客，而智能手机作为移动互联网的终端出现，微博作为附着在端口上最新的网络产品，打破了通信网与移动互联网的界限。

（二）微博简单易用

微博由只言片语组成（140字以内），对用户的技术要求门槛很低，而且对语言编排组织的要求没有博客那么高，但容易损伤文章应有的一致性，留下巨大的逻辑思维鸿沟，所以微博能满足人的信息饥渴，但无法填补思维和思想的空缺。

（三）人际"圈"的影响力

微博的"@"和"转发"功能，实际形成了一个个可能发生连续震荡的圈子，这些圈子为微博的公共交流平台提供源源不断的讨论话题。这些交流不必经过审批，实时开展，在一定程度上还发挥着召集和提醒作用。

（四）对事件的过程进行"现场直播"

微博赢在信息量上，其劣势是不能进行充分的编辑。但经此渠道，信息传播的成本变得很低，而阻挡信息传播的成本却无限升高，这也给微博上的信息管理带来了新的挑战。

第三节　QQ 与微信

一、QQ、微信概述

QQ 和微信都是腾讯公司开发的基于 Internet 的即时通信软件，允许两人或多人使用网络即时传递文字、信息、档案、语音与视频，建立起直接联系并进行实时交流。QQ 与微信分别诞生于 1999 年与 2011 年。QQ 是 PC 时代的 IM 工具，而微信是移动互联网时代的 IM 工具，虽然微信也有网页版，但必须通过手机扫码才能进入，所以说它是专门为移动互联网设计的。中国互联网素来被称患有"加拉帕戈斯岛综合征"（该岛物种无法在其他地方生存），但微信破除了中国网络产品难以走向世界的言论。

QQ 与微信是同一个公司的产品，为什么在 QQ 拥有庞大的用户群后，微信仍然能横扫天下？这两款产品如果一模一样就不可能出现这种情况。其错位的差异体现在以下几个方面。

（一）诞生背景

QQ 一开始是针对 PC 端口，后迁移到移动客户端，但保留着 PC 端的特性（比如主要基于文字的聊天）；而微信却是针对移动端口设计（视频聊天很常见），更加符合移动互联网时代碎片化时间的需求，微信相对于 QQ 赢在了碎片化上。

(二)登录方式

微信可以用手机号、QQ号、微信号等登录。而QQ只能用QQ号登录。

(三)使用场景

QQ更加开放，有共同好友信息等，在线状态具有较明显的区分，用户倾向于主动联系在线的人；而微信强调熟人社交，朋友圈只有共同好友才可以看到评论，其力求把社交圈局限于熟人，弱化在线状态，没有状态区分，让用户对是否回复信息有更多选择权从而化解了压迫感。[①]

(四)功能差异

QQ有QQ空间等微信不具备的功能，文件传输也比微信方便，而微信的支付功能却给网友的商务生活带来无穷的便利。

(五)用户群体

青少年尤其是中小学生，拥有智能手机的可能性较低，他们网上的联系主要是通过QQ实现的。而微信用户多是成年人，但QQ帮助微信培养了未来潜在用户。

二、微信的优势

(一)经济实惠

下载微信软件不收取费用，使用微信所有功能也都不会收取费用，使用微信时产生的上网流量开销也由网络运营商收取，而且1M可发送1000条文字信息或1000秒语音信息，1分钟视频信息。据网易科技的消息称，2012年电信运营商短信量比2011年下降20%，彩信量下降25%，甚至电话业务量也下降了5%。这些数据从侧面印证了使用成本低成为微信普及的重要理由。

(二)基于通讯录的社交媒介

通讯录这一块向来是QQ的盲点，微信的出现则可以做到完整的覆盖，其传播圈大体是基于通信录的牢固熟人或朋友关系。这样一来，腾讯有了错位竞争的场地，微信是基于通信和私密交流的存在，而非媒体获取。从联系人的成本及使用体验的

---

① 李振委，景熹.新媒体传播与大学生思想政治教育及其途径创新[M].成都：西南交通大学出版社，2020：5-16.

角度来考虑，新的通信手段如果不能方便地使用手机联系人，而是要重建新的联系人圈子或者不能完全覆盖手机联系人圈子，那么很难指望他们去使用一个比短信麻烦、复杂得多的产品，微信解决了基于用户黏性因素上的阻碍。

（三）新颖

25~34岁人群是移动互联网用户的主力军，这个年龄段的人们对新事物有着更为强烈的好奇心。微信研发初始，它的目标就被定位于"让生活多一点有趣的东西"。其中"查找附近的人""摇一摇"等功能内核是LBS的地理位置技术的融入，却有着新颖的娱乐外壳，迎合着大众潜在的欲求心理。

（四）商业介入

电子商务是大势所趋。现在经过地铁站或公交车站，铺天盖地的二维码广告迎面而来。二维码可将长达几十个甚至几百个字的网址或信息转换成二维识别码，用户通过打开"扫一扫"，将取景框和移动的扫描线对准二维码，就能自动识别信息并转换输入。微信带动了二维码的井喷，意图联合传统厂商打造O2O营销模式，例如：客户只要在店里扫一下二维码，就可以成为其电子会员，今后商家就可以将各种优惠消息推送给会员。这种关系既是虚拟的又是现实的。

（五）永远在线

微信不占过多内存，资源消耗很低。从理论上讲，QQ、飞信也可以永远在线，但手机能永远不换电池吗？另外，手机用户在室内（Wi-Fi）与室外（北斗、GPRS、5G）来来回回地走动，网络变换一下QQ就掉线一次。这些问题微信都避开了，可以真正躲在手机后台长久地运行。

三、微信的不足

（一）噪声干扰

传播学中把阻塞正常信息流通的障碍称为噪声。这个问题在微信传播中特别值得一提。移动用户身处一个随时变动的环境之下，时间零散而分割，有价值的信息才可能占据他们的碎片时间。微信自运营以来，冗余信息的负面影响已若隐若现。信息过载对用户而言很大程度上就是垃圾，所以，微信传播要想方设法避免噪声的干扰，在提供有趣、靠谱信息的同时，还得在契合度方面下功夫，找到信息与人匹配的良方乃是长久之道。

（二）功能过多

微信能收接新闻、看视频、玩游戏、浏览网页。原来在 PC 端时代，台式电脑拥有足够的频率、内存、硬盘、带宽的支持，所以一款软件可以设计得尽量能做更多的事。然而对移动用户而言，由于常常处于一种需要对任务做出快速响应的环境中，因而显示出比固定用户更少的耐心。他们很难忍受长时间启动或应用程序的设置，由此对操作效率有着更高要求。那种深度一站式服务被移植到移动端，产品往往变得无比沉重。假如超出手机消费者忍耐的范围，直接后果是用户体验迅速下滑，这种挫败感可能会使用户放弃这款产品。

（三）人际关系应用矛盾

从基因上讲，微信本来就是熟人联络平台，它为用户存量社会关系的盘活和拓展贡献了智慧。但其标志性功能"查找附近的人""摇一摇"等又指向陌生人之间的社交，同时拥有两个相反维度的产品让人难以理解。

（四）社会化程度不高

许多学者都谈到微博在突发性事件、群体性事件中的作用。微信出现后，大家总爱拿它跟微博做比较。目前来看，微信延续的是腾讯传统的通信功能：熟人关系和实时沟通，它并未强化转发、评论等内容分享行为，社会化媒体不是它的目标。尽管微信商业化的定位非常刻意而清晰，但仍然无法抹去它成为活跃社会行动途径的可能。首先，微信有语音功能，当下网络监管技术中对文本关键词的过滤与挖掘都已经较为成熟，但还无法做到声音文件的检测，这里面已经蕴含风险。其次，微信是熟人圈，行动参与途径的自发性和爆发性都比陌生人有更强的回应力，进行行动的隐蔽性较强，往往很难为外界所觉察。因此，我国要进一步完善相关的法律法规，加强对微信的监管和治理。

第四节　社会化媒体的特征与局限性

19 世纪蒸汽机引发的动力革命以机器驱动代替手工操作，大规模工业化的印刷媒体准备就绪。从此以后，个人虽然拥有媒体内容生产的能力，但由于没有掌握工业化媒体的生产技术或传播技术，缺乏规模化生产的机器、厂房等生产资料，要满足个人表达与获取信息的需求就得求助于一个强大的资本支持的中介。但随着网络的发展，工业化媒体不断降解，以社交网络为平台的社会化媒体出现，大批网民自发贡献、创造了丰富的信息资讯。

一、社会化媒体的特征

（一）制作简单

社会化媒体的内容制作技术门槛低，后续成本几乎为零。如果想要在社会化媒体平台进行制作，只需要掌握简单的电脑操作技巧，就可以将自己想要表达的内容制作并展示出来。①

（二）表达多样

社会化媒体的表达方式多种多样，可以通过不同的平台表达出来，例如通过微博、微信公众号、优酷等平台渠道进行表达，以文字、图片、视频、音频等形式呈现给受众，具有多样化特点。

（三）大众参与

社会化媒体是一种大众化、私人化、自主化的传播平台，平等对话和信息共享是它的核心传播理念，不论什么身份的民众，都可以在社会化媒体平台上发布与普罗大众及其自身利益相关的信息。也正是如此，社会化媒体成为一种不可忽视的公共舆论的源头。

（四）自组织性

社会化媒体具有自组织性。自组织性的概念来源于20世纪60年代末发展起来的自组织理论，以复杂系统（生命系统、社会系统）的形成和发展机制为研究对象。社会学家杨贵华认为，对自组织的第一方面的理解应该是指"事物或系统自我组织起来实现有序化的过程和行为"，是一个动词概念；第二方面的理解是，它还是复杂事物或系统的一种进化机制或能力，是一个名词概念。微博所代表的社会化媒体具有明显的自组织特性，是建立在社群基础上的弱组织形态，它的凝聚与整合并没有依赖有组织的控制系统。总而言之，社会化媒体是一种无明显组织行为的组织力量，具有自发性、运作的自主性和行为的自觉性。

---

① 郭本锋.新媒体与新闻传播研究[M].长春：吉林大学出版社，2020：76-92.

(五)"自恋情结"

在人人都可以发声的社会化媒体文化中，存在一种"以自我为中心"的心理情结。人们大多以表达和描述自己的生活思维空间为主，情结严重的被称为"社交网络自恋症"。

二、社会化媒体传播的局限性

(一)真实性的陷阱

在当今网络世界，实名制还没有完全普及，网民在网络世界自由发声的同时，也有不少人为了吸引眼球、获得点击率，而利用社会化媒体肆意制作、传播虚假不实信息，违背了基本的责任心与道德底线，这种行为不论是在道德层面还是法律层面都将受到相应的惩罚。

(二)平等话语权是个"伪命题"

从技术层面上说，社会化媒体给了每个人表达和展示的平台，普通民众的观点也会得到越来越多的关注。但以微博为例，这里所说的"被关注度"在每个人身上的体现程度是不同的。社会化媒体的传播话语权终究是以社会为基础延伸出来的，比如新浪微博最早的原住民是新浪利用其资源优势邀请的大量明星，通过这些明星用户来吸引普通用户的加入，这些明星用户逐渐积累起了比其他普通用户多得多的粉丝或者说更多的被关注度。微博大V们的被关注度多数情况下是凭借自己在原本的社会知名度中获得的，他们可能是明星、权威专家、领导机构等，他们更多的是把微博这种社会化媒体当作提高知名度、获取必要信息的一种工具，但更多的普通民众的声音很少有人注意到。

(三)网络侵权问题

美国知名网络法律人士迈克尔·戈德温认为，互联网把出版自由的全部力量交到了每一个人的手中，当我们拥有的权力越大，相应责任和付出的代价也随之增加。美国媒介与社会学者普尔在他的重要著作《自由的技术》中曾表示："互联网计算机将成为21世纪的印刷机。如果它们不能够免于公共(也即政府)的控制，那么非电子化的机械印刷机、演讲厅和个人携带的书本所持续享受的宪法豁免也许会变成某种离奇而过时的东西。"他的话预示了网络环境中可能出现的不同于现实世界的法律问题，网络侵权就是其中一种。在一个风险社会中，由网络而引发的各种法律问题可能会因为现实结构和矛盾的特殊性而更加复杂。比如网民在与公权力的问责过程中采取的"人肉搜索"手段。

(四)电子出版产品的影响

社会化媒体环境中写作具有自由性和开放性。除了利用法律手段进行数字化作品的知识产权保护外,还应辅以技术手段以达到更好维护自我知识产权的目的,例如防火墙技术、加密技术、数字水印技术等保护手段。

第四章 新媒体的传播

　　人类的传播活动，从人际传播到大众媒体的传播，无一不是技术、社会、文化、市场等多种因素推动下的不断进步与融合。每一次发展，每一种新兴媒体的出现，都是对原有媒体的延伸和拓展。从书籍、报刊、广播电视，再到现在业已成为主流的网络新媒体，不但出现了一种又一种不同的媒体形式，而且信息的传播结构与空间也发生了一系列的变化，比如由以传者为中心的大众传播向以受者为中心的小众传播的方向转变等。随着媒体数字化和传播网络化的进程持续不断，网络新媒体对人类生活的影响也越来越深刻。同时，复杂多样的文化交流与生活方式的变革，也促使媒体传播的结构与方式发生深刻的变化。

　　考察人类的信息传播形态，任何媒体的信息传播都遵循基本的传播规律。信息从信息源产生后，通常由发布者通过特定的传播介质发布，然后信息经过固定的渠道到达信息接收者，接收者再对信息做出一定的回应。每一种传统媒体的革新，基本都着眼于加强传媒介质的效果、拓宽信息传播的渠道、丰富传播信息的类型，而其遵循的传播模式是固定不变的。

　　技术的进步促进了媒体与传播的革命性变化，以往因媒体差异带来的传播方式区分在网络新媒体时代失去了意义。网络与新媒体完全融合了语言、文字、印刷、出版、电报、广播、电视等媒体，构建了一种融合的传播形态。信息传播的模式也随之发生了相应的改变。

　　作为对现代社会影响广泛的媒体，其发展变化的动因，表面上看是出于技术的进步，但从社会整体发展的角度看，网络新媒体的传播发展绝非简单的技术问题，需要综合考虑社会系统中很多因素，考量它在传播、营销、文化、社会等领域中所激发的意义与影响。

第一节　新媒体的传播模式

　　传播是一个从传者到受者的信息流通过程。在实际生活中，人类的传播活动具有普遍性，传播各组成要素之间相互联系、相互作用，但按照系统理论观点，它同时还是一个与社会大系统中各个组成部分发生多边关系的子系统，这就使得传播系统及其结构纷繁复杂。研究信息传播的基本过程，运用系统理论观点下的模式化方法是一个好选择。用模式化方法去研究传播的内在结构以及构成的诸多要素之间的关系，能够使复杂的传播结构直观且简化，能够使无止境、循环往复的传播过程固定化、静止化，从而能够进一步认识和研究传播的特点与规律。传播学研究中使用模式化方法建构传播模式，实际上就是科学地、抽象地在理论上把握传播的基本结构与过程，描述其中的要素、环节及相关变量的关系。这种模式方法对传统媒体和网络新媒体的传播研究都简捷有效。

网络新媒体是建立在数字技术发展的基础之上的。但网络新媒体并非一种全新的、独立的媒体，它更多的是作为一种手段、载体、中介、技术平台，通过传播的内在过程，影响到传播的方式、形式、形态或效果甚至理念。新旧之分只是相对的，媒体的数字化只是反映了传播的媒体表现形式的变化而不是对既有传播通道的取代。在传播的意义上，网络新媒体与传统媒体是一致的，都致力于对传播目的的深化和完善。①

传播学一般将传播形态分为自我传播、人际传播、群体传播、组织传播、大众传播等。网络新媒体常见的信息传递方式有广播、组播、点播、P2P 等。尽管在某些表现形式或运用方式上两者还有显著区别，但在传播特点上它们有着高度的一致。大众传播可以说就是一对多（不知道确切的受众）的广播，群体传播和组织传播是组播，人际传播就是点播或者 P2P。由此，网络新媒体的传播模式仍可以在传统媒体的传播模式中得到解释。

一、媒体传播的基本模式

（一）SMCR 模式

SMCR 模式又称贝罗模式，其中 S 代表信息源 Source，M 代表信息 Message，C 代表通道 Channel，R 代表接收者 Receiver。SMCR 模式明确而形象地说明了影响信息源、接收者和信息传播的条件，说明信息传播可以通过不同的方式和渠道，而最终效果不是由传播过程中某一部分决定的，而是由组成传播过程的信息源、信息、通道和接收者四部分以及它们之间的关系共同决定的，传播过程中每一组成部分又受其自身因素的制约。信息源是传播的起点；信息是需要交流传播的内容，编码器

---

① 李鹏，舒三友，陈芊芊，等.新媒体概论[M].西安：陕西师范大学出版总社，2018：93-110.

将信息译成可被传播的形式，这种形式通常是人类感官不能直接感知的；通道是用以从某地向异地传递信息的媒介或传输系统，解码器将编码过程逆转过来；接收者是传播的终点；介于信息源与接收者之间的反馈机制可被用于调节传播的流动；噪声指在信息交换过程中可能带入的任何失真或误差。

SMCR是传播过程的一种基本模式，它简要分析了信息在从信息源-信息-通道→接收者然后返回到信息源的来回传递这一过程中的信息交流。此模式可应用于人类传播的所有形式。

从传播方式看，人类社会的传播经历了口语传播、模拟技术传播和数字新媒体传播三个阶段。

第一，口语传播是典型的点对点、面对面的对话式人际循环传播。它提供了面对面的可观、可听、可感的交流情境，此时传播的主体互为传者和收者，成为传播的施动者。媒体使用的主要是口头语言和非语言如动作、眼神、面部表情等。人际传播的信息交换有了在场性，因而突出地显示了传播的本质。施动者间的传播不但是双向的，而且是循环的，不一定有明确的过程。受传播施动者的生理限度以及时间、空间局限的影响，施动者之间传播的信息量小、信息范围狭窄，信息质量很难保证，因此很少能满足双方可接收的、接收能力范围内的信息量与质的需求。

第二，模拟技术传播阶段的显著特征是大众单向传播。如：文字描述是对现实的模拟，难以做到对现实的完全复现；印刷技术是批量复制技术，它的产品很难被及时修改；电子模拟技术在不断传播中容易使信息失真、扭曲。这些都是大众单向传播的基本特点。大众传播是媒体组织采用现代机器设备，大批复制并迅速传播信息，从而广泛影响受众的过程。这种有计划的、一对多的、大批量发散信息的传播，使人们能实现跨时空的、大范围的交流。但传统大众传播是单向性传播，信息反馈渠道不畅、反馈功能不强。大批经媒体组织编译、整理、复制的信息被封闭式地传递给简约化、同质化了的受众，容易造成社会意识的单一化，形成对社会舆论的控制，传播效率难以进一步提高。

第三，数字新媒体传播阶段的最大特征就是大众互动传播。数字媒体的出现及其技术的不断创新与扩散，使得传统大众单向性传播迈入了数字新媒体传播时代的新阶段。这个还处于继续发展中的阶段，其主导特征就是互动式传播，而且是大众性的双向互动式传播。网络新媒体传播融合了传统媒体良好的传播功能，在更高层次上体现了真正意义上的传播特性。

(二) 奥斯古德—施拉姆循环模式

威尔伯·施拉姆在奥斯古德的传播模式的基础上，提出了传播的循环模式。这一模式突出了信息传播过程的循环性，强调在传播中信息会产生反馈，并为传播双方所共享。另外，它对以前单向直线模式的另一个突破是，更强调传收双方的相互转化。它对传统的单向直线模式是一个补充。其缺点是未能区分传受双方的地位差别，因为在实际生活中传收双方的地位很少是完全平等的，所以这个模式虽然能够较好地体现人际传播，尤其是面对面传播的特点，但却不能适用于大众传播过程。

如果将这一模式与网络新媒体中的互动电视（如网络电视、手机电视等）传播过程相对照，就会发现它们之间有着惊人的相似之处。

无论是利用 SMCR 模式还是利用奥斯古德 - 施拉姆循环模式来表征数字新媒体传播的基本模式，都可以清楚地发现在数字新媒体的传播过程中，互动传播和即时传播是数字新媒体传播最显著的共性特征。因此，这些传播模式对研究各类数字新媒体传播具有较为基础和广泛的示范意义。

（三）5W 模式与交互传播模式

哈罗德·拉斯韦尔提出的传播过程就是：谁（who）—说什么（say what）—通过什么渠道（in which channel）—对谁（to Ywhom）—有何效果（with what Yeffccts）。这一模式被称为拉斯韦尔模式，又称 5W 模式，如图 4-1 所示。

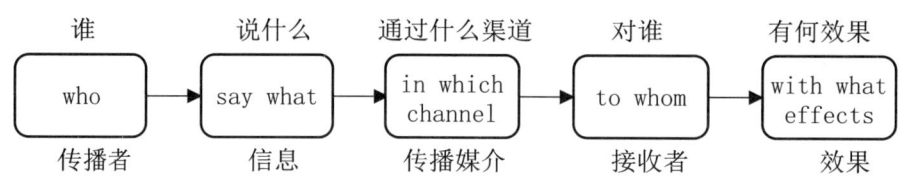

图 4-1　5W 模式

5W 模式可以普遍应用于大众传播，其奠定了传播学研究的范围和基本内容。在 5W 模式中，信息的传播是单向一维的，传播者与接收者身份行为区分明显。这一传播模式虽然较好地概括说明了传统大众媒体单向传播的路径，但显然无法反映当今绝大多数网络新媒体的传播过程与传播规律。在许多新媒体中，尤其是在即时交互的网络新媒体中，比如手机媒体、网络即时通信等，接收者同时又是信息的传播者。决定传播能否发生的关键因素不再是媒体组织的决定，而是该信息对接收者、传播者的价值和意义，只有当信息能有效地激发接收者主动向传播者转化，有效的传播才会发生，两者之间的角色融合使得信息传播的速度不断加快。

二、网络新媒体的融合传播

网络新媒体的融合传播是一个复杂且具有高度综合性的问题，这在信息编码及传播介质两方面有充分体现。

新媒体是由各种数字化的元素组合而成，只是在格式和码率上有所区分，在传播过程中，媒体的内容信息都是以数字化元素形式出现。比如，描述文字信息的文本元素与描述电视节目的声音和图像元素，在传统模拟传播时代有很大差异，但在数字化媒体中则没有任何本质上的区别，这犹如将不同的信息编码方式进行了统一，为在传播的根本环节上不同类型的媒体相互融通提供了实际的可能性。

传播介质方面也体现了网络新媒体传播的融合形态。由于数字传播技术介入媒体传播领域，因此不同的传播方式可以在同一个传输平台上实现，比如，借助于数字交互技术，可以在广播电视网络中同时实现广播、组播和点播等。这种多样性的数字传播方式使得不同的传播方式整合成了一种数字媒体传播。

(一) 新媒体内容的数字化

在技术层面上，由于数字技术的发展和应用，因此广播电视、语音、数据等信号都可以通过统一编码进行传输和交换，成为统一的"0"和"1"比特流。尼葛洛庞帝在其著名的《数字化生存》一书中就指出：在数字世界里，媒体不再是信息，而是信息的化身。一条信息可能有多个化身，从相同的数据中自然生成。所有传播的信息都可以通过"0"和"1"的组合形式表现出来，统一数字化的媒体抹平了众多媒体的差异，最后整合为一种传播媒体，也就是数字传播媒体。

从传播历史进程来看，口语传播、文字传播、印刷传播、电子传播的发展是一个依次叠加的进程，在媒体数字化之后，这些传播活动方式可能在一个平台上汇集，即互联网传播。根据国际电信联盟对媒体的分类，感觉、表述、表现、储存媒体（如声音、文字、图形和图像），语音编码、图像编码等各种编码，硬盘、光盘等存储媒体，都可以整合到一台计算机中，使计算机成为一个综合性的传播媒体。

数字新媒体的传播媒体整合形态典型地体现在互联网等传播平台上。这种平台系统集声音、图像、数据于一身，并有按需存储和交互功能。信息的数字化涵盖会话、数字、文字、图形、音乐、电影和游戏等内容，使各种信息能被计算机储存、处理和传输。数据库里的信息和处理程序可以由其他用户自由访问、传送、直接使用或存储。另外，这种系统是交互式的，通过简单的设备，所有的信息站点和用户都能互联。用户可以与其他用户或站点相连，也可以从站点或其他用户那里得到直接或单独的回应。

(二) 新媒体传播的数字化

人际传播是个体与个体之间的信息交流活动，因此交互性是人际传播的主要优势。但是，传统人际传播的范围非常有限，且传播资源也相对匮乏，这是人际传播天然的不足之处。

大众传播是指专门的传播机构通过特定的技术手段或工具向为数众多的、分散的受众进行的大规模信息传播活动。大众传播超越了人际传播及组织传播的局限，可以通过传播媒体把信息传播给为数众多的、地域分散的广大受众。但是大众传播是单向的传播，信息的及时反馈和交互无法实现，因此传播的深度和效果远不如人际传播。

在网络新媒体传播方式中，点播和 P2P 就是一种在数字技术背景下实现的新的人际传播，其借助于数字技术和网络技术，突破了传统人际传播范围有限和资源匮乏的缺陷。大众传播方面，传统媒体数字化之后产生的数字电视广播、数字音频广播等，目前仍然是主流媒体。但是，随着数字新媒体技术的进一步发展与提升，这种数字化的大众媒体也突破了自身所具有的大众传播的局限和特质，不仅融入了组织传播的功能，还融入了更多的交互功能，也逐步呈现了人际传播的特质。

由此可见，网络新媒体的传播就是借助数字传播技术将人类社会的各种传播形态予以有机整合，充分发挥各种手段的优势，形成人类媒体传播的新形态。特别是人际传播与大众传播结合的传播方式，一方面加强了大众传播的深度，另一方面扩大了人际传播的范围和增加了人际传播的信息资源。正是这种高度整合的社会性传播，加快了信息传播的速度，提高了信息传播的容量，降低了信息传播的成本，加强了信息传播的效果，数字新媒体传播整合将成为当今数字新媒体传播的一种必然趋势。

第二节　新媒体的传播特征与属性

通过对网络新媒体的传播模式的分析可以发现，由于数字技术和网络技术介入传媒领域，因此原先各种传统媒体单一的传播特质发生了深刻变革，演变成一种高度交叉或融合的社会性传播，从而显现出新媒体有别于传统媒体的特有的传播特征与属性。随着网络新媒体技术进一步发展与应用，传统媒体不断数字化，新的数字媒体层出不穷，传媒服务平台日新月异，网络新媒体显著的传播优势会得到进一步的体现。

一、新媒体的传播特征

(一) 数字化传播

数字媒体是由数字化的元素组合而成的,不同媒体形式之间没有实质差别,只有格式的区分。如一个电视节目的画面、声音只能是由多少码率的传输流组成。一个文字文件可以是 txt 格式,也可以是 PDF 格式。由于媒体的数字化,因此用来描述一张报纸报道的文本元素与用来描述一个广播电视节目的声音或图像元素没有什么本质上的区别。数字化的媒体可以实现更加简洁多样的传播,这样观众可以通过执行筛选、复制、下载、储存、添加、转发、搜索、链接、整合等程序指令把媒体元素打散,按照自己的需要进行组合以获取信息。[1]

(二) 复合化传播

复合化传播指网络新媒体的传播兼具自我传播、人际传播、组织传播和大众传播等不同的形态。早期的个人网站,后来的博客,再到移动端的微博、微信,网民发出信息,自己也浏览自己发出的信息,在这个过程中,信息的发出者和接收者是同一个人,它存在的反馈是由人的自我感觉和自我意识构成的,这不就是自我传播吗?网络新媒体中的电子邮件、私聊,展示的是个人与个人之间的信息传播,体现了人际的传播。由于网络突破了时间和空间的限制,因此其平台上的人际传播拥有了更大的广泛性、偶然性和多重性,甚至陌生网友之间的匿名性。很多单位、企业、公司都有自己的办公系统,加上 QQ 群、微信群,共同目标和协作意愿特别明显,这显然是组织传播的网络化。网站新闻栏目、网络新闻 App、官微、微信公众号,它们拥有专业信息传播者,通过一定的机构和技术向大量分散、不确定的受众传播信息,完全展示了大众传播的面目。网络传播融合了自我传播、人际传播、组织传播、大众传播诸多传播类型,也可以说这四种类型的传播交织纠缠在一起,形成一种散布型网状传播结构。

(三) 积极性传播

从大众传播模式的分析可以看出,对受众来说,传统大众媒体基本是被动性传播,受众在传播过程中的作用往往只是被动接收,消极地扮演信息接收者的角色。无论是报纸、杂志等平面媒体,还是广播、电视等电子媒体,受众都处于同样的地

---

[1] 罗青,马为公. 新媒体传播 [M]. 北京:中国传媒大学出版社,2011:10-12.

位,传统媒介将信息"推"给受众。

而在网络上,受众自己选择"拉"出信息。网络新媒体极大地提高了用户主动选择的可能性和可行性,新媒体的特性使主动化传播得到体现。比如:用户在阅读数字报刊时,可以随时发表自己的见解,提出补充或修改意见;也可以在观看视频时根据自己的时间安排和喜好,自由选择观看时间和方式;在观看体育赛事转播时,可以自由选择观看的角度(机位)和场面。另外,用户在计算机前可以主动地、不时地做出选择、发出指令,让计算机按照用户的意愿去工作。

(四)个性化传播

传统大众传播以群体化为取向,以满足大多数受众的需求为目的,提供给绝大多数受众的消费信息几乎一样,选择余地小且内容基本上是由传播者统一决定的。网络新媒体的发展使大众传播发生了根本变化。与传统媒体相比,新媒体的受众群变得越来越小,但是影响变得越来越大,甚至能参与内容的制造。

在从传统的大众媒体向交互的新媒体转移的过程中,受众的权力是递增的。传播权力变化和转移的结果使个性化传播逐渐兴起,并成为网络新媒体又一个典型的传播特征。一方面强大的新媒体技术使得大众传播的覆盖面越来越大;另一方面又可以使传播的指向性越来越小,实现窄播直至个人化传播,以至于个人化的双向交流成为现实。正如尼葛洛庞帝在《数字化生存》中所论述的,在后大众传播时代(数字媒体传播时代),信息变得极端个人化,个人化是窄播的延伸,受众从大众到较小和更小的群体,最后终于只针对个人。

二、新媒体的传播属性

(一)交互性

在传播领域,"交互"常常被当作"双向"的同义词。交互传播一般指信息接收者能实时将信息反馈给信息源以修改传播内容。实际上人际传播的交互性是典型的,谈话中两个人不但轮流倾听对方,而且可以根据收到的变化信息及时调整他们的反应。传统大众传播也有一定的交互性,像报纸、杂志的读者来信,电台的听众热线,电视的现场参与等都包含了传收之间的交互。

在网络新媒体中,由于计算机、智能手机、互联网等数字终端和网络技术的进步,媒体操作、处理、运算的性能得到了极大改进和提升,交互响应越来越直接充分,有时甚至超越人的承受能力。比如,当用户查询某个资料、某条信息时,随即涌现出成百上千个选择,导致搜索者本人回应不及。网络新媒体优越的交互性还体现在它可以超越时空,并能提供多样化交互形式,如上网点击,回应的表现方式有文字、声音、图片、动态图像、影像等。在网络平台上,传收两方的反馈渠道不再薄弱,而是变得强大,往往还更有力、速度更快,传收纵向之间有反馈,且传收横向之间也有反馈,呈现出多元动态沟通的局面。

(二)人本性

传播作为一种社会行为,其根本目的是维护人的根本利益,促进社会的健康发展。最符合人的发展需要的信息传播,即人本性的传播,应该是自由的、充分的、便利的、有价值和有意义的,能满足个人生活和社会活动所需要的种种思想和精神的共享与交流。在数字网络的新媒体时代,更加重视人的需求和感受,个人通过互联网、手机可以随时进行信息沟通,人际传播的性质和优势得到凸显和强化。传统的、倾向于无差异的广大受众,开始分为趣味相投的或者利害相关的小众,如各种各样的网络社团、论坛群体、短信交友俱乐部等。在小众中,以某种共通的概念为表征,人们也许更容易找到志趣相投的伙伴,从而舒展个人的意愿及表达空间,促进社会的多元化发展进程。

数字新媒体传播的人本性也体现在因数字技术提供的保障和便利让使用者可以根据自身的个性需求而有针对性地、有效地接收和传播信息。保罗·莱文森在《数字麦克卢汉——信息化新纪元指南》一书中对互联网等新媒体现象进行了深入的分析,认为在新一轮信息时代来临时,权力结构将面临巨变,数字时代打破了中央集权,人微不再言轻,个人角色因被重新赋权而变得更重要。

(三)融合性

新媒体传播的融合性指所有的传播技术都快速地融合成一种普通的计算机可识别的数字形式。由于新媒体的基础技术是全世界一致的数字技术,因此信息传播可以轻易跨越媒体形态,甚至跨越国界。高性能的互联网络与数字电话、电子文件、计算机数据以及视频传输等自由结合,使每一个人都能在家里享受到全球一致的信息传播服务。

美国南加利福尼亚州大学视觉艺术系教授列夫·马诺维奇在《新媒体的语言》一书中提出了其独到的软件媒体理论。软件媒体的特征是可计算、可编程。他认为在计算机时代,电影以及其他已经成熟的文化形式,已经真正变成了程序代码。它现在可以被用来沟通所有形态的资料与经验,并且其语言被编码在软件程序、硬设备的接口与预设状态中。通过数字的表现,一个物体按照一定的算法可以被数字化地描述,即媒体变成了可编程的媒体。旧媒体的重造依赖于原始的物体,而新媒体具有可变性，它允许读者可以选择性地组合要观看的内容。这样，新媒体成了计算机与文化之间的转换层的中心，即文化的电脑化逐渐使不同的文化类别进行了转换和融合。

（四）即时性

传播的即时性也称实时性，指传播过程中传播者和接收者在时间的流程中同时共存、即时响应。在传统大众媒体传播时，报纸和杂志由于印刷本身的限制，无法即时，但是广播与电视作为电子媒体有实况直播，与受众可以同时共存。那网络新媒体的即时性跟它们相比优势体现在哪儿？针对没有预设的事件、突发性事件，只有网络才能做到即时传播。尤其在移动网络已经普及的今天，智能手机、平板电脑如影随形，每一个突发事件的现场总有网友在场，即时传播总能实现。

（五）主动性

新媒体传播的主动性体现在使用者可以把媒体元素打散，并按照自己的需要进行组合，可以真正实现点播数字新媒体内容。比如，在数字电视播放时，用户可选择自己喜欢或需要的节目观看，也可以下载多个节目，然后通过剪接组成另一个节目样式。传统大众媒体传播是以"推"的方式发送信息，受众只能被动接收媒体推送的一切，而互联网上媒体传播要求受众用"拉"的方式获取信息，受众需要根据自己的喜好和需要，在信息海洋中挑选自己需要和适合的信息。很多网站采用门户方式允许用户选择想要的内容，如天气、体育、图片、新闻、电子邮件等，可通过搜索关键词来完成查询，预示着未来媒体可以由用户进行控制。

三、新媒体的传播优势

传统媒体的传播和发展，走的都是同质化传播的路径，把相同或类似的信息，毫无区别地传达给受众。传统媒体高度同质化的传播，不仅仅是同质化的内容不断地重复传播，还把传播对象也同质化，更重要的是在这种缺乏变异的传播过程中，受众被迫取消了个性，取消了独立意见的表达权，取消了参与意识，没有自主选择的余地。

数字新媒体的出现，首先带来的是海量信息，其次是互动性。两者都意味着某种程度上的自主选择权。信息传播在经历了传统大众媒体多年"点对面"式的集中传播后，再次回归到传者与收者自主选择、自由定向的"点对点"式人际传播。这种无缝式的信息链接，是通过"点对点""点对面""面对点""面对面"四种典型化的数字新媒体传播模式有机融合而成。在"点对点"的新媒体传播模式中，不论是信息本身，还是信息的传播者或接收者，都是高度差异化的。

异质化传播是数字新媒体的本质优势，创造了一种新的个体化的公共媒体，建立了技术化的人际传播结构，历史性地提供了异质化信息的全球化传播。数字新媒体还原了人在大众化信息传播中的本体性，人不再被当作无差异的某个整体，这在人类历史上具有很重要的现实意义。

（一）传播损耗趋零

在传统媒体传播实践中，传播过程中的信息损耗难以避免。在传统大众媒体中，信息从制作者、传播者，最后到受众那里，经过了多次损耗（尤其是广播、电视媒体传输环节的损耗最大），不能实现完全的真传播。这里的损耗既包括信息传输过程中的物理性变异、衰减，也包括对传播的信息内容所做的事实判断和价值判断，如编辑、审查等环节的影响。与传统媒体相比，新媒体在传播上的优势是信息在传递过程中几乎没有损耗，因为数字信号不容易被干扰或更改，只要基本的"0"和"1"模式仍然能被识别出来，原始的传送就能被还原。而且新媒体很大程度上消解了传统媒体的权威性和"把关人"环节，信息传播过程中被人为干预或扭曲的可能性也大为降低。

（二）海量信息

传统媒体传播的信息量总会受到传媒介质特质的局限，达到基本限度后，哪怕想要在传播中增加少量信息，都需要付出更高的代价。如报社采取扩期、扩版的方式增加报纸容量，电视台则增加频道和播出时间，代价高昂，但成效非常有限。新媒体的介质采用数字化编码并使用数字化压缩技术，这样不但提高了信息的传播质量，而且增加了信息存储容量和传输时的信道容量。网络中的超链接是一种非线性的信息组织方式，它被设计成模拟人类思维方式的文本，即数据中包含了与其他数据的链接，用户单击文本中加以标注的特殊的关键词和图像，就能打开另一个文本，受众由此可以拥有前所未有的巨量信息，并且随时随地根据自己的需求和意愿，进行信息的多向传播。

（三）便利快捷

网络新媒体上的信息能够以接近光速的速度进行传播，更快更便利地到达受众，不受气候、环境以及地理因素的影响。数字新媒体的日益普及为人们提供了更多方便快捷的信息接收渠道和信息传播途径。以手机的发展为例，保罗·莱文森在其著作《手机：挡不住的呼唤》中认为手机的出现为人类的传播带来极大的福祉。人类有两种基本的交流方式：说话和走路。但是，自有了人类之日起，这两个功能就开始分割，直到手机横空出世将这两种相对独立的功能整合起来，集于一身。手机之前的一切媒体，即使是最神奇的电脑也把说话和走路、生产和消费分割开来，唯独手机能够使人一边走路一边说话。于是，人就从机器跟前和紧闭的室内被解放出来，进入大自然，漫游世界。无线移动的无线双向交流潜力，使手机成为信息传播最方便的媒体。

（四）成本低廉

尼葛洛庞帝认为，新的传播媒体带来的一个变化是新技术删减了很多媒体机构中的中间层面的组织，并且将大众传媒业重新精简为小型的作坊行业。当然，大型的媒体公司仍然存在，实际上它们会变得比以前更为壮大，但是生产一种媒体产品所需要的人力却大大缩减了。例如在一台计算机上编辑出版资料，不论是新闻简讯还是图书、杂志，只要一个人就足够了。由于数字技术的支持，一个人利用一台功能强劲的计算机就可以制作一部完整的电影，而无须摄影棚、道具背景甚至演员。便携式摄像机、声频录音机和数码编辑器使得制作人足不出户便能创造出形形色色的"生命"。

从传播成本上看，通过网络新媒体传送和接收信息的成本也日益走低。数字化信息在传递中几乎没有损耗并且可以重复利用，这样可以节省大量的资源，受众利用信息而付出的成本也随之降低。

（五）多媒体传播

多媒体技术的应用是数字媒体融合发展的典型表现形式。数字及网络技术使新媒体的信息源内容及形式更加丰富多样，文本、图片、音频及视频糅合成一个媒体传播产品，成了当前新媒体传播的常态。文学作品有语音版本，新闻报道不仅有图片还有视频，对此人们已经习以为常。同时，多媒体综合传播还允许受众在接收信息时自行编排，重新组合成自己喜欢的结果。如将影视作品剪辑成恶搞视频、把喜欢的明星做成表情包等。这样一来，传播内容可以在文本、图形、图像和声音等信息间建立逻辑链接，能以不同的方式述说同一件事情，各种不同的人类感官经验都被触动。如果第一次传播的时候用文字，受众没明白，那么换个方式，用照片、图形、图解，若受众还有疑惑，则使用视频动态演示，信息内容在媒介的流动中得以整体、立体地展现。

第三节 新媒体背景下的经典传播理论

一、新媒体传播与"把关人"理论

1947年美国社会心理学家库尔特·勒温发表了关于如何决定家庭食物购买的《群体生活的渠道》，最早提出了"把关人"概念，此后传播学者怀特在1950年将其引入新闻研究领域。

社会上存在大量新闻素材，大众传媒的新闻报道不是也不可能"有闻必录"，而是一个取舍的过程。在这个过程中，媒介组织形成了一道"关口"，通过它传达到受众那里的新闻只是众多新闻素材中的少数。对新闻素材进行取舍、筛选、过滤，决定报道什么事、采访什么人、传播什么消息，何为重大新闻，版面和节目如何编排等就是新闻把关。新闻筛选的"把关"模式：$S \rightarrow N_1 - N_2 = N_3 \rightarrow M$（$S$：信息源；$N_1$：新闻；$N_2$：舍弃的新闻；$N_3$：选择的新闻；$M$：受众）。

影响"把关"的因素，从意识形态开始，到政府再到经济团体，然后是传播价值，往后是媒体，最后到媒介从业人员，可以看出"把关"是一个从宏观层面到微观层面的过程。

在网络新媒体环境下，它的无中心性、开放性、匿名性、散播传递方式、价值多元化等都在摧毁传统意义上的"把关人"。从全球范围看，人们可以自行选择内容的自由度大大增加，这意味着"把关"的减少，"把关人"理论被削减。但是，正因为网络所提供的内容大大增加，这就意味着需要对此有更多的筛选，即"把关"。当组织行为减少时，个体的力量会凸显出来。因此，我们发现在新媒体背景下，微观层面的"把关"相对增强，即对受众个体的要求更高了。无论是信息的发布还是信息的接收，受众都需要做好自我"把关"，才能对网络新媒体进行更好的利用。[①]

二、新媒体传播与"议程设置"理论

议程设置的基本思想来自美国的政论家李普曼。他在《舆论学》一书中说："新闻媒介影响我们头脑中的图像。"无论是媒介现实还是人们头脑中的主观现实都有别于客观现实，即非现实的原生态。1968年，麦库姆斯和肖以美国总统大选为题进行了早期的量化研究并于1972年在民意季刊上发表了《大众传媒的议程设置功能》一文。

文中表达这样一些观点：大众媒介往往不能决定人们对某一事件或意见的具体

---

① 杨冬梅. 新媒体文化传播研究 [M]. 延吉：延边大学出版社，2020：57-67.

看法，但是可以通过提供信息和安排相关的议题来有效地左右人们关注某些事件和意见；大众传媒对事物和意见的强调程度与受众的重视程度成正比；媒介议程与公众议程对问题重要性的认识不是简单的吻合，而是与其接触传媒的多少有关，常接触大众传媒的人的个人议程和大众媒介的议程具有更多的一致性。"议程设置"理论暗示了这样一种媒介观，即传播媒介是从事"环境再构成作业"的机构。

网络传播时代来临后，麦库姆斯和肖在1999年提出了新假设——"议程融合论"。在其论文《个人、社群和议程融合：社会分歧论》中，他们首次提出了新的议程融合的模式。在2000年传播效果研究国际学术研讨会上，肖和他的两位助手又提交了《公共议程的衰落：个人怎样与媒介融合，以形成新的社群》，对"议程融合论"做了进一步的阐释，这标志着议程设置功能研究从媒体层面转向与其密切相关的社群和个体层面。

网络环境下，议程设置通常是这样一个过程：信息源（事件）刺激个体，个体直接做出判断，并通过新媒介完成个体议程设置；上传网络分享，进入社群，通过反复讨论、评判、博弈、修正，议程被赋予更新的意义和价值，和社群议程设置；议程也可能进入另一个社群，形成社群间共鸣，形成社群间的议程设置；众多媒介介入，从单一媒介的议程设置，扩展到多媒介的议程设置。

网络中的大众媒介议程包括三个部分：个体议程、社群议程和媒体议程。它的特点是：①新媒介是重要的平台；②个人议程在很多情况下成为议程设置的激发点和归宿点；③社群议程发挥了核心作用；④促成个体议程设置在社会层面得到解决。网络提供给人们议程设置的权利，消解了媒介在议程设置中的权威地位。

网络新媒体传播让"议程设置"理论发生了变化，这种变化除了上面所说的正面影响外，也存在负面作用。①有价值议题的流失，信息的泛滥带来了阅读的困难，那些有意义的信息可能得不到受众的注意，也没有进一步成为议题的可能，不少本应成为议题的信息淹没在大量的垃圾信息当中；②议题的失真，在网络中发布信息具有很大的自由度和随意性，缺乏必要的过滤、质量控制与管理机制；③网络舆论暴力的产生及舆论引导困难。

三、新媒体传播与"沉默的螺旋"理论

1974年，德国学者伊丽莎白·诺尔·诺依曼对舆论与大众传播的关系进行了研究，提出了"沉默的螺旋"理论。这一理论由以下三个命题构成。

第一，个人意见的表明是一个社会心理过程。①社会使背离社会的个人产生孤独感。②个人经常恐惧孤独。③对孤独的恐惧使得个人不断地估计社会接受的观点。④估计的结果影响了个人在公开场合的行为，特别是是公开表达自己的观点还

是隐藏起自己的观点。⑤这个假定与上述四个假定均有联系。综合起来考虑，上述①~④假定形成、巩固和改变了公众观念。

第二，意见的表明和沉默的扩散是一个螺旋式的社会传播过程。一方的沉默造成另一方意见的增势，使优势意见显得更加强大，这种强大反过来又迫使更多持不同意见者转向沉默。如此循环，便形成了一个"一方越来越大声疾呼，而另一方越来越沉默下去的螺旋式过程"。

第三，大众传播通过营造"意见气候"来影响和制约舆论。

舆论的形成不是社会公众"理性讨论"的结果，而是"意见气候"压力作用于人们惧怕被孤立的心理，强制人们对"优势意见"采取趋同、从众行动（从心理学的角度来说，从众心理的产生主要是由于认知失调和对孤独的惧怕。群体的压力会让人产生失调，而从众是减少失调的一种有效方法）这一非合理过程的产物。

但在网络新媒体传播的背景之下，"沉默的螺旋"的作用却被削弱了，这是为什么呢？

其一，在网络中，多数群体并不稳定，因此如果人们在某个群体中感到失调，可以通过转换群体的方式而不是从众的方式来平衡失调。

其二，人们的交往空间随着网络的延伸而无限拓展，人们可以通过在网络中积极地寻找同盟者来消解孤独感，避免了在有限的生活圈子里不断地陷入孤立的尴尬局面，从而大大降低了从众行为发生的动机。

其三，网络传播的匿名性和个性化特点也会使传统的从众心理表现得相对弱一些。

其四，网络时代是个尊重个体、崇尚个性的时代。

四、新媒体传播与"媒介景观"理论

法国导演居伊·德波的代表作《景观社会》写于1967年，1988年他又写了《关于景观社会的评论》。凭借"媒介景观"理论，居伊·德波表达了对媒介时代的激进批判。

居伊·德波认为我们了解的世界大部分是由各种知识和消息拼贴起来的，是由大众传媒提供的文字、图片和影像所连缀，它们布置出一个大千世界的幻象，我们生活在它们提供的一个知识架构内部。而景观的作用首先就是让人们"看到"，在景观社会中，"呈现的东西都是好的，好的东西才被呈现出来。被动地接受，景观通过表象的垄断，通过无须应答的炫示实现了"，在新闻、宣传、广告、娱乐表演中，景观成为主导性的生活模式。媒介文化不仅占据了受众日益增长的业余时间，也为他们提供了幻想、梦想、思维模式和身份认同的原材料。媒体已经深刻影响着我们的思想和

行为。

　　景观的泛滥有架空真实世界的嫌疑，在互联网和新媒体不断发展的今天尤为如此。因为大众知觉从读文到读图读像，从电影到直播，从3D、IMAX到VR、AR，景观在商品和资本带动之下，不断地将真实转化为拟像。社交网络的发展使得每个人都能轻松地实现自我传播，人们观赏自己、通过图片塑造自己并期望被观看，这种被观看的心理需求被社交网络无限扩大。人们终于把自己变成了景观。变成景观的不仅仅是人的形象，而是人们的整个生活。我们开始用各种照相工具获取我们生活中的每一个场景，从吃早餐到坐公交，从上厕所到路上的行走。我们的生活由此变成了一幅幅图片和一段段视频，生活本身的意义被消弭了，它被压缩成格式化的图像和影像，生活从而变得扁平。如果我们不用图片去记录、阐释我们的行动，我们的行动似乎就变得无意义了。举个例子，有人说他吃了一顿大餐而没有拍照记录，他会觉得"白吃了"，这顿大餐顿时对他没有了意义。我们的图片和被观看变成了生活的实质。在图片时代，视觉以外的其他感官意义被消解。

　　"偏爱图像而不信实物，偏爱复制本而忽视原稿，偏爱表现而不顾现实，喜欢表象甚于存在。"在传统媒体时代，由于媒介的覆盖有限，因此虽然景观社会存在，但景观和真实世界之间还是有一定距离和空间，还可以让一部分人保持对社会结构认识的清醒状态。可在非线性的、圈层的、超链接的网络新媒体传播中，在线性思维被打破后，公共领域和私人领域的一切都存在符号化、景观化的趋势。

第四节　新媒体传播技术

　　创造新技术和利用新技术，是人类的本性，也是社会进步的必然。在信息技术产业和计算机网络技术的双重冲击下，新媒体技术开始慢慢起步。人类的每一次技术进步都会带来巨大变革，并推动媒体产业的发展。从娱乐传播这个行业的整体发展情况来看，技术始终是推动其发展的基础。

　　自古至今，媒体的每次变化都是以技术的进步和演进为先导。如果没有印刷技术的出现，就没有书籍、报纸和杂志等纸质信息存储传输媒介；如果没有电子技术的发展，就没有无线电、广播和电视等电子媒体；没有计算机技术、现代通信技术以及计算机网络的普及，就更没有新媒体的产生发展和兴起。

　　从技术的角度上看，按照当前发展阶段的水平，新媒体技术就是以计算机为工具，以现代数字通信为手段，以网络交换为传播形态，以此构成对信息内容进行采集、加工、处理、传输和显示的全过程,并应用于大众传播业的技术。按照美国学者约翰·帕夫利克的观点,新媒体技术主要包含采集和生产技术、处理技术、传输技术、存储技术和播放显示技术,涵盖了互联网和移动通信的输入、处理、输出全过程的各项技术。数字娱乐传播技术作为新媒体技术中与大众日常生活最为贴近的部分,其传输内容以娱乐信息为主,传输面向社会所有人群,也是新媒体技术中用途范围最为广泛的技术。

新媒体技术是以数字技术为核心,通过计算机技术和以网络技术为主的信息通信手段,将抽象的信息转换为易于感知、可管理和便于交流的信息,涉及诸多学科和研究领域的理论、知识、技术与成果,已经被广泛应用于信息传播、影视创作、游戏娱乐、广告、出版、网络以及教育、商业、展示等领域,具有巨大的经济增值潜力和社会效益,是一种新兴、交叉和综合的技术。

一、新媒体技术的分类

新媒体技术包括数字媒体信息从生成、处理到输出各个环节所涉及的多项技术,大体可以分为以下几类。

(一) 信息采集与输出技术

信息采集技术是指将人类各个感觉器官从自然界中感受到的声音、图像甚至味觉和触觉等以连续形式存在的模拟信息,采用模拟/数字转换器转换为计算机可以识别和记录的数字形式的离散信息,它是数字媒体信息处理、存储和输出等后续环节的基础。

信息输出技术为数字媒体内容提供丰富、人性化的交互界面,将计算机描述的抽象数字形式的离散信息,采用数字/模拟转换器转换为易于被人类各个感觉器官感知的连续模拟信息,它是数字媒体的最终目的和处理交互的重要手段,是与数字媒体信息获取完全相反的信息处理过程。

(二) 信息存储技术

来自自然界中的媒体信息从连续模拟形态转换为离散数字形态后,在方便处理记录的同时也极大地增加了数据量。由于数字信息存储和读取的并发性和实时性对存储系统的速度、性能以及数据存储的稳定和安全性提出了更高的要求,因此要综合考虑存储设备容量、速度以及存储策略等因素,以在保证存储数字媒体信息稳定性的同时方便数字媒体信息的管理。目前广泛应用的主要存储技术有磁存储技术、光存储技术和半导体存储技术等。

(三) 信息处理技术

信息处理技术可以将数字媒体信息的表现形式和表现内容，根据需要进行转换，主要包括媒体信息数字化技术、数字信息压缩编码技术以及数字媒体信息特征提取、分类与识别技术等。在各种数字媒体信息中，占据大多数数据量并最具代表性的文字、图像、音频以及视频信息的处理技术，是数字信息生成与处理技术的主要内容。

(四) 信息传输技术

信息传输技术作为传输数字媒体信息的主要手段，体现了数字新媒体和传统媒体单一传输渠道相比迥然不同的多渠道传输特征。数字媒体信息传输技术有机融合了计算机网络技术和现代通信技术，将数字信息内容传输给终端，以为用户及受众提供无缝连接的服务。数字媒体信息传输技术主要包括数字通信网络技术、计算机网络技术和无线通信技术。其中，IP技术能把计算机网络、广播电视网和电话通信网融合为统一的宽带数字网，各种信息传递方式和网络在数字传播网络内合为一体，是数字媒体信息传输技术的研究热点和发展趋势。

(五) 信息管理与安全技术

针对数字媒体信息数据类型繁多和数据量大的特点，结合数字媒体技术与计算机数据库技术、检索技术与信息安全技术而产生的数字媒体数据库，可以高效管理数字媒体信息。与传统的普通数据库相比，数字媒体信息数据库增加了以图文音像为主要类型的数字媒体信息的处理和管理功能，并采用了特征识别、基于内容或特征的检索等技术，极大地扩展了存储容量，以满足图文、音像数字媒体信息的有序存储和有效管理。数字媒体安全技术建立在数字版权管理技术和数字信息保护技术的基础上，起到安全传输数字媒体信息、知识产权保护和认证等作用，还为数字媒体信息的商业化流通提供了技术基础。

二、数字音频技术

数字音频技术是人类最熟悉的传播信息的手段，也是人与人之间交往最便捷的工具。音频信息在以广播和电视为代表的传统媒体时代，就已经是非常重要的媒体类型。在数字新媒体时代，音频仍然保持着重要的地位。

数字音频同样也分为语音和非语音两类。语音以人类语言为基础，具有鲜明字节信息的声音信号，是语言的载体。非语音信号则分为乐音和杂音。乐音指发音物体有规律振动而产生的具有固定音高的音频，可以引起美好的听觉和心理享受；杂音则没有任何规律，不能引起美好的听觉享受。

数字音频技术利用数字化手段对声音进行录制、存储、编辑、压缩和播放，随着计算机技术、多媒体技术、数字信号处理技术等现代科技的兴起而产。与模拟音频相比，其具有采集便捷、存储便利、传输和再现几乎不存在失真、易于编辑和处理等诸多方面的优点。

音频按来源可以分为自然音频和人工音频两种。自然音频是由自然界中的音源发出的声音，不仅具有强度和音调等属性，更具有强烈的空间感，可以通过混响和回声等反射特性感受到现场的环境结构，可以很容易分辨出音源的方位。人工音频则由于在音频数字化过程中采集信息具有片面性，因此难免会有所丢失和缺损，从而导致音质下降或者空间感不强等缺陷。为了减少或者避免这种现象的产生，可以根据人耳接收声音的特点，在采集音频时从左、右两个方向同时采集音频，从而部分恢复和建立所采集声音的空间感，即对应人耳左右分布的特点，使用立体声系统以双声道或多声道的方法采集声音。音频设备中常用的数字音频标准主要有杜比系列音效系统、DTS音效系统和THX音效系统。

计算机音频以计算机为工具，完全由人工通过计算机控制乐器数字接口。乐器高效率地完成音乐作品的创作与编辑。其可以生成自然界中不存在的音频，赋予音频创作以无限空间。

乐器数字接口是20世纪80年代初由几家主要的电子乐器生产商发起制定的一个通信标准，主要包含计算机音乐生成程序、电子乐谱合成器以及电子乐器和音响等设备交换信息和控制信号等几个子标准。

乐器数字接口本身不是声音信号，而是音符、控制参数等指令，它指示乐器数字接口设备演奏音符和控制音量等行为。乐器数字接口数据也不是数字音频波形，而是音乐代码或电子乐谱。乐器数字接口系统实际就是一个作曲、配器、电子模拟的演奏系统。音乐人可以按乐器数字接口标准，运用乐器数字接口技术用数字音乐数据进行音乐创作，也可以使用乐器数字接口设备直接演奏乐曲。配备了高级乐器数字接口软件库的计算机，可以用乐器数字接口控制完成包括音乐创作、乐谱打印、节目编排、音乐调整、音响幅度、节奏速度以及各声部之间的协调和混响在内的几乎所有音乐处理功能。

三、数字图像技术

图像就是采用各种采集系统获取或由人绘制并能够被人类视觉所感知的实体，数字图像就是数字化图像实体。与传统娱乐信息一样，视觉信息在数字娱乐传播中仍然占据着最重要的地位。

数字图像是用有限数字数值像素表现的二维平面信息实体，由模拟图像数字化得到，以像素为基本元素，可以用数字计算机或数字电路存储和处理。自然界存在的图像在空间、亮度以及色彩色调上都是以模拟形式连续存在的，所以在进行数字化处理前，要先将模拟图像经采样、量化和编码转换为数字图像。数字图像可以由多种输入设备和技术生成，如数码相机、扫描仪、坐标测量机等，也可以从非图像数据得到，如数学函数或者三维几何模型等方法。

像素是模拟图像数字化时对连续空间进行离散化所得数字图像的基本元素，每个像素都具有以整数形式表现的行和列的坐标位置和整数灰度值/颜色值。根据像素特性的不同，数字图像可以划分为二值图像、灰度/灰阶图像和彩色图像等类型。

分辨率，指组成图像的像素密度，以单位长度内像素数量表示，单位一般采用PPI，如300PPI表示1英寸内有300个像素。对几何尺寸相同的一幅图像，组成图的像素数目越多，则图像分辨率越高，图像就越清晰；反之，则图像分辨率越低，图像也就越粗糙。

色彩深度，又称色彩位数，指储存每个像素色彩所用数值的存储位数，决定彩色图像像素可能的最大色彩数量或者灰度图像像素可能的最大灰度级别。例如，一幅彩色图像的每个像素如果用R、G、B3个分量来表示，每个分量又用8位来表示，那么一个像素就由$8×3=24$位来表示，即像素色彩深度就是24位，每个像素可能的色彩就是$2^{24}=16777216$中的一种。表示一个像素的位数越多，能表达的色彩数量就越多，它的深度就越深，表现的色彩就越细腻，但同时图像占用的存储空间就越大。鉴于人眼分辨的局限性和设备复杂度的限制，一般不追求过高的像素色彩深度，需要在人眼的视觉感知和资源耗费之间达到平衡。

真彩色是指在组成一幅彩色图像时每个像素值的基色分量达到与日常生活经验一致的色彩，每个基色分量直接决定了显示设备的基色强度。伪彩色图像的每个像素的色彩不是由每个基色分量数值直接决定的，而是去查找一个显示图像时使用的R、G、B强度值，查找得到的数值显示的色彩是真的，但不一定是所描述物体真正的色彩，而有可能以色彩表现图像所描述对象的其他数值，如以不同色彩表示不同的温度，称为色温。

四、数字视频技术

据统计，目前视频信息因其最接近人直观感受的不可替代特征，所以在网络上占据了将近90%的流量。数字视频就是以数字形式记录的视频。为了获取数字视频信息，模拟视频信号必须通过模拟/数字转换器转变为以0和1表示的数字视频信号，而播放数字视频时则要完成其反过程，即借助数字/模拟转换器将二进制信息解码成模拟信号。

彩色电视信号分为复合视频信号、分量视频信号和分离视频信号三种。复合视频信号又称为全电视信号，是将亮度、色差及同步信号融合为一个信号。分量视频信号由表现色彩信息的若干个独立信号组成，表示色彩质量最好，但需要较宽的带宽和同步信号，常用的分量视频信号标准有RGB、YUV和YIQ等。分离视频信号将亮度分量和色差分量分离后以不同信道分别传输，色彩表现和设备资源消耗均处于前两者中间。视频信号标准也称为电视制式，世界上广泛采用的电视制式有NTSC、PAL和SECAM制三种，区别主要在于帧频/场频、分辨率、带宽、色彩空间的转换关系。

模拟视频数字化包括色彩空间转换、光栅扫描转换以及分辨率统一等步骤。电视视频信号常用两种方法数字化。一种是先把分离复合视频信号中的亮度和色度转换为YUV或YIQ分量，然后用模拟/数字转换器对应数字化三个分量；另一种是先用模拟/数字转换器数字化复合视频信号，然后在数字域中得到YUV、YIQ或RGB分量数据。

五、计算机动画技术

计算机动画指采用图形与图像的处理技术，借助编程或动画制作软件生成一系列的景物画面，当前帧是前一帧的部分修改，采用连续播放存储于连续帧的静止图像的方法产生物体运动的效果。计算机动画中的运动包括景物位置、方向、大小、表面纹理、色彩和形状的变化以及虚拟摄像机的运动。动画的基本原理是利用人眼的视觉暂留特性，连续播放一系列基于时间顺序的静止画面，给视觉造成连续变化的假象。

计算机动画的制作需要软件和硬件协同实现。以计算机硬件为基础，利用动画制作软件，以艺术修养作为指引，以实现各种动画功能和效果。

计算机动画根据动画控制方式可分为实时动画和逐帧动画。实时动画采用算法控制物体的运动，计算机快速处理输入的数据，并在屏幕上实时显示运算结果，一般用于简单动画。逐帧动画按时间顺序显示记录在存储介质上的图像序列，实现运动效果，通常用于复杂动画。

计算机动画根据动画画面视觉效果的不同分为二维动画和三维动画。二维动画的画面是在平面空间展示内容，其立体感借助于透视原理、阴影等手段得到的视觉效果。三维动画使用三维数据建立对象模型，具有真实的立体感。

按所描述对象的真实程度还可以分为真实动画和非真实动画。

按目的播放平台还可以分为电视动画和网络动画。电视动画在计算机上制作完成以后要转换为视频文件格式存储，以供电视平台播放。适用于网络传播的网络动画，文件容量小，采用矢量图形，画面简洁明快、色彩鲜艳，播放运算量小，制作相对容易，并具有一般动画所没有的交互性，可以在小规模范围内展开创作，但画面质量远远不如专业动画作品。随着网络的发展和普及，网络动画逐渐成为计算机动画的重要组成部分。网络动画的主要制作软件有 Flash、Ulead GIF Animator 和 Cool3D 等。

计算机动画生成技术即利用计算机动画系统的多种运动控制方式，实现各种复杂的运动形式，提高控制的灵活度以及制作效率的技术，包括关键帧动画、变形物体动画、过程动画和人体动画等。

一般地，动画对象或人物还是先用手工在纸上或使用绘图笔绘制原画，即先画出对象或人物的轮廓，输入计算机以后进行上色等操作，这部分的工作与造型设计以及美术设计密切相关。

关键帧动画的中间帧并不需要全部由创作人员逐帧描绘，只需绘出若干有代表性的关键帧画面，其余各帧画面由计算机根据关键帧画面的设定以及模型化对象在某些时间点上的位置、形状、旋转角、纹理和其他参数而自动内插生成，从而大大节省了创作的时间，是计算机动画中最基本并且运用最广泛的方法，几乎所有的动画软件如 Maya、3DSMAX 等都使用这种技术。

变形物体动画将动画指对象从一种状态转变为另一种状态，转变的中间过程通过起始状态和结束状态的数据计算得到，常用动画软件如 3DSMAX、Maya 等都具有类似功能。

六、计算机网络技术

计算机网络是建立在通信技术和计算机技术的基础上，按照网络协议将分散独立的计算机和通信设备连接起来，以功能完善的网络软件实现资源共享和信息传递的系统。

（一）计算机网络体系

计算机网络由网络硬件和软件组成。网络硬件是计算机网络的物质基础，主要包括服务器、工作站、连接设备、传输介质等。网络软件是实现网络功能的主体，包括网络操作系统和网络协议等。网络操作系统运行在网络硬件基础上，提供共享资源管理、基本通信、网络系统安全及其他网络服务，其他网络软件都需要其支持才能运行。连入网络的计算机依靠网络协议实现通信，而网络协议需在具体网络协议软件的支持下才能工作。

计算机网络按覆盖范围可分为局域网、城域网和广域网。局域网是小区域范围内的计算机网络，数据传输率高可达 1000 Mbps，具有价格便宜和误码率低的优点。可见拓扑结构有星、环型、总线型、树型和网状拓扑等。城域网通常使用与局域网相似的技术，可以覆盖一个或若干城市。广域网是覆盖国家级或国际范围地域的网络，通常要依托公共通信网络。

（二）IP/TCP 协议

IP 是互联网络协议的简称。IP 协议与 TCP 协议并列为 TCP/IP 协议集合的核心。互联网通过 IP 协议实现不同物理网络的统一，实现了真正意义上的网络互联。IP 技术的核心是支持网络互联的 TCP/IP 协议，通过 IP 数据包和 IP 地址将物理网络细节屏蔽起来提供统一的网络服务。现有的 IP 协议为 IPv4，但由于互联网地址空间的不足和新的应用需要，因此对 IPv4 做出了简单的、向前兼容的改进，提出了 IPv6。IPv6 不但解决了 IPv4 的地址短缺难题，而且可以使互联网摆脱复杂难以管理和控制的局面。

TCP 是面向连接的协议，提供可靠的全双工数据传输服务。TCP 具有面向数据流、虚电路连接、有缓冲的传送、无结构的数据流和全双工连接五个特征，只负责将数据报传送到目标主机，但不能解决数据报丢失和乱序递交等传输问题。TCP 协议则解决 IP 协议的问题，两者相结合而成的 TCP/IP 协议集合提供了互联网可靠传输数据的方法。

基于 TCP/IP 协议的网络体系结构分为网络接口层、网际层、传输层、应用层四层，即 TCP/IP 协议层次结构。

七、数字存储技术

与模拟信息相比，数字信息具有数据量大、并发性和实时性等特点，对系统计算速度、性能以及数据存储的要求更高，既要考虑存储介质，又要考虑存储策略。目前广泛应用的主要存储技术有磁存储技术、半导体存储技术和光存储技术等。

（一）磁存储技术

虽然各种新型的存储媒介不断涌现，但磁存储技术以其记录性能优异、应用灵活、成本低廉的优势和技术上的巨大发展潜力，成为信息存储领域的主流技术。磁存储技术可分为模拟磁存储和数字磁存储技术两种。前者主要用于记录模拟图像和模拟声音信号，记录和输出模拟信号；后者采用二进制信号记录数字信息，设备主要包括硬磁盘、软磁盘和磁带等。

硬磁盘具有容量大、体积小、速度快、价格便宜等优点。硬磁盘存储技术应用最广泛。硬磁盘性能指标包括容基、平均寻道时间、缓存和传输速率等。目前，主流硬磁盘的容量在 1000GB 以上，转速 10000rpm，平均寻道时间为 7～9 毫秒，缓存 32MB，传输速率达 160Mbps。硬磁盘主流接口主要是 IDE、SATA 和 SCSI 等。尽管单一硬盘的存储容量已经达到了比较可观的程度，但对于迅猛发展的数字媒体信息来说，在追求大容量的同时还需要增强存储系统的可靠性，从而出现了由多个硬盘构成的存储系统磁盘冗余阵列，综合解决了磁盘存储系统的吞吐速度和可靠性问题。

（二）半导体存储技术

半导体存储器种类繁多，容量和存取速度发展非常迅速，应用领域也日益广泛。根据其读写特性，可分为随机存储器（RAM）和只读存储器（ROM）两大类，还可细分为 Flash、ROM、SRAM、EPROM、EEPROM 和 DRAM 等。

闪存芯片的存储容量已经达到了上百 GB，而且随着半导体和集成技术的发展，闪存芯片的容量还会大幅度提升。常见的闪存类型有 SM、CF、MemorySticks、MMC、SD、XF、U 盘、C-Flash 等。

（三）光存储技术

光存储技术是将计算机生成的携带信息的数据送入光调制器，采用激光照射介质并与介质相互作用，使介质的性质发生变化而存储信息。光存储系统通常分为记录信息的光盘和光盘读取设备两大部分。

光存储技术以其存储密度高、存储寿命长、非接触式读写和擦除、信息的信噪比高以及价格低等优点成为数字媒体信息存储的重要载体。光存储技术可以按多种标准进行分类，如图 4-2 所示。

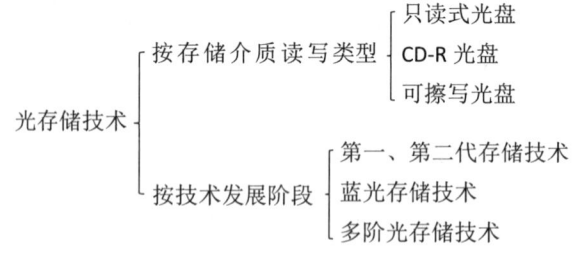

图 4-2　光存储技术分类

（四）网络存储技术

网络存储技术具有安全性高、动态扩展性强的特点，是近年来高速发展的技术，许多基于工业标准的网络存储方案在视频管理制作和播出等方面都已经对其进行广泛应用。网络存储技术按照发展的先后顺序，可以分为以下几种。

1. DAS 和 SAS 技术

直接附着网络存储（DAS），适用于早期的简单网络。典型 DAS 管理结构基于 SCSI 并行总线，存储设备与主机操作系统紧密相连。20 世纪 80 年代出现了附着服务器的存储（SAS）。SAS 和 DAS 类似，但使用的是分布式方法并仰赖于局域网连接实现。DAS 和 SAS 的存储都直接依附于服务器，使用存储共享都是受限的。

2. SAN 和 NAS 技术

存储域网络（SAN）是存储技术与网络技术密切结合的产物，是一个用在服务器和存储资源之间的、专用的、高性能的网络体系，使用 SCSI-FCP 典型协议组，能为网络应用系统提供丰富、快速和简便的存储资源，又能集中统一管理网络上存储的资源，可以作为媒体业务管理的结构，也可以作为视音频播出服务器的网络化构架，成为当今理想的存储管理和应用模式。

附于网络的存储（NAS），设备直接连接在网络上。NAS 包括一个特殊的文件服务器和存储设备。NAS 服务器采用优化文件系统，并且安装预配置的存储设备。由于 NAS 连接在局域网上，因此客户端可以通过 NAS 系统与存储设备交互数据，也可以通过磁盘映射和数据源建立虚拟连接。

SAN 以数据为中心，具有高带宽块状数据传输的优势，而 NAS 以网络为中心，更加适合文件系统级别上的数据访问。根据两者强烈的互补性，可以使用 SAN 运行数据库、备份等关键应用以集中存取与管理数据，而使用 NAS 完成客户端之间或者服务器与客户端之间的文件共享。

3. IP 网络存储技术

随着 IP 和以太网数量的激增，可以采用与构建互联网相同的基础支持对网络存储的需求。服务器可以在运行 TCP/IP 的以太网上安装 iSCSI 驱动，从而能够存取计算机上 SAN 中的数据块，可以利用基于 TCP/IP 的以太网来无限制地扩大存储容量和带宽，来构建任何大小的网络以适应各种各样不同的存储需求。

八、移动数字终端技术

随着数字新媒体无线和移动服务平台的迅速壮大，特别是移动数字媒体独特的信息获取与交流的优势，近年来手持移动数字终端发展势头迅猛，已经成为获得信息和媒体服务的重要途径。

（一）手机

手机是移动通信系统中的便携可移动通信终端。第一代手机（1G）是模拟手机，技术上类似于简单的无线电双工电台，通话频率固定，易于被窃听。从第二代手机（2G）开始进入数字手机时代，利用数字信号处理传输语音和数据、GPRS 和 WAP 等数据服务以及基于移动 Java 平台的程序扩展等功能。第三代手机（3G）是指融合移动通信与互联网多媒体通信的多媒体数字手机，能处理图像、音乐、视频流等多种媒体形式，提供包括网页浏览、电话会议、电子商务等多种信息服务。第四代手机（4G）集 3G 与 WLAN 于一身，并能够传输与高清晰度电视不相上下的高质量视频图像和音频信号，能够满足几乎所有对无线服务的要求。手机的发展将偏重于安全和数据通信，一方面加强个人隐私的保护，另一方面加强数据业务的研发，更多的多媒体功能被引入。第五代手机（5G）手机是指使用第五代通信系统的智能手机。5G 具有更高网速、低延时高可靠、低功率海量连接的特点。在网速方面，5G 速率最高可以达到 4G 的 100 倍，实现 10GB/s 的峰值速率，能够用手机很流畅地看 4K、8K 高清视频，急速畅玩 360°全景 VR 游戏，等等。在超低时延方面，5G 的空口时延可以低到 1 毫秒，仅相当于 4G 的 1/10，远高于人体的应激反应，可以广泛地应用于自动控制领域。

（二）媒体播放器

MP3 播放器凭借着体积小巧和使用方便等优点，替代了磁带、CD 等音乐播放产品，迅速占领便携音乐播放器的市场。而结合了视频等播放的新一代个人数码娱乐终端 MP4，又取代 MP3 成为市场的主流。MP4 是在 2002 年由法国爱可视公司发布的，2003 年 9 月出现了第一款能摄像的 MP4。现在的 MP4 功能已经被融入数码相机、数码 DV、移动硬盘、MP3 和手机等多种数码产品中，独立功能的 MP4 市场也在逐渐萎缩。

（三）平板电脑

平板电脑是一种小型、方便携带的个人电脑，以触摸屏作为基本的输入设备，其触摸屏允许触控笔或数字笔而不是传统的键盘或鼠标操作，用户还可以通过内建的手写识别程序、软键盘、语音识别或者一个真正的硬件键盘输入信息，从而大大提高了应用的便利性。平板电脑概念由微软总裁比尔·盖茨于 2002 年提出。从微软提出的平板电脑概念产品上看，平板电脑就是一款没有翻盖和键盘、小到可以放入女士手袋，但却功能完整的 PC。

平板电脑本身内建了应用软件，用户只需按自然习惯通过触摸屏幕书写的方式，就可以将文字或手绘图形输入计算机。平板电脑按结构可分为集成键盘的可变式平板电脑和外接键盘的纯平板电脑两种类型。虽然平板电脑的概念由微软公司提出，却是因苹果公司的系列平板电脑的推出而为众人所知。平板电脑的代表产品分别是 Surface 和 iPad。

九、数字媒体信息安全技术

数字媒体信息本身易于复制和传播的特性使数字作品更加容易被侵权，恶意攻击和篡改伪造数字媒体内容等问题也日益严重，应该引入数字媒体信息安全技术来提高数字媒体信息的安全性。

（一）数字媒体信息加密技术和数字签名

数字媒体信息往往通过计算机网络传输，在传输过程中会遭遇多种安全问题，应用于计算机网络的安全技术自然也被引入数字媒体信息的安全性保护中来。与计算机网络安全技术类似，加密技术也是数字媒体安全技术的基础，为存储和传输中的数字媒体信息提供机密性、数据完整性、身份鉴别和数据原发鉴别等方面的安全保护，还能阻止和检测其他的欺骗和恶意攻击行为。数字媒体信息加密技术包括对称加密技术和非对称加密技术则两种。加密技术使用相同的密钥加密或解密数字媒体信息，而非对称加密技术使用不同的密钥加密或解密数字媒体信息。数字签名技术使用散列函数对数字信息进行签名，在原始信息上附加数据以保证信息的完整性、认证发送者的身份，防止交易中抵赖的发生，是不对称加密技术的典型应用。

（二）数字媒体信息隐藏技术

信息隐藏技术利用人感觉器官对数字信息的感觉冗余性，将用作识别的信息隐藏在需要传输的原始信息中，隐藏附加信息后的信息引起的感受与原始信息并没有区别，使人无法觉察到隐藏的数据，也不会改变原始信息的本质特征和使用价值。信息隐藏技术包含隐蔽通道、隐藏术、匿名通信和版权标志等技术。隐藏技术把标志信息嵌入或隐藏在原始信息中，通常假设除信息发送方和接收方之外的第三方不知道隐藏信息的存在，只能用于互相信任的双方之间点到点的信息传输。

（三）数字水印技术

与信息隐藏技术相似，数字水印技术将如作者信息或个人标志等信息，以人所不可感知的水印形式嵌入原始信息中，通过自然感官无法感知水印的存在，只有专用的检测器或计算机软件才可以检测到，具有可证明性、不可感知性和稳健性等特点，是一种有效的数字媒体信息保护和认证技术。在数字媒体信息中加入数字水印可以确认版权所有者，认证数字媒体来源的真实性，以及识别购买者，确认所有权认证和跟踪侵权行为。

数字水印技术可以按照多种标准分类。按其稳健性，数字水印可分为鲁棒数字水印、半易脆数字水印和脆弱数字水印。按数字水印所嵌入的原始信息类型可分为图像数字水印、音频数字水印、视频数字水印、文本数字水印、印刷数字水印以及网络数字水印等。按水印检测过程可分为明水印和盲水印。按数字水印的内容可分为内容水印和标志水印。按数字水印用途可分为版权保护水印、篡改提示水印、票据防伪水印和隐蔽标志水印等。

（四）数字版权管理技术

数字版权管理（DRM）随着电子音频视频节目在互联网上的广泛传播而发展起来，采取包括信息安全技术手段在内的系统解决方案，在保证合法的、具有权限的用户对数字图像、音频、视频等数字信息正常使用的同时，保护数字信息创作者和拥有者的版权；根据版权信息获得合法收益，并在版权受到侵害时能够鉴别数字信息的版权归属及版权信息的真伪，以保证数字内容在整个生命周期内的合法使用；平衡数字内容价值链中各个角色的利益和需求，促进整个数字化市场的发展和信息的传播。具体来说，包括对数字资产各种形式的使用进行描述、识别、交易、保护、监控和跟踪等各个过程。数字版权管理技术贯穿数字内容从产生到分发、从销售到使用的整个内容流通过程，涉及整个数字内容价值链。数字版权管理通过对数字内容进行加密和附加使用规则，对数字内容进行保护，使用规则可以判断用户是否具有权限播放此内容，为数字媒体信息提供者保护其所拥有的数字资产免受非法复制和使用提供了技术手段。

第五章 新媒体受众

受众指传播活动的对象或受传者。在大众传播过程中的受众即受传者或阅听者，具体包括报刊书籍的读者、广播的听众和电视电影的观众等。新媒体改变了传统媒体的传播模式，受众不再单纯是信息的接收者，也不再是传播行为的终结者，传统的受众观念也必然发生改变。新媒体的受众主体定位、新媒体与受众的关系、受众细分对新媒体的影响等都是新媒体在技术不断发展过程中所面临的新问题。换言之，新媒体的发展面临的不仅是技术问题，如何在竞争激烈的媒体市场上找准定位、争取受众，对新媒体来说，更是一个关乎生存的问题。

第一节 受众与受众特征

一、受众与受众观

受众是一个集合概念，最直接的表现为大众传媒的信息接收者。传统的传播理论对受众问题的研究有以下几种不同的受众观。

第一种受众观是大众社会论，即作为社会群体成员的受众。大众社会论认为受众是"一大群原子结构的、沙粒般的、分散的、无保护的个人，这些个人在大众传媒有计划、有组织的传播活动面前是被动的、缺乏抵抗力的"。这种观点被称为"魔弹论"或"皮下注射论"。20世纪40年代，拉扎斯菲尔德等通过"伊里调查"进行了IPP指数（即有政治倾向指数）分析并初步提出了"选择性接触假说"。调查显示，受众在接触大众传播信息时并不是不加选择的，而是更愿意选择那些与自己的既有立场、态度接近的内容，回避与自己对立或冲突的内容。这被认为是受众研究的里程碑式调查。此项调查说明不同身份的受众对媒介信息的选择有着固有的倾向性，即在媒介传播过程中受众并不是处于完全主动的位置。而受众的这种选择性接触与倾向性导致其作为媒介信息接收者在社会中不自觉地分化为不同群体，不过这种分化

往往并不被受众本人所知。①

第二种受众观是从市场的角度分析受众，由传播学者丹尼斯·麦奎尔提出，他认为"受众可以被定义为特定的媒体或信息所指向的、具有特定的社会经济层面的、潜在的消费者的集合体"。该观点基于大众传媒作为信息的卖方，要使其产品在价值与使用价值间进行转换则必须以商品的形式将信息卖出，而出售的对象是社会大众，即信息的消费群体是具有信息接收能力的受众。麦奎尔的理论是从市场角度出发，把受众看作市场环境竞争下的产物。这一观点丰富与创新了传播受众理论，并促进社会大众传播受众观的进一步发展，为后来学者研究探索大众传播受众提供了经济学的理论支持。

第三种受众观即作为权利主体的受众。这种观点认为，受众作为参与社会公共事务的公众成员，在大众传播过程中具备传播权、知晓权、媒介接近权等基本权利。传播权是社会成员的基本权利，是受众表达言论自由的一种权利，包括他们利用大众传播媒介来传播信息的权利。知晓权是公民对国家的立法、司法和行政等共同权力机构所拥有的知情权利。媒介接近权是社会成员利用传播媒介阐释主张、发表言论以及开展各种社会和文化活动的权利。

随着新媒体受众在社会公共事务与传媒事件中发挥的作用越来越大。如今的受众不再是"魔弹"直击的对象，而是媒介事件中能够积极参与和有所作为的传播主体。他们拥有发表言论、评论，传播信息，反馈信息等权利。这促使受众在新媒体中的思想与行为变得更为主动、活跃和富有创造性。

二、新媒体受众的群体特征

从1996年到现在，网络新媒体受众的主体结构发生了从精英到大众的变化，接受服务的方式也由被动到主动，受众越来越愿意分享、评论，而接受服务的需求从最初新闻信息占主导演变成对娱乐与商业的依赖。尽管有这样一些改变，但就总体而言，其特征仍可归纳为以下几点。

（一）分众化

由于新媒体受众对信息的自主选择权越来越大，因此其能够按照自己的意愿各自选择相关的信息，受众有日益分化的趋势。所谓受众不再是规模宏大的大众，而是分众和小众。实际上，新媒体产业上的每一链条、每一环节都聚集了不同的受众群，在同一个环节的受众群体有着明显的趋同性，而不同链条上的群体之间的差异性则较大。

---

① 褚亚玲，强华力. 新媒体传播学概论 [M]. 北京：中国国际广播出版社，2018：61-66.

(二) 个性化

自我表达是人类的天性，由于个人的社会属性的差异，因此其在表达时也不可避免地表现出各自的相对独立性。在传统大众媒体时期，受众没有条件利用媒体进行个性化表达，成为"沉默的大多数"。但在新媒体时期，受众成为传播主题体能够发布信息，表达自我的存在，能够对信息传播的过程和结果进行干预，这也是现代化传媒赋予信息时代受众的一项独特的权利。传播空间的扩大、传播主体的演变使新媒体受众在信息传播与接收中经常表现出风格迥异的独立态度、观点与认知。

(三) 匿名性

网络身份匿名化是互联网初创时期形成的一种习惯做法。互联网初创时期，人们面对全新的网络虚拟空间首要追求的是信息的自由流通、意见的自由表达。网络用户一般都不使用真实身份，甚至能够使用多个"化身"，在不同领域同时注册多个账号以满足不同的需求。这为人们摆脱现实身份的约束，呈现自我的另一面提供了帮助，也使得网络空间信息的自由流通客观上得到保障。但随着网络虚拟世界同现实世界的距离越来越近，匿名性所导致的个人责任缺失、网络暴力频发等引起社会关注。国家现已推进网络实名制，以加强网络新媒体的规范性，但这一工作需长期推进才能见到实效。

(四) 分散性

虽然新媒体受众像传统媒体受众一样，也是遍布社会各阶层，但新媒体受众没有表现出足够的聚合性，也没有表现出传统媒体时期那样明显的阶层性，这主要是由于网络新媒体在内容传播方面的高度个性化有效地分散了广泛的受众。自媒体的兴起使很多受众埋头在朋友圈，忙碌于微世界，同时网络新媒体提供了个人意见自由表达的更多余地，也使得网络受众有更多的自我空间。

第二节　新媒体受众的心理

一、认知心理

认识世界进而发展自己、完善自己是人类的一个基本需求，因此认知心理是新媒体受众接触媒介的心理基础。信息是每一个人的生活实践中所不可或缺的，如果只是通过小众的、集体的传播，人们根本无法掌握足够的信息和知识来保障正常的生活、生产。只有掌握了足够的信息，人们才能够面对生活中的不稳定因素，及时将自己的行为调整到正确的方向。因此，获取信息、认知世界是新媒体受众心理的一个最基本特征。网络世界给人们提供了取之不尽，用之不竭的信息资源，而这无数的信息之间又形成了千丝万缕的联系，通过网络新媒体，受众能及时、全面地了解这个世界所发生的事情，认知心理在他们身上尤为突出。

二、匿名心理

网络技术对受众的实名要求一般是对后台而言的，但在网络传播的前台，受众并不愿意透露自己的真实身份，而常用账号或代号代表自己。受众在新媒体终端前只表现为一个符号化的存在，其匿名的身份特点使人们抛开现实社会的种种禁锢和规范，做自己所期望的角色，且对自己的行为不必负任何的责任。由于匿名提供的保护，受众更加容易抛开心理负担，几乎毫无顾忌地表现出对软性信息的关注，而这些信息往往是传统媒体有意回避的。在一种没有社会约束力的匿名状态下，人可能失去社会责任感和自我控制能力。[1]

三、参与心理

人类是害怕孤独的动物，天然地渴望与他人交流、沟通。网络缩短了空间上的距离，甚至可以把地球各处的人们联系到一起。受众的参与心理一方面表现为喜欢利用网络和天南地北的家人、亲属、朋友聊天，通过网络结识更多的朋友，跟陌生人倾诉烦恼、苦闷，却不用担心泄密而遭人嘲笑；另一方面则表现为对公共事件、公共人物发表看法与评论，它是人们当家作主意识的觉醒，依靠网络参与公共生活正说明了受众在心理上与其自身是一个休戚与共的整体。

四、娱乐/好奇心理

随着现代社会生活节奏加快，人们在日常生活中承受了较之以往更大的心理压力，减压、放松的需求越发凸显。网络中各种轻松愉快的娱乐、游戏、影视资源、在线点播、各类消息等，从一个链接到另一个链接的背后是无数个新奇事物。受众通过微博、微信、App 等接触外部世界各色各样的新事物，他们的娱乐心理和好奇心理得到了前所未有的满足。这也是一切消解、另类、反常、夸张、颠覆的言行，都有可能在网络中赢得较高的点击率，获得普遍关注的原因。

---

[1] 杨凌雁. 新媒体时代受众心理研究 [N]. 山西经济日报，2018-09-26(008).

五、移情代入心理

移情心理是指受众对自己能力无法实现的欲望或不存在的经历,通过对信息内容的角度置换,达到心理的满足。而代入就是指在小说或游戏中读者或玩家想象自己代替了小说或游戏之中的人物而产生的一种身临其境的感觉。这种心理在网络游戏中表现得特别突出。

六、逃避/宣泄的心理

逃避心理其实是一种心理防御机制,属于消极式的防卫。网络新媒体的受众主体是35岁以下的青年人,严峻的社会竞争使他们承受着许多压力,但他们有时又不得不埋藏自己心底真实的想法。他们选择通过泡在网上以降低受到挫折时的痛苦感,严重的还会在心理失衡的情况下通过网络来宣泄情绪。

第三节 新媒体受众的集群行为

一、网络集群行为

集群行为是指那些在相对自发的、无组织的和不稳定的情况下,因为某种普遍的影响和鼓舞发生的行为。在网络上发生的集群行为则称为网络集群行为。

网络集群行为极化现象表现为:公众总是从最为关心和敏感的社会公平角度出发,观点呈简单的"对与错"对立,凸显情绪化,相互争论极为激烈,缺少客观中立的声音。对于舆论事件的讨论与争论,网络上要比现实生活中更热烈,经常形成两个极端的观点,彼此泾渭分明,甚至偏离事件本身而进行相互攻击谩骂,形成网络暴力。

(一)群体属性突出

个体加入感兴趣或者价值观相同的群体时,其作为个体的可辨别性被削弱,导致个体的自我约束力在一定程度上受制于群体意志。社区、微博、微信改变人们接触思想和信息的方式。为了迎合个体的兴趣而对搜索结果、建议等各种网络数据加以过滤,从而防止个体看到这些兴趣之外的数据。个性化和定制化工具的大面积使用存在风险,即它极易产生所谓的"回音室效应"或"协同过滤"。简单来说就是利用某些兴趣相投、有个人偏好的共同经验为用户推荐感兴趣的个人信息,即人们只阅读他们想要阅读的东西，只听他们想要听到的讨论。此外，网络环境的匿名性提供了"去抑制"功能——在群体拟态环境中，个人会表现出非正常的行为倾向，做出在现实生活中不敢或者隐忍的举动，例如发表有攻击性的言论等。①

（二）非理性化

当某个社会事件发生后，由于信息的不健全和公众对信息的甄别能力有限，群体的情绪会在网络讨论后被强烈刺激与迅速催化，形成有失偏颇的观点。相同的个人观点将会呈现出相互抱团的趋势，尤其是一些情绪化、带有极端倾向的观点会借助网络的快速传播特性，通过暗示、重复等方式不断传播并支配人群，借此不断增强本身，形成更为极端的言论。这时，在群体"共同经验"缺乏的时候，群体成员的理性和自我控制能力降低，从而表现出情绪化的攻击和非理性的冲动。

（三）强烈的时限性

群体极化可以用网络用语"强势围观"来表示。群体极化现象发生发展快，寿命也短——急速形成后急速消解。伴随着事件的进程，狂热与非理性迅速传播，然后在事件结束后或者被另一重大事件覆盖后迅速消失。可以说，发生群体极化的一方，只对"事件进行中"负责，几乎没有后续讨论或矫正，表现出强烈的时间局限性。

二、网络集群行为产生的原因

（一）群体成员相互感染

所谓"感染"指的是群众性的模仿，也就是说某种情绪或行为在人群中由一个人蔓延到另一个人。群体会夸大自己的感情，往往只被极端感情所打动。不满情绪、剥夺感、集体认同感和团结感对集体行动动力机制的解释是被认同的。

（二）重整体、重统一的观念

人们普遍有一种求统一、求一致的社会心理倾向。这种社会心理倾向主要表现在言论上，即讲究言论的一致。于是，网友在网络上看到其他人的观点，自己也不自觉地会在言论上与之保持一致，加入"站队"的行列中。一个人在发表自己观点的时候通常会对舆论环境进行考量。如果自己的观点与多数人一致，人们在主会更

---

① 薛可. 新媒体：传播新生态构建[M]. 上海：上海交通大学出版社，2017：55-59

趋向于表达和分享；但如果自己的观点属于劣势时，出于恐惧被孤立的心理，人们通常会隐藏自己的观点，转向沉默或者依附主流意见。

（三）刻板成见／罗宾汉情结

长期以来在公众心中积存的社会偏见也是导致网络新媒体集群行为发生的一大原因，"用我们头脑中已有的先入之见去填补剩下的画面"。"罗宾汉情结"极喜欢扶弱抑强，遇事不问是非，不去认真辨析事件本身的是非曲直，而是只诉诸头脑中业已形成"刻板印象"的善恶。

（四）名人效应

在传播学的研究中，有一类人物被称作所谓的"意见领袖"，指的是经常活跃在人际传播网络中并能够通过自己的观点和意见对他人施加影响的人物。

三、防止网络集群行为产生的对策

网络集群行为极化现象无论是对网民个体还是对国家社会，都有不小的危害，我们要把潜在的风险尽可能地消灭在出现之前。

（一）提高受众信息的辨别度

使用从网络上获得的信息时，要看标题和正文靠前位置有没有说明信息来源。由于新媒体的信息浪潮形成于各种渠道，来自社会方方面面，并没有经过统一的筛选和过滤，庞杂多端，真假参半。垃圾信息、虚假信息、欺骗信息层出不穷，这就需要网络受众具备基本的辨别和判断能力，对所接收到的信息进行大体的判断。

（二）提高受众独立思考的能力

新媒体强调以受众为中心，在传播过程中想方设法吸引受众眼球，导致传播出现了过度感性化与情绪化倾向，如"标题党""炒作""低俗化"等现象。这种乱象首先当然是新媒体传播者方面的责任，但也与受众独立思考能力不足、容易受信息影响有密切关系。如果受众在生活中个人独立思考能力强，对事物有自己的主见，那么在网络新媒体中盲从偏信、人云亦云、以讹传讹的现象一定会大为减少。

（三）提高受众的批判能力

网络新媒体时代，一方面传统媒体的权威被消解，各种自媒体和个人发布层出不穷；另一方面是受众面对信息浪潮，不知道哪些是好的、哪些是真的，受众面对信息过载，要不就盲从盲信，要不就无所适从。对于各类新媒体平台上不真实或意见偏颇的链接，"一刻也不能丧失判断能力"，更不能把维基类网站作为消息来源或新闻背景。

（四）控制负气回帖的冲动

在网络新媒体上传播信息、表达意见时随时随地提醒自己要遵守社会规范。

即便是在匿名的状态下，普通网民也应当意识到自己在网上的言论是会产生后果的，只图一时痛快的情绪宣泄，无助于问题的解决，也无法使网络空间变得更好。负气回帖甚至谩骂式表达，都会恶化传播气氛，损坏传播质量，导致网络空间的环境污染，最终损害每一位网民的自身权益。

理性表达既是每一位网民成熟的基本标志，也是一个网络社会成熟的体现。对于建设"网络强国"的宏伟目标而言，其更加重要而急迫。

第四节 "粉丝"现象

一、"粉丝"溯源

"粉丝"是典型的网络语言，来源于英文 fans 的谐音，指狂热的大众文化爱好者和偶像崇拜者。从广义上讲，"粉丝"是指一部分对特定话题有较大兴趣的人；从狭义上讲，"粉丝"指对某些话题有很浓厚的兴趣且有深入了解的人；从根本上讲，"粉丝"是受众的一部分。"粉丝"的特别之处主要在于：一方面他们主动寻求与自己爱好相同或相近的信息，他们行为的目的性更强，即"选择性接收"的动机更为强烈；另一方面他们会积极地将自己获得的信息传播给他人，从而很容易成为信息的传播者。

实际上，"粉丝"群体在大众传播初期就已经出现，但受当时传播技术、传播手段等条件的限制，"粉丝"并没有形成一定的气候。"粉丝"最初被称为"追星族"，在通信技术不发达的时代，人们的偶像往往是政治家、军事家、学者、艺术家等。"粉丝"行为往往伴生"光环效应"。"光环效应"是指人们在疯狂追逐之时只看到明星光彩的一面而易忽略其背后的"阴影"，把其看作近乎完美的天使象征。从社会文化的角度看，人们对追星的狂热无非是将自己在现实中被压抑的欲望、梦想等转移到各行各业的公众人物身上，通过崇拜行为使内心获得一定的补偿或自我认同。[①]

---

① 盛水舟，范宇辉. 新媒体环境下的"粉丝"文化和身份认同研究 [J]. 新闻传播，2021 (3): 53-54.

二、新媒体"粉丝"

网络新媒体的高速发展为"粉丝文化"提供了更加良好的条件。海量信息极大地丰富了"粉丝"获知信息的渠道，信息的双向沟通也使得"粉丝"变得更加活跃。网络新媒体时代的"粉丝文化"具有自己的独特之处：一方面，每个人都可以成为别人眼中的"名人"，发出自己的声音，"草根"一夜走红已是网络上的常态，尤其是在论坛、微博、微信平台上，"粉丝文化"具有平民化的显著特点；另一方面，各种新媒体也推波助澜，将"粉丝文化"同宣传推广、市场营销联系起来，成为媒体运作的有效方式。如一些大型的栏目、频道以及企事业单位等以整体形式成为某一策划、节目、产品的"粉丝"，并在此基础上进行模仿和创新出自己的产品，通过"造星"来获取自身利益，为整体赢得更多认可和"粉丝"关注。传统媒体与新媒体的融合共同打造了新的"粉丝热点"，产生了独特的"粉丝经济"。微博上，不同的博主们的"粉丝"也各不相同。

三、"粉丝"的商业性与反商业性

在传统媒体时代，社会文化学者对包括追星行为在内的大众文化，做过深入研究。如社会学界的法兰克福学派曾以批判式的眼光解读大众文化，那是一种自上而下的精英式解读，"粉丝"处于一种被动的、被误导的、被伤害的相对弱势位置，而偶像们则通过自己重复的、空洞的行为诱导消费。而文化学者约翰·费斯克则更倾向于一种自下而上的解读方式，"粉丝"主动参与并从中感受到参与快感，偶像们则处于一种开放式的生产自己、消费大众的位置。新媒体时代"粉丝文化"的本质更倾向于后者。人们对偶像崇拜的参与不再是一种被动接受，而是主动积极地通过互动寻求乐趣，"粉丝"有极大的自主权，新媒体社会就是一个"粉丝造星"的时代，也是一个全民娱乐的时代。

这种主动的参与创造了可观的经济效益。"粉丝"不仅仅在精神上对其喜爱的偶像人物进行支持，往往还伴随着相当的消费行为。"粉丝"狂热的追逐已经形成庞大的"粉丝产业"，各传媒机构纷纷利用"粉丝"的影响力，探索"粉丝"心理与兴趣，并对"粉丝文化"进行营销，追逐巨大的经济效益，商业性显露无遗。但"粉丝"群体本身又是反商业性的，为什么这样说呢？对于偶像有情感才会主动关注，并成为偶像的"粉丝"，但商业的本质则是利益而不是情感，所以说"粉丝"本质上是反商业性的。如果想要寻找"粉丝"的根源，那么首先可以观察产品的三个层次。这三个层次分别依赖于理性、审美与情感。第一层次产品以特定功能解决人们的特定需要为切入点，产品即是工具，如手机、打印机、复印机、Word软件等。在这个层次上，评价产品好坏依赖的是理性，理性会告诉我们该产品到底满不满足我们的需求。大多数产品是这个层次的。第二层次产品则在功能之外加入了审美这样的附加值，审美是要花钱的，并且是在看似没有实用性的地方花钱。奢侈品应该一直是这种思路。第三层次的产品则在功能和审美之外，还加注了情感的元素，所以审美做到极致必然会衍生出情感依赖，情感无疑不只起源于审美，其来源是极为复杂的。当产品本身被注入情感之后，那就可能因此而产生与用户的共鸣。"粉丝"的反商业性告诉大家，喜欢一个人或事物往往是基于情感方面的，甚至是不理性的、无条件的喜欢或是爱。"粉丝"的核心在于情感，"粉丝经济"的运行要从情感上去征服用户，同时必须遵守法律法规和社会公德，营造文明健康的网上精神家园。

第六章　新媒体艺术

由于20世纪60年代的观念艺术、早期未来主义宣言、达达式行为和20世纪70年代的表演艺术的不断发展，新媒体艺术得到了逐渐发展。早在20世纪20年代，因无线电得到快速推广，一些德国艺术家就设想把这种向大众传递信息的媒介转换为一种创作工具，进而使早期的新媒体孕育而生。随着信息革命的爆发，计算机成为主流创作工具，艺术家掌握了便携式摄影、录像设备并运用在艺术表现上，从此拉开了新媒体艺术的帷幕。

在当今的学术界中，对于新媒体艺术尚未有一个统一的衡量标准。现今大家所能接受的一种主流解释是，新媒体艺术是一种以光学媒介和电子媒介为基本语言的新艺术学科门类，它建立在数字技术的核心基础上，亦称数码艺术，其表现手段主要为电脑图像CG。新媒体艺术的范畴具有与时俱进的不确定性，眼下它主要是指那些利用录像、计算机、网络、数字技术等最新科技成果作为创作媒介的艺术品。

第一节　新媒体的视觉革命

一、视觉传达

人类对世界的认知范畴很大程度上取决于听觉和视觉这两大功能，因为眼睛和耳朵这两大人体器官具有得天独厚的距离测试能力。这种结论并非凭空捏造，相关行业的科学家通过一系列的数据研究表明：在客观认识这个世界时，人类通过视觉功能所搜集到的信息占所有信息的70%左右，剩下的30%左右的信息是通过听觉功能所得到的。为了强调视觉效果给人类带来的强大影响力，《汉书·校武李夫人传》中提到"一顾倾人城，再顾倾人国"。视觉器官表现出了强大的直观性传达效应，对人们的冲击力和影响力比其他功能器官的作用更大。视觉效应能够弥补其他器官所造成的不足，真正让人们体会到它在信息社会传播机制中不可比拟的地位。[①]

---

① 段婕. 新媒体艺术与影视文化 [M]. 南京：江苏凤凰美术出版社，2020：102-121.

视觉传达设计是在19世纪中叶欧美的印刷美术设计的基础上进一步发展而来的，实际上也就是平面设计和图形设计的进阶和延展。在当今的信息社会中，由于科技的迅速发展和时代的不断进步，人们体验到了视觉效应所带来的革命性效果。世界各地的人们可以借助视觉及媒介实现信息的传递、情感的交流、文化的体验，这些都可以克服语言不通和文字的障碍；通过对"图"——图像、图形、图案、图画、图法、图式的视觉共识获得理解和互动。

视觉传达有两个基本概念，即"视觉符号"和"传达"。"视觉符号"通常是指通过人类的视觉器官所感受到的事物表象和本质。例如有趣的古典戏剧、跌宕起伏的电影情节、富丽堂皇的欧式建筑物、惟妙惟肖的人物画像，还有精致唯美的摄影和形色不一的头发造型等都是通过视觉器官可以体会到的，这些都属于视觉符号的范畴。视觉传达的另一个基本概念——"传达"，通常是指一方通过某种符号方式向另一方传递信息的过程，它不仅可以在人与人之间相互传达，还可以在个体内得到传递。例如人与人之间的沟通、人与环境之间的交流以及人与自然的和谐相处，都离不开"传达"这一重要纽带，它包括"谁""把什么""向谁传达""效果""影响如何"这五个程序。

视觉传达是一种借助视觉器官在人与人之间进行交流的方式，世界各地的人们都可以通过媒介产出的视觉语言进行信息的传递、文化的交流和情感的沟通。视觉的表达不会因语言的不同、文字的差异而产生沟通障碍。现如今新媒体利用丰富的图像、图式、数码影像、视频等优势，让人们在视觉的互动中达成共识。比如，数字技术使人们足不出户就能通过视觉传达在互联网虚拟世界中享受异国风情、美味佳肴、跨文化交流的效果。

二、新媒体视觉传达发展现状

在数字化快速发展的时代，视觉传达设计把它原有的范畴进行填充，进一步走向更广阔的领域。数码艺术、网页交互、多媒体广告、数字影像等开始出现，在已有的视觉形式被数字视觉不断质疑的情况下，数字视觉也在对视觉传达进行更深层次的外延。多元化的视觉观念预示着传统设计门类即将被新的视觉传达方式所击破，进而产生一种以传统设计为基础的新媒体，利用新媒体和新技术手段扩展新的领域，并对传统视觉传达设计进行继承与发展。这种新媒体往往综合利用文字、声音、图像、动画、影像等多种媒体形式。在互联网和交互技术的支撑下，新媒体成为新媒介、新技术条件下一种具有自身独特性的传达方式，使作品拥有一定的交换性和主动性，实现了真正意义上的全方位、多感官的信息传播。

了解新媒体艺术创作需要经过五个阶段：联结、融入、互动、转化、出现。联结并全身融入其中（而非仅仅在远距离观看），与系统和他人产生互动，这将导致作品与意识转化，最后出现全新的影像、关系、思维与经验。人们一般说的新媒体艺术，主要是指电路传输结合计算机的创作。最新颖的新媒体艺术将是"干性"硅晶计算机科学和"湿性"生物学的结合。这种刚刚崛起的新媒体艺术被罗伊·阿斯科特称为"湿媒体"。新媒体艺术的表现形式很多，但它们的共通点只有一个——使用者经由和作品之间的直接互动，参与改变了作品的影像、造型甚至意义。他们以不同的方式——触摸、空间移动、发声等来引发作品的转化。不论与作品之间的接口为键盘、鼠标、灯光还是声音感应器，抑或其他更复杂精密，甚至是看不见的"扳机"，使用者与作品之间的关系主要还是互动。联结性乃是超越时空的藩篱，将全球各地的人联系在一起。在这些网络空间中，使用者可以随时扮演各种不同的身份，搜寻远方的数据库、信息档案，了解异国文化，产生新的社群。

第二节 新媒体艺术的典型个案

一、日本新媒体艺术家黑川良一作品——《反向折叠》

《反向折叠》是黑川良一的作品，将与星辰及星系的形成、演化相关的诸多现象转译成声音、图像及振频，以给人极大感官享受的展演，将艺术美感与科学技术完美结合。灵感来源于由法国宇宙基本定律研究协会、宇宙学研究所的天体物理学家们基于欧洲航天局及美国国家航空航天局的卫星及赫舍尔空间望远镜收集的数据所提出的最新发现。这些数据可以让人追溯星辰演化的宇宙史。除此之外，艺术家也借助法国宇宙基本定律研究协会和宇宙学研究所的天体物理学家们通过超级电脑所推算出的数字模拟方程式来为宇宙及其构造建构模型。

《反向折叠》努力表现核聚变（像太阳那样的恒星的能量来源），为超新星爆炸的最初瞬间建构模型，并最终描绘出不同星系撞击之后重新形成新恒星的过程，这种现象似乎也是我们所在的星系在数十亿年后注定将会遇到的。最有意思的是它有学术指导文森特·米尼俄，其数据来源为赫舍尔空间望远镜项目、欧洲航天局、美国国家航空航天局、生物信息学实验报告、超级宇宙氢-阿尔法探测报告等。[1]

---

[1] 李轶天.影视文化与新媒体艺术[M].北京：现代出版社，2020：87-97.

二、利用计算机算法把日常影像变成流动的"油画"

这件新媒体的艺术作品是一个 14 英尺 ×23 英尺的巨大装置,位于芝加哥北部国家街 515 号的大厅内,由创意公司 ESI design 和 AV&C 联合创作完成。计算机用近 5 个小时镜头分析每个视频的移动物体,包含了芝加哥河、城市列车和海滨娱乐设施等,可以随机生成 5000 多种独特的抽象作品。通过它我们可以看到计算机算法与艺术的结合。

三、有趣的智能宠物 Ulo

法国设计师维维安·穆勒将猫头鹰形象和智能监视器结合在一起,创作了有意识的智能宠物 UIO。UIO 最大的亮点是忽闪忽闪的大眼睛,它可以根据环境展示出快乐、生气、吃惊等多种情绪化的小眼神,还可以跟着眼前移动的物体来回移动它的大眼珠子。通过 App 你可以自定义这只宠物眼睛的颜色、尺寸等。当你要出门时,按一下它的脑袋是打开机器,按两下就直接进入警戒模式。在它银色的小嘴部分隐藏了一个摄像头和运动传感器,摄像头可拍摄最高 1080p/30pfs 的全高清视频。不在家时,运动传感器检测到物体运动会主动录像并发送拍摄下来的视频到你的邮箱内。Ulo 还内置电池,官方称续航可达一周,当电量低时,猫头鹰会用无精打采的样子来提醒你充电。当你给它插上电源时,它的小眼神立马透出机灵。

第三节　新媒体艺术的视觉传达特性

一、多元性的视觉传达方式

在原有的传统视觉传达基础上,新媒体和新技术有了更宽广的视觉传达范畴。这种视觉传达方式成为新媒体条件下的一种视觉"特产",它往往以互联网与交互技术为媒介,结合文字、图像、声音、影像、动画等多种形式,使受众真正对信息处理拥有一定的主动性和互动性,使全方位、多感官的信息传递得到真正的实现。

二、人性化的视觉传达形式

新媒体在多种媒介形式与多媒体技术融合的条件下,为同一平面(空间)中多种、多层信息同时显现创造了可能性。浏览者可以依据个人喜好对其中的内容进行随性的放大、缩小、排列、堆叠,不再因尺寸和预设顺序而受限,个人对信息的处理拥有更多的主动性，在视觉传达过程中拥有更多的趣味性，显现了信息传播过程中的人性化设计的一面。①

三、交互性的视觉传达行为

在传统媒体传递信息的过程中，信息传播者是中心，受众只能被动地接收信息。依托数字技术、视频手段，新媒体得到广泛的运用，并在很大程度上扭转了这种局面，受众对信息的获取不单单是简单的接收，还增加了个人主动性，参与了信息传递、创作的过程，呈现出人机互动效应。互动是新媒体自带的一大技术优势，将之前的以视觉体验为重心转化为心理的判断和选择，这种独具特色的互动成为越来越多的受众选择新媒体的重要因素。

第四节　新媒体艺术的表达方式

一、组合

组合与拼接是当代艺术作品最基本的表达方式。以数字技术和媒介为基础的新媒体艺术，在表现手段和表达方式上更是离不开组合、装配、合成和拼贴等相关手段。图像和影像编辑等各种"非线性"电脑软件都是既方便又实用的数字软件工具。通过数字技术进行组合与整合，它们将分散的素材或个体的材料，编辑成一个新的整体和完整的作品。所以，新媒体艺术将数字技术从图片拼接延伸到装置艺术和网络艺术之中，形成了与当代艺术共同的表达方式：组合、安装、排列、并置等。像电影的蒙太奇剪辑方式，实际上也是组合、安装和拼接，将两个以上的画面组合在一起，产生不同于原有画面的新意义。这既是电影语言，也是影像语言的重要表达方式。新媒体艺术的组合方式，既有电脑屏幕内部的图像、影像组合，例如PS、数字剪辑、数字合成等；又有屏幕之外的材料性组合。组合与拼接，不是指将物象简单地进行堆积和重叠，而是依据不同的原则进行，所采用的原始素材之间的关系可以是相似的，以产生视觉语言的相互关联；也可以是对立的，以产生强烈的视觉冲击。总的来说，组合与拼贴的造型元素之间存在着某种逻辑关系，这种逻辑关系可以是视觉上的，也可以是观念上的。②

---

① 刘思铭.新媒体艺术设计原理与应用研究[M].天津：天津人民美术出版社，2020：76-83.
② 刘键.新媒体视觉艺术设计理论与实践[M].北京：新华出版社，2020：99-103.

二、转换

转换，也称为置换，是当代艺术一种基本而普遍的表达方式。它强调通过移借或挪用的方法和手段，将不同的物象在材料上、体积上、空间上甚至时间上等许多方面进行重新组合，由此转换为一个新的物象。新媒体艺术在数字技术特性和媒介特性的有力支持下，转换的手法显得更加丰富和方便。通过艺术家对事物特征的转移和强化，它可以借助数字技术，对某些众所周知事物的外在特征、数量、现象、材料等进行一系列的改变，使"此"物象转换为"彼"物象。艺术家对原有事物所进行的改变（一些互动性新媒体艺术作品甚至是由观众参与所进行的改变），会使观众将信将疑地对事物被改造前后之间的关联性进行联想和独自判断，从而使当代艺术和新媒体艺术作品与观众产生心理的共鸣，以隐喻艺术家的某种观念或思想，领会艺术家所要表达的深刻含义。

三、拟像

拟像理论的重要理论家让·鲍德里亚认为，正是传媒的推波助澜加速了从现代生产领域向后现代拟像社会的堕落。而当代社会，则是由大众媒介营造的一个仿真社会，"拟像和仿真的东西因为大规模地类型化而取代了真实和原初的东西，世界因而变得拟像化了"。正是基于这样的认识，鲍德里亚认为我们通过大众媒体所看到的世界，并不是一个真实的世界，甚至因为我们只能通过大众媒体来认识世界，真正的真实已经消失了，我们所看见的是媒体所营造的、由被操控的符码组成的"超真实"世界。鲍德里亚理论仿佛一针见血地指出了新媒体艺术在数字技术操纵下的本质特征。利用一切手段模拟现实和仿真，一切事物都可以在（数字）媒介中存在，一切都可以在模拟世界中被感知，模拟真实以某种模式和符号取代了现实真实，那么现实世界将是由模式和符号决定的世界。这便是一个新媒体艺术的世界。那么，模式和符号也变成了控制这个世界的方式。拟像也称戏拟、戏仿，是艺术家以虚拟的造型形式模拟现实世界中事物某种具有特征性的现象，进行各种不同方法的转换，以独特的语言方式表达事物的本质特征，获得观众的认同与接受。

四、重复

重复的表现方式主要体现在两个方面：一方面，在艺术创作中，艺术家将创作的素材进行了反复多次的排列和组合，将同类素材在重复中同时运用于一件艺术作品中，也就是对素材的一种反复运用；另一方面，指艺术创作语言方式的重复性表达，即在艺术创作过程中艺术家运用了多重转换的语言方式将原有的材料进行一而再、再而三的转化并进行重复叙述，在不断重复转化过程中，艺术家的创作观念也随之显现出来。重复与排列的方式在一定程度上可以呈现出机械复制的感觉，无论是规则还是不规则的变化，重复排列所带来的复制感更强调了艺术家的主观意识，而恰恰是这种人为的复制感制造出了让人难以抵制的视觉力量。

第五节 新媒体艺术的审美

前述新媒体艺术的典型个案让人们看到了具有开拓精神的先锋艺术家们进行的勇敢探索，其中科技的发展无疑给这种探索注入了一针强心剂。影像/录像艺术、装置艺术、虚拟现实、电子游戏、信息科技、数字图像、实验性音响以及人工智能、大数据等都是它的涵盖范围，体现了当代审美心理诉求的新特征。

一、震撼与沉浸——多维感官审美

法国理论家里吉斯·黛布蕾从文化与媒体的关系出发，将人类社会分为书写时代、印刷时代和视听时代。毫无疑问，从20世纪下半叶开始，人类已经由以读和写作为接收和传播知识的主要方式，转变为以看和听作为主要方式：数字化技术和媒介的空前发展重新塑造了人的感性，使艺术产生了变迁。单一的传达方式已经不能满足当代人的感性需求，艺术感受的形式即便不像本雅明所说的是触觉的，但走向多维与综合却是不争的事实。毫无疑问，我们的时代已经"超越了视觉阶段而日益成为多种媒体和多种感官时期"。后现代的一个重要特征便是大众文化和商业逻辑向文化生产领域的渗透，所以后现代艺术已不像现代艺术那样具有精英文化特征，而表现出了对大众和日常生活的关注。正如本雅明所说，"大众想要散心，艺术却要求专心"，大众与艺术的这一矛盾在便利的机械复制时代得到了解决，伴随着复制而来的灵光消逝，艺术借助科技带来的震撼效果"潜入"大众，从而满足"散心"的需求。新媒体艺术正是凭借现代化的媒体手段突破了以往艺术的单一传达方式，营造出多重感官的情境和氛围，带来震撼效果使观众沉浸其中。[①]

二、偶发、拼贴与碎片——非线性审美

早在1863年，波德莱尔就敏锐地发现现代化工业社会的重要特征之一便是短

---

① 海彬.论新媒体艺术设计的审美要求[J].美术文献，2020(10)：136-137.

暂、流变和偶然事件——偶发、拼贴、碎片构成了后现代艺术非线性的审美特征。非线性的叙述方式始于电影的蒙太奇技术。当今，这种偶发性和间断性的叙述方式成为新媒体艺术普遍使用的艺术语言，强化了非线性审美的心理体验。超媒体包括文字、影像、图片、动画、声音等图文声光，其中的元素和机构是分离的，通过超链接将这些离散的元素和机构联系起来。如果说传统的线性叙述强调文本的内部关系和意义的汇聚性，那么非线性则更为重视文本的外部关系，其意义更具有发散性。

三、数字化与虚拟空间——非物质性审美

新媒体艺术的非物质性审美体验主要来自两个方面，首先是艺术形态的非物质性，其次是借助数字化技术艺术创造出的虚拟空间。正如克罗齐所说的，艺术不是物理事实，艺术品的价值不能以它的材料去衡量。艺术是直觉表现，传达的是人的思想、情感，是"存在者的真理自行设置入作品"。因此，我们看到，20世纪后期以来的艺术探索不断打破材料和媒介的范围，而越发强调观念的表达。在这个数码统一信息的时代，艺术的存在形态已经从物理原子转向了比特，呈现于电子的屏幕上。

四、情感传达——耦合式审美

新媒体艺术的展品不仅仅是真实的陈列物品，更是包含着深远文化和深刻情感的载体。人的认知与其产生的情感之间有着密切的联系，情感因素直接影响到人对事物的认知程度。观众在面对一个新媒体艺术作品时，会对展示的文化信息做出第一眼的选择，从最初的好奇心到驻足欣赏时会产生许多心理反应，这就是情感传达的先决条件。因为互动性和超时空性，新媒体艺术不再是一个封闭的系统，而是一个不断发展的开放体系。观众对展示对象的理解从表象深入其情感与精神的本质部分，促进了作品与观众之间情感的交流。很多时候，由于人类情感本身是不可度量的，新媒体艺术作品以意象为载体，通过丰富的感受和想象，让受众反复地咀嚼、琢磨、玩味，情感体验在此过程中起着决定性的作用。此审美过程中可能有多种其他因素介入，但最主要的是情感体验，从一定意义上说无情便无美可言。

美国著名的文化理论家丹尼尔·贝尔曾经说过，从20世纪下半叶开始，人类已经由以读和写作为接收知识的主要方式，转变为以看和听为主要方式。从文字阅读转向图像阅读已经是一个不争的事实。新媒体艺术的出现无疑会对人类的知识结构、认知方式以及行为方式产生重大的影响。

第七章　新媒体经济

新媒体经济是一种新的经济形态，它主要由硬件设备生产业、软件服务业、渠道运营业、内容生产业、相关的营销服务业、维护服务业等产业构成。新媒体经济的飞速发展，与众多以互联网、无线网络、数字广播网络、卫星网络为基础的产业的变革、转型与融合密切相关，也是由于这些网络，新媒体经济才得以形成。

第一节　新媒体产业

一、新媒体产业的含义

新媒体产业的含义，主要由以下三个方面构成。

第一，与新媒体有关的软件、硬件、内容等形式的生产、销售与服务；

第二，负责新媒体渠道的建设、运营与服务的企业；

第三，通过新媒体的新闻信息来服务社会、创造利润和增加就业机会的活动。

新媒体产业主要负责的产品通常包括三个方面。

第一，使用新媒体所需得到的数字硬件设备的生产、销售与服务，包括PC、智能手机、光纤、网线、路由器等电子硬件的生产、销售，以及与售后维修服务有关的经济活动；

第二，使用新媒体所需通过的数字软件的生产、销售与服务，也就是信息流通的新媒体渠道的建设、运营与服务，包括与有线网络、卫星网络、宽带、无线网的建设运营和维护服务有关的经济活动；

第三，利用新媒体硬件和软件而得以流通的新媒体内容的生产、销售与服务，不仅包括文字、图片、视频、音频等内容形式的生产与交易流通，还包括设计、制作与维护网页的经济活动等。[1]

---

[1] 杨国瑞.广播电视与新媒体产业融合研究[M].北京：中国财政经济出版社，2019：85-96.

二、新媒体产业资源的构成

资源是指社会经济活动中人力、物力和财力的总和，是社会和经济发展的基本物质条件。在社会和经济发展的一定阶段，相对于人们的需求而言，资源总是表现出稀缺性，从而要求人们对有限的、相对稀缺的资源进行合理配置，以便用最少的资源耗费，生产出最适用的商品和劳务，获取最佳的效益。资源配置合理与否，对一个国家经济发展的成败有着极其重要的影响。新媒体产业资源也是资源的一种，对于国家经济发展有着至关重要的影响，同时它也是新媒体产业构成的基础。克里斯·安德森在《长尾理论》中曾说：网络经济（也可以说是以数字化网络媒体为核心的经济）是"被忽视的丰饶经济"，因为"我们有充足的货架空间、充足的流通渠道、充足的选择"，但他忽略了传统经济学"社会资源稀缺下的选择"的使命，也忽略了一个关键点，那就是"尽管所有媒体上的选择空间或许是无穷无尽的，但是人的注意力及时间仍然是有限的，我们的可支配收入也是有限的"。因此，新媒体产业最终还是由稀缺的资源构成的。有学者认为："新媒体的产业资源主要由信息资源、渠道资源、注意力资源与影响力资源构成。"后两者也可拆分成广告资源、受众资源与品牌资源。

（一）信息资源

加拿大学者马歇尔·麦克卢汉曾提出"媒介即信息"的观点，这不但阐述了媒介与信息之间的联系，而且说明媒介是比信息更重要的存在。不同媒介所承载的信息构成、信息特点以及信息量等都有很大不同。

在新的一股由通信技术革新所产生的浪潮下，新媒体通过大规模产业化的方式，通过网络或移动网络生产出了大量文字、图片、视频、音频，以及通过媒体融合而形成的多媒体形态信息。与此同时，传统大众媒体，比如报纸、杂志、广播、电视等也在不停歇地大规模生产与传播着丰富的信息，这也就意味着人类社会已经逐渐迈入了信息资源极其丰富的融媒体时代，甚至出现了信息过剩的情况，相比传统媒体，新媒体的信息过剩情况更是严重，只要是有条件接触媒体的人，都处在一个被信息包围的宇宙中。

（二）渠道资源

渠道资源就是指传输新闻信息资源的各种网络与通道，比如平面纸质媒体的版面、广播的频率、电视的频道、计算机网络、手机移动网络、卫星网络等，媒体产业中的渠道资源一向都属于稀缺资源，虽然目前国际互联网已经普遍发达，数字新媒体技术也已日趋成熟，但信息渠道资源。还是没有摆脱有限与稀缺的局面。

比如，在传统媒体中，纸质媒介的版面是有限制的；而广播或电视媒体，由于它们的频率是基于卫星频道、微波频道或有线频道而建立的，所以频段有限，也是属于稀缺的公共资源。虽然目前广播电视已经实现数字化转型升级，但数字化后的广播电视的频率的稀缺性依旧没有改变。

国际互联网虽然可以容纳海量的传输信息，但依旧不能将其属性定义为无穷无尽的信息渠道。因为当下互联网的 IP 技术还未达到可以使网络 IP 地址无限增加的要求，现有的网络 IP 地址一旦分配完，而同时又没有颁布新的技术标准来替代的话，IP 地址就会成为稀缺资源而产生大规模交易。被称作"玉米"市场的域名交易就是在网络域名稀缺而不能无限分配的情况下产生的。手机等移动端媒体信息渠道资源也是相同原理，虽然其波段资源丰富但暂时还不能达到完全的无限分配。

(三) 广告资源

广告收入一直是媒体赖以生存和可持续发展的经济源泉，所以广告资源对于媒体来说十分重要。新媒体的出现在一定程度上调整了其收入构成，信息资源的出售成为新媒体的主要收入来源，但从本质上来说，新媒体依然没有完全摆脱必须依附于广告资源而获取经济收入的局面。因此，广告资源依旧是新媒体产业经济的重要一环。

经济基础决定上层建筑，由于媒体主要以广告作为收益来源从而哺育自己，而广告本身又是经济发展状况最直接的体现，所以媒体收入与经济发展状况紧密相关。在一定时间范围内，经济总量总是有限的，企业对于广告的投放计划数量也是有限的，所以哪怕各种数字新媒体为广告所准备的空间可以是无限的，但广告资源总量仍旧是有限的。有限必然引发竞争抢夺，各媒体为了自身发展考虑，就必须最大化获取广告资源。另外，发布广告的信息渠道虽然众多，但依旧有限。有人认为新媒体近些年发展势头迅猛，已经盖过了传统媒体，所以传统媒体已经失去了广告发布的主体地位。但实际上，相比新媒体来说传统媒体由于其公信力、权威性、专业性做做依旧具有优势，故其所能吸引到的广告资源依旧不容小觑。而且从目前的发展趋势来看，传统媒体已经在朝着新媒体化升级转型，它可以将新媒体的优势和自身的优势相结合，在这种情况下，我们有理由相信传统媒体的广告资源不输新媒体。总的来说，新媒体发展即使再迅速，其广告资源依旧是稀缺且有限的。

(四) 受众资源

在社会和经济发展中，消费是拉动经济的三驾马车之一，而消费行为必须由消费者来执行才能达到交易目的，推动经济向前发展。大众媒体也一样，其生产的媒体产品必须有相应的受众来购买、来观看，才能继续发展下去，而当今社会是一个信息社会，谁掌握了更多、更有效、更快的信息，谁就有可能掌握先机，所以毋庸置疑，受众对于新闻、广告等信息的需求是必然存在的。这样的供需关系虽然稳定，但在一定的时间范围内，受众总量仍旧有限，受众的注意力、时间、可支配收入（或称购买力）也是有限的，所以，各大媒体为了获得最多的受众资源，从而获取最大经济效益，就要尽可能吸引受众注意力，刺激其购买力。

当前数字新媒体发展势头迅猛，新旧媒体共同发展、激烈竞争，媒体信息市场一片繁荣。高德哈伯认为，信息并不稀缺，在网络领域更是如此。网络信息不但丰富，而且已经过剩。我们被信息所淹没，但是伴随着信息的流动，有一种有价值的稀缺资源也在网络空间流动，这种稀缺资源就是注意力，注意力经济才是网络经济的本质。

所以浙江工业大学的张雷教授对注意力经济做了这样的解释："注意力经济可以说就是通过明星体制等手段来吸引消费者与投资者的注意力从而获得利润的经济行为。"

也就是说，新媒体产业中受众的注意力才是真正的稀缺资源。

（五）品牌资源

关于品牌的概念，美国人亚历山大·贝尔解释为："品牌资产是一种超越生产、商品及所有有形资产以外的价值，品牌带来的好处是可以预期未来的进账远超过推出具有竞争力的其他品牌所需的扩充成本。"

余明阳、杨芳平对此做了进一步阐述："品牌是能给拥有者带来溢价、产生增值的一种无形资产，它的载体是用以和其他竞争者的产品或劳务相区分的名称、术语、象征、记号或设计及其组合，增值的源泉来自在消费者心目中形成的关于其载体的印象。"

综上所述，无论对于哪种商品市场，对于品牌的竞争都是一直存在的，大众传媒企业也不例外。有竞争就说明品牌资源的有限性和稀缺性，对于新媒体产业来说依旧如此。新媒体要获得品牌资源，就要不断塑造和树立自己优良的品牌形象，在利用信息为社会公众提供服务的过程中，要以提升自身在社会经济、政治、文化以及在社会中的影响力为目标，从而打造一个受到公众肯定、信任和支持的品牌形象。品牌影响力越大，获取的公众信任度、支持度就越高，品牌价值就越大；而品牌价值越大，其影响力就越大，公众的信任度和支持度也就随之越高。长此以往地坚持，再随着时间的积累，这样的媒体最终会在市场竞争中脱颖而出，在媒体市场上占有一席之地。

三、新媒体的产业群

目前，国内主要以新媒体生产环节（产业链）和新媒体类型两种方法与标准来划分新媒体产业群。

（一）以新媒体生产环节（产业链）为标准划分新媒体产业群

迈克尔·波特在其《国家竞争优势》《群聚区和新竞争经济学》等论著中，提出了"产业群聚"和"群聚区"的概念。他的观点是：各国竞争优势形态都是以产业群聚的面貌出现，当产业群聚形成时，一个国家（或地区）在最终产品、生产设备、上游供应及售后服务等方面，都会具有国际竞争的实力，而且很多产业群聚或具有国际竞争力的产业通常具有地理集中性。而国内经济学学者龚勤林认为：产业链是各个产业部门之间基于一定的技术经济关联，并依据特定的逻辑关系和时空布局关系客观形成的链条式关联关系形态。所以产业链最终是由供应商、制造商、分销商、零售商、用户终端构成的一个纵向功能链结构模式。

那么什么是新媒体产业链呢？殷俊等的观点是，新媒体产业链是指新媒体所经营的互不相同又互相关联的生产经营活动所构成的纵向功能链结构模式，即在新媒体内容产品的生产和交换过程中，从媒介的投资、生产、发行、流通一直到用户接收和消费过程中上、下游不同部门间的链式联系。如果做进一步解释，那么新媒体产业链主要由内容运营链节、网络运营链节和终端用户链节组成，即新媒体产业群可以分为内容运营产业群、网络（或渠道）运营产业群与终端用户产业群三大类。其中，内容运营链节包括内容提供商、广告公司、客户、调研公司与内容运营商；网络运营链节包括设备提供商、技术提供商与网络运营商；终端用户链节包括终端制造商、终端服务商与终端用户。最终形成由内容、网络与终端构成的无数的上、下游企业组成的新媒体产业群。

（二）以新媒体类型为标准划分新媒体产业群

中国传媒大学的宫承波教授与翁立伟博士以新媒体的类型为依据将新媒体划分为网络媒体产业群、手机媒体产业群、互动性电视媒体产业群与新型媒体产业群四大类型，每一类产业群又包含了多种产业。

其中网络媒体产业群包括门户网站产业、搜索引擎产业、网络社区产业、即时通信产业、博客产业、播客（网络视频）产业、网络游戏产业、网络报纸产业、网络杂志产业、网络广播产业等；手机媒体产业群包括手机短信产业、手机彩信产业、手机彩铃产业、手机出版产业、手机广播产业、手机电视产业等；互动性电视媒体产业群包括数字电视产业、IPTV产业等；新型媒体产业群主要包括城市彩屏产业、移动电视产业、楼宇电视产业等。

四、新媒体产业的特征

（一）知识密集

从造纸术、印刷术的发明到现在网络通信技术的高速发展，人类的信息传播方式一直在随着技术的革新而一次次大跨越式进步。可以说，科学技术是大众传播得以发展至关重要的前提，新媒体更是高新技术变革的成果，新媒体的产生和应用都要建立在对知识和技术掌握运用的基础之上，在这个过程中，如果没有大量的人力资源投入和许多科学家、技术专家的贡献，新媒体一定是发展不到今天这种程度的。所以说，新媒体产业是一种知识经济，并且较为典型。

上述内容充分指明了新媒体是一种依靠脑力劳动创造价值的劳动密集型产业。新媒体核心技术与内容的生产主要体现在以下两个方面：一方面，新媒体应用了处于前沿学科尖端的高新技术，如移动通信技术、软件播放技术、数字技术、计算机网络技术等，这些技术都蕴含着庞大的知识量；另一方面，只有拥有大量精通新媒体技术和新闻信息传播规律的专业人才，才能利用他们的智力劳动将新媒体内容的开发与生产实践结合起来，所以说新媒体工作也是知识积累的过程。

（二）创新性强

新媒体以"新"字命名来与传统媒体进行区分，主要是因为它有其自身的创新性。新媒体的创新性主要体现为全新的技术支持与焕然一新的内容形态。首先，新媒体所运用的诸如现代数字技术、计算机网络技术、移动通信技术等都是在自身基础上不断升级与完善的。与此同时，利用这些技术，还可以不断开发和应用新的媒体技术，如由网络产生的一系列"客"媒体技术，本身也在不断改进升级中。其次，与传统大众传媒技术一样有着革新性变化的是新媒体的内容生产，新媒体的内容是由数字技术生成的数字化文字、图片、图形、音频与视频，随后形成多媒体超文本，然后由计算机网络技术和移动通信技术来传输，这是一种全新的生产技术与生产流程。朝未来看，媒体融合所产生的融合媒体形态和融合媒体内容也在不断寻求创新。新媒体的创新性已经非常明显。

(三) 附加值高

鲍勃·梅特卡夫提出梅特卡夫定律，即通信网络的价值是节点数或终端连线数的平方。戴维·里德提出的里德定律解释得更明白：社交网站随着其规模的扩大、重要性的增强，其有效性也会指数般增长。换句话说，每个新用户都会增加网络的价值。无论是鲍勃还是戴维，他们都认为以网络为基础创造出来的新媒体的价值是非常庞大的。正因为新媒体产业发展需要大量技术、资金、人力、智力，所以它具有其他大多数产业所没有的高智力密集性，它所含有和创造的附加值也远远高于它本身所含的物质价值。因为新媒体涉及知识产权保护与垄断的技术发明以及文化创意设计，所以新媒体产业的价值不单单只是来源于创造性的劳动，还源于诸如知识产权转让、商业化生产利润、相关延伸产品利润等大量的附加值。这些附加值的多样与庞大，甚至已经超越了新媒体知识产品本身的价值。再者，新媒体所需的投资相对较少，但其收益潜力是无穷的，所以它的附加值更是难以估量。

五、我国新媒体产业的发展

截至 2020 年 12 月，我国网民规模达 9.89 亿，互联网普及率达 70.4%。我国网民规模继续平稳增长是网络和新媒体产业不断发展的原始推动力，特别是手机网民占比达到 99.7%，移动网络促进的"万物互联"，不断丰富服务场景。以手机为核心的移动终端规模加速提升、移动数据量持续扩大，为移动互联网产业挖掘出更多的价值空间。

截至 2020 年 12 月，我国境内外上市互联网企业数量达到 147 家，总体市值为 16.80 万亿元。这些平台型新媒体企业 O2O 的布局不仅各有侧重，还实行相互的并购和注资。比如，腾讯定位于智慧城市，重点布局交通、户政、出入境、生活缴费等公共服务领域；百度定位于人工智能平台，注资糯米网，重点布局团购、外卖、酒店和村务等生活服务领域；阿里巴巴定位于智能商城，重点布局口碑网，发展商业超市、售货机、餐厅等线下零售领域。网络游戏产业在移动化、国际化、竞技化方面表现突出；而电子商务的服务模式、技术形态、赋能效力有了更大的创新；网络文化娱乐产业进入全面繁荣期，网络视频、网络大电影的收入提升；新媒体广告的市场结构进一步趋于稳定；《新一代人工智能发展规划》为我国人工智能发展提供了顶层战略依据，该领域也进展神速，现我国拥有人工智能企业 500 多家。

第二节 新媒体企业运营

理解新媒体产业不仅要从以上的宏观解释角度去掌握，还需要具体分析新媒体企业的融资、盈利、成本、营销与扩张等微观层面的经济问题。

一、新媒体企业的融资方式

新媒体企业是一种特殊企业，纵观其融资案例可以发现即使其融资方式复杂多样，也大体可以分为直接融资与间接融资两大类型。除此之外，"风险投资"这种新型且被经常运用的融资方式也是新媒体企业融资过程中不可忽视的一类，它不一定会通过金融机构来完成，是一种混合型的融资方式。[①]

（一）新媒体企业的直接融资

新媒体企业的直接融资指直接由新媒体企业与资金的供应者双方而不通过金融机构，借助融资手段实现资金转移的融资活动。新媒体企业的直接融资的主要形式有联营投资、发行债券、吸收直接投资（如政府或其他基金、合伙出资等）、商业信用融资（一般包括应付账款、应付票据、预收账款等）、并购重组融资、留存收益融资等。除了发行债券的融资方式我国的新媒体企业很少甚至未见使用外，其他直接融资的方式都极为常用，尤其是通过上市发行股票。

（二）新媒体企业的间接融资

新媒体企业的间接融资是指新媒体企业借助于银行等金融机构进行的融资。在整个融资过程中涉及新媒体企业、资金供应商和金融机构三方面的利益，资金先从资金供应者手中转到金融机构，再由金融机构提供给新媒体企业。新媒体企业的间接融资的主要形式有银行借款、非银行金融机构（如租赁公司、保险公司、信托投资公司、证券公司、信用社及企业集团财务公司等）借款、融资租赁等。虽然间接融资是社会交易成本相对节约的融资方式，也是目前我国一般商业企业最为重要的融资方式，但在新媒体企业的融资过程中常常因为新媒体企业处于初创期，可能会出现盈利不足而没有足够的担保与信用，从而使金融机构不愿意向新媒体企业提供资金借贷。

---

① 李夏，勾俊伟.新媒体运营技术与应用 [M].北京：人民邮电出版社，2020：87-95.

(三) 新媒体企业所获得的风险投资

社会对风险投资的理解有十多种，其中有代表性的有以下几种。全美风险投资协会对风险投资的定义是："由专业投资者投入新兴的、迅速发展的、有巨大竞争潜力的企业中的一种股权性投资。"而经济合作发展组织对风险投资的定义是："属于下列情况的都是风险投资：第一，投资于以高科技和知识为基础，生产与经营技术密集型的创新产品或服务的投资；第二，专门购买在新思想和新技术方面独具特色的中小企业的股份，并促进这些中小企业的形成和创立的投资；第三，一种向极具发展潜力的新建企业或中小企业提供股权资本的投资行为等。"还有欧洲风险投资协会对风险投资的定义是："一种由专门的投资公司向具有巨大发展潜力的成长型、扩张型或重组型的未上市企业提供资金支持并辅之以管理参与的投资行为。"但从本质上说，风险投资主要是由专业的风险投资公司专门为具有巨大发展潜力与盈利前景的、初创的高新技术中小企业提供资本，并参与管理，做到利益共享、风险共担的一种权益投资方式。风险投资既可以是直接投资，也可以是提供贷款或贷款担保，或者是在提供一部分贷款或担保资金的同时投入一部分风险资本购买被投资企业的股权。而以网络媒体公司为代表的新媒体企业正好符合风险投资的条件与需求，因此，我国大多数运营良好的各类新兴网络媒体企业都很快获得了相当规模的风险投资，甚至风险投资已经成为我国新媒体企业最常见、最普遍的一种融资方式。

二、新媒体企业的盈利方式

亚德里安·斯莱沃斯基等关于企业营利模式的解释是：发现行业的利润区，关键在于发现行业盈利要素以及要素之间的"匹配度"，匹配度高，体现为高利润区，其他或是平均利润区，或是低利润区和无利润区。他进一步解释：企业的盈利方式主要是根据客户选择、价值获取、战略控制与业务范围四个要素来设计的。

粗略计算，以数字化为特征的新媒体已经历了近20年的发展。在这个过程中新媒体形成了四个要素，分别是客户选择、价值获取、战略控制与业务范围，基本的营利方式主要有出售新媒体内容、广告资源等产品，以及提供电子商务、渠道服务、增值服务，并逐渐趋于稳定。

(一) 出售新媒体内容产品

自传统媒体出现以来，出售内容产品、提供有偿信息内容是不变的主要盈利方式之一，学术、业界也都一直将其作为研究重点。但新媒体与传统媒体不同，获取新媒体信息内容多数情况下不像获取传统媒体信息内容那样需要一次次地主动购买，它的优势就在于获取信息的低门槛和对于信息的开放性，除少数知识内容需要付费，大多数内容产品都可以免费获取，因此，大部分新媒体企业都还没能全面实现通过出售内容产品来实现获利。

但不能排除的是某些专业性较强的资源网站，其所属企业完全可以通过对其用户进行有偿服务来获利，比如在线音乐的付费下载、在线视频的付费观看、书籍的下载、游戏的有偿参与、VIP会员制等形式，其中美国在线音乐内容出售模式有流量定购模式、音乐锁定模式以及苹果公司推出的iPod＋iTunes模式等。

（二）出售新媒体广告资源

传统媒体的主要收入来源是出售广告资源、有偿提供广告的空间与时间。实践证明，出售广告资源也是新媒体企业的重要收入，甚至是主要收入。无论是做内容的网络企业（如携程网等）、买内容的网络企业（如腾讯网等）、搜集内容的网络企业（如今日头条等），还是用户贡献内容的网络企业（如知乎等）、内容搜索网络企业（如谷歌、百度等），都是通过内容吸引网民，提升点击率，从而获得商业企业的广告投放。

新媒体广告的形式也多种多样。其中殷俊等人认为，新媒体广告有影视广告、动画广告、旗帜广告、植入式广告、贴片广告、网上直播广告、点播广告、按钮广告、等候页面广告、搜索引擎广告、手机广告等形式。而新媒体学者石磊则认为，新媒体广告有品牌图形广告、付费搜索引擎广告、视频广告、富媒体广告、页面关键字广告、社区营销广告、游戏内置广告等。实际上，新媒体的内容与形式一直在不断涌现出新，其广告形式也不例外。新媒体的广告资源一直在被不断地开发利用，不仅仅是从报纸、杂志、广播、电视等传统媒体的广告资源分流而来，甚至有成为主要广告媒体之趋势。

然而，消费者通常对传统的商业广告表示不愿意接受，所以到了新媒体时代，营销人员通常会采取以非广告的形式来传播广告，比如将商业广告植入某一专业知识性文章中，或是以新闻的形式发布等。这对于新媒体来说，是挑战也是机会，而在这之中最重要的一点就是要建立内容的真实性，即可信的内容、值得信赖的品牌、可靠的商业信息。安德鲁·基恩曾对这种真实性做出界定：这种"真实性完全是虚构的"。

（三）提供电子商务

电子商务中介服务是指为生产企业与消费者提供在线广告、信息、交易与支付的信息中介服务，企业通常通过此服务收取一定的手续费以实现盈利。现在越来越多的新媒体企业具备了电子商务的功能，可以为企业与个人提供电子商务服务。电子商务主要是由信息流、资金流、物流以及商流构成。根据服务对象的差异，电子商务可以分为 B2B（企业对企业）、B2C（企业对消费者）、C2C（消费者对消费者）三大类，如阿里巴巴就可以提供以上三种类型的电子商务中介服务。此外，微支付也是新媒体特有的电子商务服务形式之一。微支付也就是在互联网上进行的小额资金的支付，主要有"定制与预支付""计费系统与集成""储值方案"三种形式，普遍用于网络和手机的有偿下载、有偿阅读、有偿观看与有偿参与等小额资金支付的服务。如亚马逊的电子书下载阅读服务，每本书的价格普遍较纸质书低很多，还有网易蜗牛阅读，1小时内免费阅读，超时1天收费1元。

（四）提供渠道服务

提供渠道服务，就是为新媒体企业尤其是信息渠道运营商搭建好通往受众的有效渠道后，通过这个特有的渠道向受众销售商品或提供服务，从而获取收入，包括会员费、流量下载费、收视费、月租费、通信费等。其中 SNS 社区以及手机媒体、数字广播、数字电视与网络媒体等具有垄断性的新媒体信息传输网络渠道运营商，就是通过渠道服务实现盈利的，如电子邮箱的 VIP 收费，游戏币、Q 币、数字广播、数字电视、IPTV 等收费，手机运营商的月租费和短信服务费，甚至有些新媒体企业还收取一些特殊服务费等，尤其是网络游戏、手机游戏和手机短信渠道服务的收入。随着游戏市场、手机用户规模空前扩大而快速增长并成为以亿计的巨额数字。

（五）提供增值服务

目前对于增值服务还没有统一的定义，但大体来说可以将其理解为根据客户需要，为客户提供超出常规服务范围的服务，或者采用超出常规的服务方法提供的服务。客户、促销、制造、时间等要素都可以成为增值服务的核心对象。这个定义对于新媒体来说，就是新媒体企业以客户为核心或以促销为核心，向消费者提供超出其常规的服务范围或服务方法的服务，以此开辟新的收入来源。运用增值服务的趋势已经越来越强，因为受众习惯了接收免费的新媒体内容，所以如果要在此基础上进行创收，就需要动用增值服务。

三、新媒体企业的微内容生产

媒体企业的核心要素是内容生产，这也是企业成本投入的最主要部分，内容生产是企业运营管理的关键。根据现代内容生产的理论，内容生产分为宏内容与微内容。其中，宏内容是指由专业人员在专业机构中制作并经由专门渠道发布的信息产品，由于成本较高、资源有限（如版面、时段等），其传播必然遵从以尽可能少的内容服务于尽可能多的消费者的传播模式。

对于微内容，学者们在网站 Cmswiki 上给出的定义是，最小的独立的内容数据，如一个简单的链接、一篇网络日志、一张图片、一段音频、一段视频、一个关于作者的、标题的元数据，E-mail 的主题，RSS 的内容列表等。伊藤穰一给出的定义是，微内容是指在网络上至少拥有一个唯一编号或地址的元数据和数据的有限汇集。Web 2.0 的信息传播是以微内容为基础，通过聚合、管理、分享、迁移，以进一步组合成各种个性化的丰富应用。一部分内容主要是由报纸、杂志、广播、电视、通讯社等传统大众传媒企业及部分网络新媒体企业所生产，另一部分内容主要是由众多网络新媒体企业所生产。

克里斯·安德森在著名的《长尾理论》中提到，"长尾"的力量在于生产工具的普及、通过普及传播工具降低消费的成本、通过链接供给与需求将新产品介绍给消费者；"长尾"的商业法则主要是通过让存货集中或分散和让顾客参与生产来降低成本，通过多种传播途径、多种产品、多种价格来考虑与开拓小市场，通过分享信息、考虑"和"不考虑"或"、让市场替你做事、利用免费的力量来摆脱控制。利用这一点，数字新媒体尤其是网络新媒体企业的内容生产是在采购传统媒体企业内容（有的干脆非法复制、转载或链接传统媒体企业的内容）的基础上，极力吸引广大受众参与，如社区网站、微博、美拍、抖音、梨视频、维基百科、百度百科等为消费者参与生产的微内容。其中《东方早报》前社长、澎湃新闻前 CEO 邱兵所创办的梨视频采用了"UGC + PGC"的模式，UGC 的表现是 2017 年底梨视频网罗的全球拍客已达到 4100 人，PGC 则体现在梨视频仍然是一个比较严肃的、能有一定理想主义色彩和职业操守的平台，对原创内容的生产和再生产，还是严格按照传统媒体的办法，包括话题策划、审核、调性，都是侧重显示新闻的力量。总体而言，相较以往的传统媒体的宏内容生产模式，微内容的生产模式的生产成本已经大大降低。

四、新媒体企业的营销与推广

营销与推广是企业的一种经济行为，通常是指工商企业组织以各种市场推销手段向顾客宣传产品，以激发他们的购买欲望和行为，扩大产品销售量，提升企业形象，树立产品品牌的一种经营活动。

新媒体企业虽然自身就是通过市场交易来盈利以及营销与推广的新型渠道，但是新媒体企业自身也需要开展相应的营销与推广活动。新媒体企业可以通过策划来实施线下与线上相结合的营销推广方式，也可以通过名人效应、新闻事件、公益活动等公共关系来营销与推广。另外，由于新媒体企业自身所带有的渠道属性，更应充分利用这一方面的优势来为自己做营销与推广。如：手机新媒体有手机广告营销与推广,也有手机信息营销与推广;网络新媒体则有搜索引擎、交换链接、网络广告、邮件列表、许可 E-mail 营销、消息发布、会员制营销、网上商店、在线调查、BBS 营销、博客营销、微博营销等众多新的营销与推广方式。其中搜索引擎又包括登录免费分类目录、登录付费分类目录、搜索引擎优化、关键词竞价排名等方式,网络广告也包括关键词广告、网页内定位广告、Banner 广告、类广告、赞助式广告、E-mail 广告等方式。此外,口碑营销在网络新媒体平台上也很盛行,它之所以被业内人士称为"病毒式营销",主要是由于其所具有的传播速度和影响力能像病毒一样传播扩散迅速且受众广泛,而且"化整为零""潜移默化"让它不像完全定义上的广告宣传那么明显而高调,而是在无形之中对大众产生深刻影响。在这个社交网络盛行的时代,口碑营销往往最具说服力。最典型的就是淘宝网站上的淘宝社区功能,在淘宝社区,卖家可以增加自己店铺和商品的曝光率,以吸引顾客流量,赢得自己的口碑;买家也可以在淘宝社区通过查看商品详情页面上的购买人评论,即查看他人购买产品后的反馈意见来掌握更多商品信息。淘宝社区是社交网络与电子商务的典型。

要在新媒体广告营销中取得成功就要关注消费者个体重视市场调查的力量、运用整合营销,实现"SoLoMo4-CloGlo"。2011 年 2 月,美国 KP-KPCB 风险投资公司合伙人约翰·杜尔第一次提出了"SoLoMo"这个概念。他把最热的三个关键词 Social(社交)、Local(本地化)和 Mobile(移动)整合到一起,让"SoLoMo"成为新媒体的主要发展趋势之一。而"CloGlo"代表需要支持 Cloud 云计算和 Global 全球化战略思维,能采集所有主流媒体的网站、行业化的网站的数据,甚至是地方性特色网站的数据。"CloGlo"为"SoLoMo"的实现提供了大的社会化数据。

五、新媒体企业的扩张与并购

市场竞争中优胜劣汰是最常见的现象,而这种现象最直接的表现形式就是扩张与并购。任何产业中都存在着竞争行为,只有竞争才能激发产业潜能,使产业不断向前发展,这一点对于日趋发展壮大的新媒体产业尤其重要。新媒体企业为了在竞争激烈的产业群中寻求生存、发展乃至成为市场领先者,对其自身进行扩张和向外并购是最常见不过的现象。目前,新媒体企业对于盈利方式的探索日趋成熟,盈利能力总的来说也有了明显提升。在这个过程中,新媒体企业之间的竞争也愈演愈烈,市场份额的占取、主导或操控市场价格和产业利润的能力都是新媒体企业所追求的,而要做到这些,就必须利用各种手段吸引投资,扩大生产与规模,增设网点,甚至兼并、收购处于竞争劣势的同类或异类企业,实现集团化发展,以发展规模经济。其中新媒体企业同类并购案例,如搜狐兼并 Chinaren.com、Tom.com,并收购

163.net，携程网收购现代运通和北京海岸航空服务公司，亚马逊收购卓越网，阿里巴巴收购雅虎中国，优酷与土豆并购等；还有新媒体企业异类并购，如美国在线与时代华纳的并购等。

第三节　分享经济

2002年，26岁的美国人路易斯·安发明了验证码。当时《纽约时报》有个头痛的任务：把100多年的报纸电子化。路易斯发现，每一天全世界有几亿个验证码在被校验，他灵机一动，把《纽约时报》的文章切成很多个小片当作验证码发给全世界，结果每个人在使用验证码时不知不觉中就完成了文章的输入和校对。于是，《纽约时报》上百年的报纸都电子化了。2009年他的公司被谷歌收购，这项技术被用于谷歌文库的扫描。一个比书还小的验证码，却做出了一门持续的大生意。这个事例可能是分享经济的一个雏形，通过互联网，把终端用户引入产业链的前置流程和后续环节，借力网络消费者，完成企业花钱、花资源才能完成的事，实现众智、众包。

分享经济是指将社会海量、分散、闲置的资源平台化、协同化地集聚、复用，并与供需匹配，从而实现经济与社会价值创新的新形态。它的两个核心理念是"使用而不占有"和"不使用即浪费"。在分享经济中：一要有所有权和使用权的分离，就像滴滴打车，车不是搭车者自己的，但是达到了搭车的目的；二要提供者有低成本的产品提供，比如是闲置的资源被其他人利用起来；三是要有一个平台保证低成本产品的质量。① 分享经济具有以下特点。

一、技术特征

基于互联网平台。互联网尤其是智能终端的迅速普及，使得海量的供给方与需求方得以迅速建立联系。互联网平台并不直接提供产品或服务，而是将参与者连接起来，提供即时、便捷、高效的技术支持、信息服务和信用保障。离开互联网，现代意义上的分享经济将不复存在。

二、主体特征

大众参与。足够多的供给方和足够多的需求方共同参与是分享经济得以发展的

---

① 蔡后界. 基于长尾理论的新媒体经济发展的路径研究 [J]. 中国商论，2018（22）：168-169.

前提条件。互联网平台的开放性使得普通个体只要拥有一定的资源和一技之长，就可以很方便地参与到分享经济中来。同时，分享经济属于典型的双边市场，即供需双方通过平台进行交易，一方参与者越多，另一方得到的收益越大，两个群体相互吸引、相互促进，网络效应得到进一步放大。在分享经济中，参与者往往既是生产者又是消费者，个体潜能与价值得到极大发挥。

三、客体特征

资源要素的快速流动与高效配置。现实世界的资源是有限的，但资源闲置与浪费也普遍存在，如空闲的车座、房间设备、时间等。分享经济就是要将这些海量的、分散的各类资源通过网络整合起来，让其发挥最大效用，满足日益增长的多样化需求，实现"稀缺中的富足"。

四、行为特征

权属关系的新变化。一般而言，分享经济主要是让所有权与使用权分离，采用以租代买、以租代售等方式让渡产品或服务的部分使用权，实现资源利用效率的最大化。从实践发展看，分享经济将渗透更多的领域，股权众筹等业态的出现已经涉及所有权的分享。

五、效果特征

用户体验最佳。在信息技术的作用下，分享经济极大地降低了交易成本，能够以快速、便捷、低成本、多样化的方式满足消费者的个性化需求。用户评价能够得到及时、公开、透明的反馈，并会对其他消费者的选择产生直接影响。这将推动平台与供给方努力改进服务，注重提升用户体验。

过去是一个物权时代，很多人都尽最大的努力想获得一套属于自己的房子、一辆属于自己的汽车……人们不断膨胀的占有欲一直支撑着传统经济的有序运行。然而，随着新技术的不断涌现及社交网络的兴起，分享经济通过技术手段实现了所有权与使用权的分离，让大量闲置资源得到充分利用，这种全新的经济理念正在颠覆传统的商业模式。凯文·凯利在2015年出版的《必然》中就告诉我们："将从未被共享过的东西进行共享或者以一种新的方式来共享，是事物增值最可靠的方式，未来30年最大的财富会出现在这一领域。"

第八章 新媒体法规与伦理

第一节 新媒体传播与版权

随着网络、手机等新媒体的涌现及普遍使用,新媒体呈现出新的规则与特点并冲击着旧有的相关法律规范,尤其是知识产权法律规范。因此,国际社会与世界各国纷纷通过修订已有法律或制定新法律与规范来强制规范新媒体的创办、经营与使用,并通过国家法规或部门规章来惩罚与新媒体有关的犯罪行为。

一、新媒体传播中的版权开放

以网络、手机为代表的数字化新媒体创造性作品的特点是版权开放,即作品全面向公众开放,只要拥有专门的许可证,用户可自由复制、发布、修改和免费使用,实现知识的共享,并形成了版权开放新的规则。

(一)版权开放的提出

根据自由软件运动发起者理查德·斯托曼的解释,版权开放起源于《GNU 操作系统与自由软件运动》的一个小脚注。理查德·斯托曼在《GNU 操作系统与自由软件运动》一文中,用一个小脚注说明了"Copyleft"一词的由来:那是在 1984 年或 1985 年,唐·霍普金斯(一个非常富于想象力的家伙)给我寄了一封信,在信封上他写了逗乐的话,其中包括"Copyleft-All Rights Reversed"。于是,我就用"Copyleft"一词命名当时我正考虑的软件发行概念。

国内对 Copyleft 的翻译有四种代表性的观点:其一是洪峰和夏昊在合译《GNU 操作系统与自由软件运动》中,把 Copyleft 翻译为版权暂无,并很快成为流行观点;其二是姜奇平在一篇名为"知识经济,主权在谁?"的文章中,把 Copyleft 翻译为非版权;其三是云南师范大学的贾星客在主持的课题"从信息哲学角度对自由软件运动的综合研究"中,把 Copyleft 翻译为左版;其四是徐剑在"数字媒体的版权开放研究"中,把 Copyleft 翻译为版权开放。

(二) 版权开放的内涵

根据斯托曼的解释，版权开放利用了版权法，但反其道而行之，已达到与通常相反的目的：将一种保持软件私有化的手段转变成了保持软件自由的手段。可见，版权开放是针对版权所有和垄断而采取的反垄断的措施，但是这并不意味着就完全丧失了版权，因为版权既有所有权、复制权、发行权，还有向公众传播权、人身权与经济权。作者所创造的作品免费向公众开放，让公众免费使用，虽然放弃了与版权财产权有关的复制权和发行权，但是作品版权的人身权如身份权则坚持己有。同时在 Copyleft 这种新型版权的保护下，财产权（复制权、发行权等）通过契约的方式（以 GPL 为代表的软件许可证）向受众公开，受众在受益的同时必须许诺：根据该作品演绎的其他作品也必须按照同样的版权开放模式公布。软件所有者在开放自己版权的同时，也强调据此衍生作品的版权开放性，从而形成一个分布式的版权开放网络，由此达到知识共享的目的。

二、国外有关新媒体版权的法律规范

版权是新媒体产业的核心权利，世界主要国家都在《世界知识产权组织版权条约》和《世界知识产权组织表演和录音制品条约》的基础上出台了有关网络领域数字化传播的版权保护的法律规范。其中最具代表意义的是美国的《数码版权千禧法案》（简称 DMCA）。

美国的《数码版权千禧法案》于1998年10月获得美国国会通过，并由当时的克林顿总统批准实施。该法案包括世界智慧财产权组织条约执行法案、网络著作权侵害责任限制法案、计算机维修竞争确保法案、综合规定、原始设计的保护法案共五个部分。根据台湾学者章忠信的翻译，该法案重点内容是：①网络服务业者责任之限制；②允许维修过程中对于计算机程序之暂时性重制；③厘清美国著作权局对相关政策之职权；④延伸数字化广播暂时性录制之例外；⑤要求美国著作权局向国会提出有关通过数字化科技促进远距离教学之建议；⑥延伸现有对于图书馆与档案机构之例外规定；⑦延伸录音著作演出之法定授权至数字化传输；⑧引进有关集体谈判协议下电影著作权利转让契约之相关推定；⑨传播设计之著作保护。[1]

针对新媒介产业还有更进一步的规定：对版权的拥有者和网络服务商均给予力所能及的保护，包括图书馆馆员、教育机构、网站主人、网络用户、网上广播者等在内的任何粘贴或下载受保护资料的个人或组织，都要付费。其中最重要的条款是：

---

[1] 张文俊，倪受春，许春明. 数字新媒体版权管理[M]. 上海：复旦大学出版社，2014：85-97.

①将大多数商业软件的盗版行为定性为犯罪行为；②认定生产、销售或传递用于非法复制软件的解码装置为违法行为；③允许将破坏版权保护的装置用于研究编码、增强产品抗盗版性能和测试计算机安全系统；④总体上减轻互联网服务商在单纯传递信息过程中的侵犯版权责任；⑤互联网服务商有义务删除网上被确认侵犯版权的材料；⑥非营利性的高等教育机构在通过互联网向教学人员和研究人员提供享有版权的材料时，可以免责或减轻责任；⑦网络广播在播放音乐作品时必须向相关唱片公司缴纳许可费用；⑧要求版权注册商在征询有关方面意见后，向国会递交建议，以探索如何维持在保护版权和满足用户需求平衡的基础上，推广远程电子教育。

此外，基于侵权防范方面的考虑，《在线版权侵权责任限制法》对互联网服务提供者（简称ISP）提出了责任权限要求，"避风港"主要有ISP仅作为暂时性数据网络传输、系统自动存取、根据用户批示存取信息、信息搜索工具。

三、我国新媒体传播中的版权

（一）现行版权法规在新媒体领域的不适用性

1. "新闻无版权"误读

与传统媒体之间的版权纠纷是新媒体版权保护领域的重要议题之一。而时事新闻到底有没有版权，就成了新媒体与传统媒体版权之争的核心之一。《中华人民共和国著作权法》（以下简称著作权法）第五条将时事新闻排除在我国著作权保护范围之内。许多新媒体以此为根据，得出"新闻无版权"的说法，未经授权便大量复制传统媒体的新闻作品，严重损害了传统媒体的合法利益。所谓的"新闻无版权"，实际上是实践过程中对著作权法的误读。著作权法第五条提到的时事新闻，指的是客观事实，并非媒体从业者根据其创作的新闻作品。新闻作品包含了作者的劳动，是受到现行法律保护的，未经授权的随意转载已经形成了侵权事实。并且，随着自身发展，新媒体也逐渐转变为时事新闻作品的创造者，"新闻无版权"这一误读，从长远来看，也必然会阻碍新媒体的发展。

2. 公共利益界定模糊

在我国版权法中，公共利益涉及的含义有两种：一是科学文化传播的公共利益，二是市场经济秩序的公共利益。但是关于提到公共利益的条款的具体指向，法律上没有给出明确的规定概念，使用的情景模糊不清，使许多新媒体打法律的"擦边球"，即打着公共利益的旗号，侵犯他人的著作权。从维权角度来看，公共利益概念难以界定，也加大了保护自身权益、维护版权的难度。

3. 技术中立——"避风港"原则的滥用

我国《信息网络传播权保护条例》(2013年修订)第20条至第23条依次规定了网络自动接入和自动传输、自动存储、提供信息存储空间以及搜索和链接四种互联网信息服务行为的不承担赔偿责任的条件，这也是我们所说的技术中立，又称避风港原则。但是在新媒体环境中，所谓的技术中立只是将网络服务商的行为理想化。为了获得更多的流量与收入，许多网络服务商对盗版行为采取默认甚至纵容的态度。而在避风港原则下，判断网络服务商是否侵权需要从"明知""应知"的角度进行，但是这种判定方式很容易让网络服务商钻空子，导致滥用避风港原则，加大权利人的维权难度。版权纠纷通常属于民事诉讼，采取谁主张谁举证的方式，"明知"与"应知"由于主观性较强，往往存在取证困难的问题，维权难使网络服务商更容易滥用"避风港"原则，损害版权生态。

(二) 新媒体领域的版权建设

2020年9月，国家版权局网络版权产业研究基地发布了《2019年中国网络版权产业发展报告》。报告显示，中国网络版权产业市场规模达9584.2亿元，同比增长29.1%。网络新媒体版权的繁荣与下列因素密切相关。

1. 新媒体时代版权利好政策不断出台

党的十九大报告指出，要"倡导创新文化，强化知识产权创造、保护、运用"，确立了新时代包括版权在内的知识产权工作的总基调，版权工作形势持续向好。国务院印发的《"十三五"国家知识产权保护和运用规划》，国家版权局印发的《版权工作"十三五"规划》，中共中央办公厅、国务院办公厅印发的《关于加强知识产权审判领域改革创新若干问题的意见》等一系列宏观政策相继出台，为我国版权事业发展注入了强劲动力，为建设版权强国和创新型国家提供了保障。

2. "剑网2017"彰显保护网络版权的突出作用

2017年，国家版权局、国家互联网信息办公室、工业和信息化部，公安部四个部门联合开展了第13次打击网络侵权盗版"剑网2017"专项行动。各级版权执法监管部门会同网信、工信、公安等部门共检查网站6.3万个，关闭侵权盗版网站2554个，删除侵权盗版链接71万条，收缴侵权盗版制品276万件，立案调查网络侵权盗版案件543件；会同公安部门查办刑事案件57件，涉案金额1.07亿元，并向社会公开发布20个网络侵权盗版典型案件。比如乐视体育文化产业发展(北京)有限公司(以下简称"乐视体育")经合法授权拥有中超联赛2016年赛季的网络独播权。在经营过程中，乐视体育发现两个名为"VTS全聚台""VTS直播"的网络机顶盒软件向用户提供中超联赛第一轮"江苏苏宁VS山东鲁能"的在线直播。乐视体育还发现在手机直播软件"云图 TV"和网站"全民 TV"上也可以找到中超联赛第一轮的比赛视频。乐视体育起诉这几个软件的运营方涉嫌盗版侵权、不正当竞争，索赔金额共计 1500 万元。"剑网 2017"连续开展 13 年以来，大规模侵权盗版现象得到遏制，网络版权环境持续好转，日益彰显保护网络版权的突出作用。

3. 中国新闻媒体版权保护联盟成立

新闻作品是新闻媒体的核心资源，新闻作品版权保护得到各界高度重视。2017年 4 月 26 日，在国家版权局主办的 2017 中国网络版权保护大会上，人民日报社、新华社、中央电视台等 10 家中央新闻单位发起成立"中国新闻媒体版权保护联盟"，并发布了《中国新闻媒体版权保护联盟宣言》。除这 10 家联盟发起单位之外，全国还有 122 家报纸、期刊、电台、电视台发布了《关于加强新闻作品版权保护的声明》，旗帜鲜明地表达了维护版权的坚定立场。随后，全国省级党报集团版权保护联盟、中国财经媒体版权保护联盟等相继成立，传统媒体抱团维护新闻作品版权。

4. 司法审判对版权保护的作用加大

人民法院通过案件审理有效解决各类版权纠纷，司法审判对版权保护的作用不断加大。

网络新媒体传播每天都在变形深化，像人工智能创作也带来了版权新问题。2017 年是人工智能元年，人工智能在新闻采写、文学创作等领域大显身手。2017 年 5 月，被称为人类历史上首部 100% 由人工智能创作的诗集《阳光失了玻璃窗》由北京联合出版公司出版。人工智能创作作品的大量出现以及可预见的快速增长，引发了人们关于人工智能创作作品的可版权性及权利归属等问题的热烈探讨，成为 2017 年版权理论界的焦点话题。

第二节 新媒体传播与未成年人的网络保护

一、国外对未成年人网络保护的法律规范

（一）美国

美国有关未成年人网络保护的法案主要有《儿童在线保护法》《儿童网络隐私保护法》《儿童互联网保护法》等。

《儿童在线保护法》于 1998 年获得美国国会通过，并由时任的克林顿总统签署实施。法案规定：①任何人通过万维网，在洲际或国际上为商业目的传递对青少年

有害的内容，都应罚款5万美元以下，或监禁6个月以下，或两罚并处；②除了上项规定的处罚之外，故意违反本法规定的，将被判处违法行为期间每天5万美元以下罚款；③除了以上两项规定的处罚之外，违反第一项规定的，将另外被处以每天5万美元以下的民事罚款；④商业性的色情网站不得允许17岁以下的未成年人浏览任何淫秽的图片、图像、图形文件、文章、录音、作品或其他"缺乏严肃文学、艺术、政治、科学价值"的内容。

美国国会在1998年还通过了《儿童网络隐私保护法》，该法案规定向儿童搜集数据的调查公司必须先征得家长同意。该法案规定：任何提供网络服务和产品的组织与个人不得通过互联网电子联络（电子邮件、聊天等），搜集13岁以下儿童的姓名、家庭住址、电子邮件地址、电话号码、社会安全号码或儿童父母的个人信息等，违者将依据《联邦贸易委员会法案》进行处罚。

美国国会于2000年颁布了《儿童互联网保护法》，对学校、图书馆等青少年公共教育场所的互联网使用做出规范，要求这类场所使用信息过滤系统或软件，以防儿童接触网上的有害内容。联邦通信委员会2001年根据国会的授权，为该法制定了实施细则，其中包括：学校和图书馆只有采用有效的安全措施后，才可以接受外界提供的上网优惠服务；所采用的安全措施应能够对网上的淫秽、色情、对儿童身心有害的内容进行遮蔽或过滤；学校必须对青少年在网上的行为加以监控；学校和图书馆必须采取措施，防止未成年人进入不良网站，确保未成年人在使用电子邮件、聊天室等直接通信方式时的安全，禁止未成年人上网参与"黑客"或其他非法活动。

(二) 欧盟

1996年4月24日，欧洲理事会要求欧洲委员会就因特网迅速发展造成的问题提交总结，并就在欧共体内部或国际层面进行管制合作的前景作出预测。同年10月23日，欧洲委员会向欧洲议会、欧洲理事会、经济和社会委员会、地区委员会提交了一份有关网上有害和非法内容的通讯和一本绿皮书。通讯建议立即针对网上有害和非法内容展开行动，并认为，成员国显然有义务保证现行法律适用于因特网，并保证在欧洲范围内和国际层面进行合作与协调以协助法律的执行。

英国政府于1996年9月23日颁布了第一部网络监管行业性法规《3R互联网安全规则》，"3R"指的是分级认定、举报告发、承担责任。在英国，无论传播与否，拥有儿童色情图片就是犯罪。根据英国《儿童保护法案》，如果没有合法理由，故意下载儿童色情图片者最高可判处10年监禁。

法国《未成年人保护法》（1998年修正）规定，向未成年人展示淫秽物品者可判5年监禁和7.5万欧元罚款。如果上述行为发生在网上，面对的是身份不确定的未成年受众，量刑加重至 7 年监禁和 10 万欧元罚款。而以上述两种方式录制、传播未成年人色情图像者，分别可判 3 年监禁和 4.5 万欧元罚款、5 年监禁和 7.5 万欧元罚款；如果长期以盈利为目的进行此类违法活动，量刑加重至 10 年监禁和 75 万欧元罚款。法国《新通信控制法》规定：家长有权替未成年子女挑选和过滤网上信息，网络服务商可向家长提供监控装置。

1997 年 6 月 13 日，德国联邦议会通过了《信息和通信服务规范法》，或称《多媒体法》，于 1997 年 8 月 1 日生效，该法对经营网络信息提出了明确的责任界限，还规定了社会对多媒体信息的许可程度，以免未成年人被信息误导和毒害。该法规定：服务提供者根据一般法律对自己提供的内容负责；若提供的是他人的内容，服务提供者只有在了解这些内容、在技术上有可能阻止其传播的情况下对内容负责。2001 年 7 月，德国最高刑事法庭宣布，在互联网络上散播儿童色情内容，将面临最高 15 年监禁的处罚。德国政府通过《电讯服务数据保护法》《刑法法典》《危害青少年传播出版法》《著作权法》《报价法》等修正案以打击网络犯罪。①

（三）日本、韩国

日本于 2003 年 9 月 13 日实施《交友类网站限制法》。该法规定：利用交友类网站进行以金钱为目的、与未成年人发生性行为的援助交际，是一种犯罪行为。利用交友类网站发布关于援助交际的信息，可判处 100 万日元以下罚款。此类网站在做广告时要明示禁止儿童使用，网站有义务传达儿童不得使用的信息，并采取措施确认使用者不是儿童。家长作为监护人，必须懂得如何使用过滤软件过滤儿童不宜的内容，并和孩子保持良好的沟通。

2003 年韩国规定凡是对青少年发送成人广告性电子邮件者，将被判处最高 2 年徒刑或者 1000 万韩元的罚款。

二、国内对未成年人网络保护的法律规范

根据 CNNIC 的第 39 次《中国互联网络发展状况统计报告》，截至 2016 年 12 月，我国青少年网民（19 岁以下的网民）已经达到 1.7 亿，约占全体网民的 23.4%。这其中，还有一个数据需要引起整个社会的重视，那就是我国未成年人首次接触网络的年龄越来越低。根据中国预防青少年犯罪研究会在北京、浙江、广东、湖北、上海、安徽、重庆、四川 8 个省、直辖市的调研结果，这些地区的未成年人首次接触网络的最集中年龄段已经由 15 岁降到了 10 岁，这个年龄段的人数占 46.8%。最低接触

---

① 朱静.新媒体传播伦理研究[M].北京：社会科学文献出版社，2019：67-81.

网络年龄 3 岁以下的，也占 1.1%。为了保障未成年人网络空间安全，保护未成年人合法网络权益，促进未成年人健康成长，国家制定了相关法规。2021 年 6 月 1 日起施行的新修订的《中华人民共和国未成年人保护法》，专门设置了"网络保护"一章。

第三节　新媒体传播与实名制

一、国外手机新媒体的实名制

在美国，用户跟电信服务公司签订合同时都会被分配到一个社会安全号。此外，用户的座机和手机号码都可以在联邦贸易委员会的"拒绝推销电话登记处"注册，如果某用户的名字在 non-calllist（拒听名单）上，还有人打该用户的手机进行推销活动，联邦贸易委员会将会视其为违法行为，处以几百至 1 万美元的罚款。

德国手机号码也实行入网登记实名制。买手机时，用户必须出示身份证，其身份证号码、住址等信息将被输入电信运营商的数据库。同时，新客户将签订一份合同，合同中明令禁止发送垃圾短信。各运营商和短信广告发布者必须签订杜绝滥发行为协议。

韩国是从源头上控制实行手机号码入网登记制度的。韩国采取一户一网、机号一体的手机号码入网登记制。韩国人买手机时必须出示身份证，然后由售货员将顾客的身份证号码、住址等信息输入电信运营商的中心数据库。早在 2002 年 8 月，韩国信息通信部针对手机广告短信泛滥出台了一项严厉措施：在发布手机短信广告时，广告商必须注明"广告"字样和发送者的单位、电话及手机号码，对于滥发垃圾短信者，个人可处以最高 8500 美元的罚款。[1]

二、国内新媒体的实名制

国内网络实名制的源头，一般认为是 2002 年清华大学新闻学教授李希光谈及新闻改革时提出建议，应该禁止任何人网上匿名。他的这番言论在网上引起言辞激烈的争论，但是随后并没有相应的措施出台。从 2003 年开始，我国各地的网吧管理部门要求所有在网吧上网的客户必须向网吧提供身份证，进行实名登记，以及办理一卡通、IC 卡等，理由是防止未成年人进入网吧。2005 年 3 月，以清华大学水木清华 BBS 为首的一批高校 BBS 向仅限实名制校内交流平台转变。2008 年两会召开，网

---

[1] 朱静. 新媒体传播伦理研究 [M]. 北京：社会科学文献出版社，2019：103-112.

络实名制立法进程启动,并再度引起关注。同年8月,工业和信息化部正式答复网络实名制立法提案,虽未获通过,但表示"实现有限网络实名制管理"将是未来互联网健康发展的方向。2010年后移动网络逐渐普及,智能手机成为最常见的上网工具,工业和信息化部随之发布了《电话用户真实身份信息登记规定》,从2013年9月1日起,用户在办理固定电话、移动电话和无线上网卡等入网手续时,需提供有效证件进行身份信息登记。这是手机号码实名制政策的又一次突破性进展,也是进一步维护网络信息安全的里程碑举措。2016年5月,工业和信息化部再发通知,要求各基础电信企业确保在2017年6月30日前全部电话用户实现实名登记,这被称为"史上最严电话实名制"。这样一来,上网实名制其实也正同步实现。2021年10月26日,国家互联网信息办公室发布《互联网用户账号名称信息管理规定(征求意见稿)》,提出注册账号时,"提供真实身份信息"。

第四节 新媒体传播与隐私

一、人肉搜索

人肉搜索与百度、谷歌之类的机器搜索不同,它主要是指通过集中许多网民的力量去查找人物或者事件的一种网上群众行动。在此过程中,它部分基于用人工方式对搜索引擎所提供信息逐个辨别真伪,部分又基于通过匿名知情人提供数据的方式去搜集特定人物或者事件的信息。人肉搜索最早的出处是猫扑网,"虐猫女事件""微软陈自瑶事件""铜须门事件""姜岩死亡博客事件""周正龙华南虎事件""周久耕天价烟事件"是中国网络新媒体传播中著名的人肉搜索事件。揭示真相和伸张正义是人肉搜索最原始的动力,正是缘于这一质朴的诉求,在无数网民孜孜不倦的努力下,公共事件的真相得以被迅速、有力地揭示。人肉搜索使网民参与公共生活的领域扩大,但事物都有其两面性,特别是在对于一些公共事件的关注中,是否会因为过度的好奇心或者跟风起哄等心态最终丧失基本的道德底线,进而做出侵犯他人利益的举动?人肉搜索在促进社会发展的同时,也可能危害社会个体权益,侵害他人隐私权,催生网络暴力。

一般认为隐私权是自然人享有的私人生活和私人事务不受侵扰、不被公开的权利,以及对私人资料拥有支配与控制的权利。现代网络上的隐私权概念则主要属于隐私权中私人资料隐私权的范畴。网络隐私侵权传播速度快、影响范围广、损害后果大等特点,会让受害人的生活和精神受到极大威胁。在民法典将"隐私权"这个词写入法律条文中之前，在网络出现的很长一段时间内，网络隐私权遭受侵害时寻求司法救济成为难题，限制了被侵权人通过法律途径保护自身权益。[①]

2014年，最高人民法院审判委员会宣布通过《最高人民法院关于审理利用信息网络侵害人身权益民事纠纷案件适用法律若干问题的规定》，并于当年10月10日起施行。其中第十二条明确规定："网络用户或者网络服务提供者利用网络公开自然人基因信息、病历资料、健康检查资料、犯罪记录、家庭住址、私人活动等个人隐私和其他个人信息，造成他人损害，被侵权人请求其承担侵权责任的，人民法院应予支持。""被侵权人因人身权益受侵害造成的财产损失或者侵权人因此获得的利益无法确定的，人民法院可以根据具体案情在50万元以下的范围内确定赔偿数额；精神损害的赔偿数额，依据《最高人民法院关于确定民事侵权精神损害赔偿责任若干问题的解释》第十条的规定予以确定。"该规定强调了网络信息世界个人隐私同样受法律保护，不因网络的匿名性特征而折损。在保护隐私的法律精神下匡正人肉搜索带来的个人权益侵犯，无疑是符合法治精神的。

二、大数据收集

2018年3月20日，马克·扎克伯格，这位一度在美国人眼里最值得信任的人，正与他的社交帝国Facebook一起陷入危机。事情起因于《纽约时报》和英国《观察者报》上刊发的数据隐私丑闻。英国一家科研机构——剑桥分析，虽然只经过了27万用户的授权，但通过一款性格测试软件，获取了Facebook 5000万用户的数据，并通过这些数据来解析用户喜欢什么、害怕什么，此后心理专家、设计师、制作人进行内容策划，并将这些政治广告、假新闻通过Facebook投放给特定用户，潜移默化中让人改变自己的想法，完成美国大选的精准营销。

个人信息数据有特别的属性，它随时产生，随时记录，但只有当它达到一定的数据量时，才会有挖掘和收集的价值。大多数大数据公司遵循"不针对个人"的原则，数据挖掘只针对整体数据。社交数据的使用权掌握在社交媒体手中，但可以授权给第三方公司。理论上讲，这些数据的获得是经过客户授权的，一般会在注册协议的小字中出现相关条款，允许社交媒体企业将用户数据用作其他分析研究等用途。但大多数注册用户并不会阅读这些条款，因为不同意条款一般不会被允许注册。也就是说，想要享受服务，就必须授权。不注册社交媒体就能避免个人信息被侵犯了吗？答案是不能。一种被称为"Cookie"的技术，能够在用户不知情的情况下，将用户所有浏览记录和偏好传回服务器，甚至共享给用户并不知情的第三方网站。

---

① 毛雪. 探析新媒体时代的隐私边界问题及应对方式 [J]. 新闻研究导刊，2018，9（5）：65-66.

在大数据时代，由于对数据的汇集、处理、掌控、分析乃至分发的各个环节几乎都集中掌控在少数高科技公司的手中，人们对涉及个人的隐私数据的把握，实际上处于茫然或失控状态。不过即便由于技术隔阂、不透明等原因，公众对"隐私问题没有那么敏感"，但那些搜集处理涉及公众个人隐私数据的公司必须对此敏感，并对相关行为负法律责任。用户数据隐私保护体现在用户数据的获取、告知、使用和审计等方面。用户数据隐私的保护的对立面不是不分享数据，而是用户拥有被告知的权利以及控制数据使用范围的权利。

目前，社交数据的归属权、使用权等问题在我国并不明晰。个人信息数据安全的境况并不乐观，处于"无规""无法"的状态。一般的协议或合同，可能并不会将个人视为拥有数据归属权和使用权的主体，而且个人信息被违规利用的情况很难被发现，靠自觉始终不是长久之计。2021年11月1日，《中华人民共和国个人信息保护法》正式施行。在一个全新的世界设定一套规则，需要一整套包括健全法律在内的完整体系的建设，也需要信息发送、获取、利用的核查、反馈等技术手段的完善。

早在网络新媒体出现以前，市场已经有了各种收集分析用户行为的公司，诸如收视率调查、超市数据上报、电话或入户调查等，区别在于以前的用户行为和偏好数据的收集成本高、变量少、频率慢，而互联网特别是移动互联网的出现极大地降低了数据的收集成本。虽然公众的个人隐私越来越成为数据链中的一环或数据网络中的一个节点，但其隐秘性需求并未改变，有关个人隐私保护的法律法规依然有效，也仍然适用于这些新的处理程序和手段。也就是说，收集数据的权利依据，必须是依照有关法律的规定，获得有关主管机关的许可或者是当事人的同意后才能进行，这种同意应该是明示的同意，这点尤其重要。在收集数据时收集者应当向当事人说明收集行为的权限及依据、收集数据的目的等方面的内容。只能以一个或多个明示且合法的目的来获取个人资料，个人对是否提供信息、对提供的信息使用目的和使用方式有决定权。

第九章 现代新媒体运营探析

第一节 社交类新媒体运营

一、微信公众号平台运营

从即时通信工具演变成创业赚钱的手段,微信已经深入人们生活的方方面面,无论是个人还是企业都可以打造自己的微信公众号,并实现与微信平台的粉丝全方位的沟通和互动。随着互联网技术的高速发展,新媒体运营成了一个专门化的职业,是目前最火、最紧缺人才的职业之一。各大高校的市场营销类专业、传媒类专业、管理类专业都纷纷开设了新媒体运营课程。新媒体运营已经成为高校学生、企业老板、商家追捧的宠儿。

(一)公众号的定位

定位即找准自身在消费者心中的位置。这个理论是由全球著名营销战略家艾·里斯提出来的。艾·里斯在《定位》一书中提到:"所谓定位,指在对本产品和竞争产品进行深入分析和对消费者的需求进行准确判断的基础上,确定产品与众不同的优势及与此相联系的在消费者心中的独特地位,并将它们传达给目标消费者的动态过程。"

微信公众号运营者想要抢占市场,从众多的公众号中脱颖而出,就必须打造自己的特色,因此,分析竞争对手、分析自身成为微信公众号运营者正式运营公众号之前必须认真完成的工作,知己知彼才能百战百胜。[1]

1. 粉丝定位

俗话说物以类聚,人以群分,公众号的运营者无论是推荐什么样的商品或者服务都离不开与之相匹配的人群。首先一定要先知道自己有什么产品或服务,或将来可以找到哪些产品或服务以供自己去营销。其次才能从这个产品或服务出发去分析其准客户的人群结构,并从中找出最有可能是这些产品或服务的受众群体。微信公

---

[1] 向登付.新媒体运营与营销实操手册[M].北京:中国商业出版社,2019:14-23.

众号的人群定位,就是把自己要推送的内容推送到锁定的人群中,但要提醒大家的是,定位锁定人群范围要大小适中,太小的话粉丝量上不去,太大的话众口难调,会给后期运营带来诸多麻烦和困惑。

我们以悉尼协议研究院订阅号为例。该公众号定位为大学生的成长伙伴、高等院校的合作伙伴、专业教育建设的服务平台、职业教育发展的重要推动力量。该公众号致力于将前沿的科技知识转化为专业的课程,将行业专家转化为企业师资,将企业产品转化为教学案例,将国外标准转化为国内标准,将线上转化为线下。

2. 地域定位

地域定位这个概念,并没有粉丝定位、产品定位概念那么好理解,就目前而言,大部分的公众号都是布局全国,甚少有人把订阅号定位于某一个地域,似乎觉得把自己定位为地域性的号,就是画地为牢,是一个不太明智的决定。其实不然,原因如下:首先,对于消费没有地域限制的产品或服务,定位于全国是无可厚非的,但是在一些产品严重受到线下消费条件制约的情况下,则必须定位于地域。例如,"大乐山"订阅号主要是服务于四川省乐山市范围内,提供的是乐山的吃喝玩乐咨询服务,粉丝主要来自乐山或周边地区,线下消费的转化率也主要来自线上推广。该订阅号适合做地域定位而不是盲目辐射全国,该订阅号因其运营者大多是本地人,对内容的把握相对精准、深入与到位,发展空间相对大。其次,地域订阅号数量相对少,对广告商家来说更具价值,有线上线下联动营销的优势。

通过地域定位的微信订阅号,在移动互联网社区化趋势明显的当下前途无量,值得有志在微信上创业的人们去关注与研究。相信随着微信订阅号营销的不断成熟,地域定位的订阅号将不断壮大,甚至有可能成为未来订阅号的主流。

3. 产品定位

微信公众号中的订阅号从产品功能上可分为两种情况:第一种是将推文本身当作一种产品,精心管理该产品,尽量以美文形式呈现给订阅用户群体;第二种是将产品品牌信息植入推文之中,其主要目的是提升产品品牌的知名度、美誉度,从而达到提升产品销量的目的。第一种情况即粉丝定位,第二种情况是将已有的产品或品牌作为订阅号的定位基础。除了白手起家的微信创业者外,许多人注册微信账号都是为自己公司或机构的产品、服务进行服务与营销,这些人已有自己的产品、服务,原产品、服务已有一定的品牌知名度,这有利于订阅号的前期推广把订阅号定位在产品或品牌上,有利于后面顺畅地将流量商业变现。

4. 功能定位

微信公众号功能定位指运营者所运营的公众号到底能给用户带来什么内容,即解决用户为什么订阅你的公众号的问题。研究微信生态链上的各种订阅号不难发现,有相当一部分订阅号的分类边界并不十分明显，甚至是毫无界限，而这一部分订阅号中就有很多是以功能性定位的。功能性定位是指订阅号的内容按某种功能以图文为主进行推送，如养生号、穿衣搭配号、家庭理财号等。

以功能为定位的订阅号有如下优势：一是这类订阅号更易于从各色人中找到有共同需要的人群，容易做大；二是这类订阅号的商业价值很大，因为粉丝都是为解决某个具体"功能"而来的，只要设计一个合适的产品，就能引起粉丝的共鸣、购买；三是这类公众号的粉丝忠诚度高。例如，"名医话健康"订阅号的粉丝可以是老人也可以是小伙子，可以是男人也可以是女人，只要是对健康有需求的人都是"名医话健康"的目标粉丝。像这样的微信订阅号的定位，我们称之为功能性的定位。

(二) 微信公众号的基本操作

1. 公众号的类型

在进行微信公众号注册之前必须清楚本公众号的类型，微信公众号有三种类型，即服务号、订阅号、企业号。服务号是为企业和组织提供更强大的业务服务与用户管理功能，主要偏向交互式服务（如 12315、114、银行）。服务号 1 个月（按自然月算）内可发送 4 条群发消息。订阅号是为媒体和个人提供一种新的信息传播方式，主要功能是给用户传达资讯（功能类似于报纸杂志，提供新闻信息或娱乐趣事）。订阅号 1 天内可群发 1 条消息。企业号目前已升级为企业微信，企业微信继承原企业号的所有功能，成员扫码关注后即可在微信中接收企业通知，同时集成多种通信方式，助力企业高效沟通与办公。

运营者在注册之前需要明白该公众号的主要功能是什么。从微信公众号的功能上看，主要分为以下四种情况。

一是自媒体。自媒体又称"个人媒体"，是指私人化、大众化、普泛化、自主化的传播者，以现代化、电子化的手段，向不特定的大多数或者特定的单个人传递规范性及非规范性信息的新媒体的总称。自媒体平台包括：博客、微博、微信、百度官方贴吧、论坛等网络社区。对于一个自媒体来讲，建议选自己感兴趣的、擅长的领域来运营。比如：喜欢篮球，就可以去开个公众号聊聊 NBA 的那些事；如果喜欢海淘，可以分享海外购物经验。做自媒体切记不要去切入自己不擅长而且不感兴趣的领域。

二是纯粹销售。开设公众号只有一个目的，就是吸引粉丝，销售产品。

三是做品牌。将公众号当作一个品牌的宣传窗口，通过发送推文提升品牌的知名度和美誉度。

四是维护新老客户。微信公众号成为数据库营销的主战场，全网营销所有品牌触点最终落地于微信公众号,这个思路多应用在实体企业,如招商银行、滴滴出行和各种餐饮、美容机构等,以会员形式结合微信公众号运营来操作,所有广告最终通过二维码或者微信号形式入驻公众平台。

2. 公众号注册

微信公众号的注册比较简单,进入注册微信公众号的官方网站,打开网站后出现相应的界面,点击立即注册即可。

运营者需要考虑清楚公众号的类型。订阅号适合个人及媒体,服务号适合企业及组织,小程序适合有服务内容的企业和组织,企业微信也就是原来的企业号,适合企业客户注册。

无论是订阅号还是服务号都需要准备的资料。是公众号的名称和公众号的功能介绍。公众号的名称尤为重要,一定要跟运营定位相符,要简单、直接,能让订阅用户在搜索公众号时有关键字可寻。另外,公众号的功能介绍也是非常重要的,它是订阅用户搜索到公众号之后决定关注与否的关键因素。运营主体注册公众号需要的资料见表9-1。

表9-1 运营主体注册公众号需要的资料

个体户类型	企业类型	政府类型	媒体类型	其他组织类型
个体户名称	企业名称	政府机构名称	媒体机构名称	组织机构名称
营业执照注册号/统一信用代码	营业执照注册号/统一信用代码	组织机构代码	组织机构代码/统一信用代码	组织机构代码/统一信用代码
运营者身份证姓名	运营者身份证姓名	运营者身份证姓名	运营者身份证姓名	运营者身份证姓名
运营者身份证号码	运营者身份证号码	运营者身份证号码	运营者身份证号码	运营者身份证号码
运营者手机号码	运营者手机号码	运营者手机号码	运营者手机号码	运营者手机号码
已绑定运营者银行卡的微信号	已绑定运营者银行卡的微信号	已绑定运营者银行卡的微信号	已绑定运营者银行卡的微信号	已绑定运营者银行卡的微信号
	企业对公账户			

3. 公众号运营实战

(1)自动回复设置。通过编辑内容或关键词规则,快速进行自动回复设置。如果具备开发能力,可更灵活地使用该功能。关闭自动回复之后,将立即对所有用户生效。自动回复设置分为关键词回复、收到消息回复、被关注回复。

(2)自定义菜单。公众账号可以在会话界面底部设置自定义菜单,菜单项可按需设定,并可为其设置响应动作。用户可以通过点击菜单项,收到设定的响应,如收取消息、跳转链接。自定义菜单设置需注意以下几点:首先是一级菜单不超过3个,一级菜单名称不多于4个汉字或8个字母；其次是每个一级菜单下的子菜单最多可创建5个，子菜单名称不多于8个汉字或16个字母；最后可在子菜单下设置动作。

（3）投票管理。投票功能的作用是公众平台的用户在参加比赛、活动、选举时，收集粉丝的意见。

（4）网页模板。网页模板功能是公众号创建行业网页的功能插件。公众号可选择行业模板，导入控件和素材生成网页，然后对外发布。目前，页面模板暂时只有开通了原创声明功能的媒体行业模板公众号才可以申请开通，包括列表模板和封面模板，后续将提供更多行业模板。

（5）原创声明功能。微信公众平台原创声明功能指腾讯对微信公众账号用户待发表的作品进行系统比对并添加"原创"标志的功能。

（6）微信公众号平台数据分析功能。微信公众号平台提供了数据分析按钮，主要包括用户分析、图文分析、菜单分析、消息分析、接口分析和网页分析等。

（三）公众号的第三方运营平台

微信公众平台的功能较多，但还是不能满足大众的广泛需求，部分功能遇到瓶颈时，就涌出一大批的第三方应用，其功能就是补充微信公众平台的缺陷，这样微信公众平台和第三方工具就完美地结合了，让用户有更好的体验。

目前使用人数较多的微信公众号第三方运营平台有：西瓜公众号助手、新媒体管家、公众号助手、微小宝等。

1. 西瓜公众号助手

西瓜公众号助手的主要特点是通过公众号素材库可以找到许多优质的素材，可直观地查看公众号发文内容及数据，并进行智能订阅，获得优质的文章素材。西瓜公众号助手还可以每天多时段更新最有可能刷爆朋友圈的黑马文章，第一时间找到最有可能成为爆文的素材。

2. 新媒体管家

新媒体管家是一个可以管理所有新媒体账号（支持包括微信公众平台、今日头条、一点资讯、微博、知乎、网易媒体平台、搜狐开放平台、企鹅媒体平台、UC大鱼号、简书、百度百家等新媒体平台）的工具。各账号之间可实现一键登录，有效节省登录时间；一个浏览器同时登录多个微信公众号，不用再反复扫码，重新定义了微信公众号的效率。

3. 公众号助手

公众号助手是一款手机端的公众号运营工具。它的特点是实时对话、自动回复；思路讲解、工具剖析、案例分析、政策解读；查询公众号全国排名；互相推广、互相加粉、经验交流与共享。

4. 微小宝

微小宝是一个为公众号轻松进行矩阵管理，或单个大号深度运营而设计的运营工具。其可实现多个账号稳定登录及切换，24小时内免扫码二次登录；基于后台而超越后台的数据分析和报表生成；内置几百种样式，可实现轻松排版；定时更新海量文章素材库，监控特定公众号的发文。

（四）微信公众号运营推广经验

1. 文章的选题

公众号文章的选题非常重要，是推文撰写的第一步，也是非常重要的一步。文章的选题可来自近几天的热搜排行榜，以此做借势营销和捆绑传播。在传播学中有一个著名的理论叫"议程设置"，该理论认为大众传播往往不能决定人们对某一事件或意见的具体看法，但可以通过提供信息和安排相关的议题来有效地左右人们关注哪些事实和意见及他们谈论的先后顺序。大众传播可能无法决定人们怎么想，却可以影响人们想什么。"议程设置"理论在新媒体兴起的今天依然是适用的。

2. 标题设计

只有引起读者阅读兴趣的标题，才能达到营销的效果，因此，文章标题至关重要。在设计文章标题时应注意以下几个问题：首先，标题应与众不同，并具有充分的吸引力；其次，标题必须有利益诉求点，要非常直观准确地告诉粉丝群体此文能给他们带来什么有价值的内容；最后，切忌标题空洞无物，标题应点题。

3. 文章内容

文章内容是评价文章是否具有价值的主要依据。对读者而言，能够引发某种思想共鸣或者从中获得有用信息的文章内容就是有价值的优质的文章内容，不仅有利于提高营销效果，同时还可以培养读者的忠诚度。图文传播始终是一种静态传播，因此为了增加读者的好感度，增强读者的体验感，公众号文章除了要多配图片以外，还应多加入短视频等内容。

4. 文章的排版

对于一篇文章而言，排版同样十分重要。它就好比一件衣服，穿得适当得体可以提高印象分从而留下美好的印象；反之，则可能因为第一印象不佳而缺乏继续欣赏的兴趣。因此，在进行图文编排的同时，我们首先要注意图片不宜过多，否则就会适得其反；同时，应注重图文的对称性，对称的工整美可以令人心生愉悦。

5. 文章摘要

文章摘要是微信文章推送给用户时，用户首先看到的一个页面，它与用户是否会点开该文章继续阅读息息相关。因此文章摘要必须对文章内容进行重点归纳，简洁明了的同时又设有一定的悬念。

6. 文章推送的时间

图文推送的时间非常重要，要选择粉丝群体的休闲时间，而非粉丝群体繁忙的时间。如粉丝群体为一般白领，那么文章推送的最佳时间应该是8点到9点、13点到14点，17点以后。如果粉丝群体为学生，那么推送文章的时间则相对自由宽泛一些。

（五）二维码制作

二维码生成器其实就是二维码生成软件，二维码生成器的工作原理是将所需的信息输入二维码生成器中，生成相应的二维码，然后进行保存应用。

二维码在新媒体运营中应用得十分广泛，是一种非常便捷的推广神器，以下以草料二维码为例，介绍二维码的简单制作方法。

草料二维码是目前国内最大的二维码生成网站，它提供了文本二维码生成、文件二维码生成、照片二维码生成、微信二维码生成、名片二维码生成、记录码产品码生成等。它还可以对二维码的样式、颜色进行自定义、修改、美化，是一款功能较全的二维码生成器。

打开草料二维码的官方网址，而后在随即弹出的文本界面中输入文本，然后点击生成二维码即可。

当文本的内容过多时，系统会提示生成的二维码不易扫描，请使用活码。如需使用活码，则必须事先进行注册或使用微信登录，并需要绑定手机号。

对已经生成的二维码可直接进行下载。除此之外，运营者也可以对已经生成的二维码进行编辑，如改变二维码的颜色和基本样式，利用美化器做出各种独特的二维码。

草料二维码不但可以对文本生成二维码，而且可以对文件、名片、微信、小程序、会议记录生成二维码，操作的步骤和文本二维码生成步骤相同，在此不做赘述。

二、微博运营

（一）微博的定位与品牌策略

企业微博的形象定位非常重要，企业的微博就像一个人，讲话做事都要有自己的风格，虚拟形象设定清晰了，微博运营就成功了一半。下面简单谈谈几种不同类型的企业微博运营策略。

1. 官方微博（微媒体）

目前大多数企业都有自己的官方微博。既然是官方微博，那么它所传播的内容也必须是官方的，内容应比较正式，可以在第一时间发布企业最新动态，对外展示企业品牌形象，它成为企业展示形象、传播信息的一个低成本的媒体通道。

2. 企业高管微博（微传播）

企业高管微博大多是以企业高管的个人名义注册，希望能通过个人言论影响和带动企业品牌发展，其最终目标是成为所在行业的关注点，能够影响目标用户的观念。

3. 客服微博（微服务）

客服微博顾名思义是指通过微博与企业的客户进行实时沟通和互动、深度的交流，希望通过与客户的充分互动了解和收集到对改善产品质量、提高品牌服务等有用的信息。通过客服微博与消费者互动可以使得信息交流更加畅通、及时，大大缩短企业对客户需求的响应时间，从而降低企业运作成本。

4. 产品微博（微公关）

具有公关定位功能的产品微博对危机能实时监测和预警，出现负面信息后能快速处理，及时发现消费者对企业及产品的不满并在短时间内快速应对。如遇到企业危机事件，可通过微博对负面口碑进行及时的正面引导。

5. 市场微博（微营销）

通过微博组织市场活动，打破地域人数的限制，实现互动营销。通过微博做营销是一种很低廉同时又很高效的市场营销活动。

(二) 微博和微信的区别与联系

曾经有一个对微信和微博的概括说得非常好说：微博是继承新浪的媒体基因，是一个社会媒体平台，微信是社交沟通平台，新浪的基因就是网络媒体，而腾讯的基因就是社交和聊天工具。

微博作为一个媒体工具，关系主要建立在兴趣上，关系质量较弱，粉丝与粉丝之间，粉丝与博主之间皆属于弱关系。微博注重的是传播的速度和内容公开，同时微博也十分注重信息传播的广度。

腾讯微信作为一个社交工具，关系建立在社会关系上，关系质量较强，属强关系传播，传播方式多为双向互动，注重的是私人内容的交流和互动。微信信息的传播广度不及微博，但信息传播的到达率却非常高，同时因为微信属于闭环式传播，因此微信的传播范围远远不及微博，但微信受众对信息的消化程度极高。

当微信出世的时候，有人说微信很快会打败微博成为信息传播的主力军，但很多年过去了,微信和微博并没有谁打败谁。微信和微博这两种产品有各自的特点和优缺点,在业务领域范围并没有太多的冲突。微博做的是媒体,主要是卖广告;微信做的是社交,卖的是增值服务和平台。虽然现在微博也有很多做平台的动作,如微博支付等,但新浪的媒体基因比较深刻,而腾讯做平台的基因更纯正。

(三)微博营销策略

微博营销是新媒体营销中非常重要的一种营销方式,用户需要用心编辑博文,引得粉丝喜爱,才能达到提高产品知名度、提升美誉度和扩大销量的目的。

微博不仅是一种社交工具,也是企业的重要推广平台。企业在正式进行微博营销之前,应对微博的基本营销知识和营销技巧做一些了解。下面对微博营销的基本内容做简单的介绍。

1. 什么是微博营销

微博营销是一种近年来较为盛行的营销方式,主要是通过发布微博、参与粉丝互动,让粉丝对产品产生好感之后做出购买行动。微博营销的主要营销对象是微博粉丝,为了进一步扩大营销效果,微博博主一般会通过大V转发获得粉丝关注。微博大V是一个拥有几百万甚至上千万粉丝的群体,他们有相当的影响力。

企业微博营销以每一位潜在粉丝为营销对象,企业每日更新微博信息,向粉丝群体传播企业信息和产品信息,达到树立良好的企业形象和产品形象的目的。企业微博博主每日更新信息,或者发起粉丝感兴趣的话题,从而引起与粉丝之间的充分互动。企业微博营销发布内容如表9-2所示。

表9-2 企业微博营销发布内容

企业微博营销内容	企业核心文化传递	通过微博传递企业核心价值文化,打造独特与和谐的企业文化
	企业重要新闻发布	发布公司重要新闻,向外界传达企业的声音
	企业新产品信息发布	发布新产品,让企业微博成为新产品上市宣传的首要通道
	开展各种专题活动	开展各种抽奖、有奖转发、游戏互动等活动与粉丝充分互动
	企业危机处理	利用微博及时准确地反映企业危机事件,加强对危机事件的反应速度
	各种临时促销活动	开展各种临时的、节假日、淡旺季促销活动

个人微博营销主要是基于个人微博用户而言的,个人利用自己的个人微博,进

行相关信息的发布，并与其他用户进行互动，包括微博转发和评论等。目前在进行个人微博营销的主要是明星、社会成功人士等本身就具有一定知名度的个人。但其营销的主要目的是想让关注他们的人能够更加了解他们，更注重情感的交流，以及相关信息的分享等，功利性不是很明显，主要还是以宣传自己、塑造自己的形象为目的。当然，也有很多网络红人在初期进行自我营销时会采取捆绑抱团营销的方法，即以同类型网红相互推荐的方式进行营销。另外还包括个体经销商、淘宝客等。

2. 微博营销的特点

互联网发展至今，消费者的消费行为也悄悄地发生了巨大的变化，消费者由从前的被动选择变成了主动搜索和积极分享，消费者的消费行为不再像从前那样受到电视硬性广告的影响，他们对于产品的印象主要来源于其他使用者的评价。这些潜移默化的变化都给商家带来了新的挑战和机遇。

微博信息传播方式就像是广场上的高音喇叭，凡是在广场上的人都能听见声音，微博具有新闻信息传播的基因，是一个基于信息传播发展起来的社交平台，它的营销模式概括起来具有如下特征，如表9-3所示。

表9-3 微博的营销特点

微博营销特点	信息传播四维立体化	主动分享、粉丝评价、传统广告和公关活动四个维度的产品信息传播使得消费者在采取购买行动之前对产品已经有了多维度的了解
	营销成本性价比更高	微博发布信息门槛低，发布成本远小于传统广告，效果却优于传统广告
	传播速度更快	微博具有转发功能，此功能可实现裂变式传播
	传播范围更广	微博通过粉丝关注以及利用名人效应进行传播，从某种意义上讲是一种病毒传播式
	传播更精准	微博的内容定位决定了粉丝集合分层，传播内容到达率和转化率高

3. 如何开展微博营销活动

（1）准确的微博定位。以往企业特别注重微博的粉丝数量，甚至有些企业以粉丝数量的增加作为微博运营业绩的唯一考核标准，但事实证明，与粉丝数量相比，粉丝的质量才是企业商业价值转换的动力。这与微博的定位有关，假如企业是卖软饮料的，那么微博的每一篇博文都应该与目标消费群体关注的信息相关，而绝非发布不痛不痒的心灵鸡汤或目标消费群体并不十分关心的公司琐碎。做好微博定位是为了防止运营者发布广播信息时心中无数，今天一篇心灵鸡汤，明天一则娱乐新闻，将企业微博做成了一份城市都市报。

（2）注重微博个性化。微博的特点是"关系""互动"，因此，虽然是企业微博，但也切忌仅有一个官方发布消息的窗口那种冷冰冰的模式。要像一个人，有感情，有思考，有回应，有自己的特点与个性。比如一个以卖煎饼果子起家的网红"黄太吉"，前几年火遍微博圈，这与它的个性化传播、个性化互动不无关系。

（3）微博的名称应简单易记。微博名称就跟一个人的名字一样。90后父母最爱在自己孩子的名字中用一些生僻字，以显示独特，殊不知，这样做适得其反，越是难记、难念的名字越不容易被记住。微博名字最好是简单的，一看就能明白功能和定位的微博名称才是具有传播力的微博名称。

（4）设置好标签。为自己的微博设置标签以方便粉丝和阅读者对相关文章的搜索。微博的标签就像是微博的自我定位，需要对所发信息进行设定，阅读者才能对号入座。这样不仅能有效地帮助我们认清自我定位，还可以增加被用户群体搜索到的概率，达到营销的目的。在发微博文章时，在热门关键词前后应分别加"#"，以增加文章的话题关注度，如"# 春节 #"。

（5）优化选取热门关键词。在进行微博关键词优化的时候，要尽可能地以关键字或者关键词组来开头，尽量利用热门关键词和容易被搜索引擎搜索到的词条，以增加搜索引擎的抓取速率。但这些内容既要和推广的内容相关，也要考虑到用户，如果一味地为了优化而优化，那就得不偿失了。

（6）更新微博要有规律性。微博的维护和打理，并不是一朝一夕的事情，需要养成定期更新的习惯，切忌虎头蛇尾。要努力培养粉丝的定期阅读习惯，一旦习惯养成了，便不要轻易破坏这种习惯，否则一旦掉粉，想让粉丝再次关注的成本就非常高了。

（7）做好借势营销。借势营销又称为捆绑传播，是指传播者将要传播的信息与正在发生的热点事件结合起来为自己的品牌传播服务的一种营销方式。运营者在进行借势营销之前需对当前热点事件熟知于心，须知热搜排行榜中的热点信息，然后根据热点信息进行策划。在借势营销案例中，杜蕾斯算是借势营销的范本，无论是哪一个社会大事件或是公共热议焦点，杜蕾斯都能抓住热点进行自我营销，是非常经典的借势营销案例。

（8）努力增强互动。微博与很多传统媒体相比，最大的优势是能够充分互动，因此，运营者应该抓住这个优势，创办专题活动，如抽奖、有奖转发等。要让粉丝充分参与到活动中来，增强与粉丝之间的交流，让粉丝能够主动分享内容。

（9）内容有连载。让内容有连载，比如每天推荐一个好作品或热门资讯，每周发布一次活动结果。连载会让粉丝的活跃度增强。

(10)规划好广播时间。规划好微博广播时间是增加微博内容阅读率的关键因素。微博有几个高峰,早上上班前、午休时段、17点后、23点以前,抓住这些高峰时间广播,才能产生高阅读率和高转发率。

此外,通过微博举办各种线上专题活动的形式非常多,最常见、最普遍的便是有奖转发和设置系统抽奖。运营者应策划出比较有创意的专题活动,让粉丝参与其中,增加粉丝活跃度。与粉丝互粉,也是推广初期快速增加粉丝的有效途径之一。

(四)微博运营工具

1. 微博内容库工具

"内容为王"是每一个自媒体运营者都知道的准则,内容是微博生存的重要基础。对于刚开始做微博运营的人来说,不知道应该发什么内容才合适;对于已经有丰富运营经验的人来讲,也会经常出现江郎才尽的情况。有需求就会有市场,微博内容库就是这样诞生的,其主要目的就是为需要微博维护的商户和个人提供相关关键词的内容和图片。目前有大量的淘宝网店、企业、网站都在使用此工具。

目前使用比较多的内容库有皮皮时光机、月光宝盒等工具,这些工具不但有关键字的搜索功能,还有相关文字的配图,对于微博运营者而言是比较实用的工具。

2. 粉丝分析工具

粉丝分析是微博运营的重要组成部分,新浪微博本身自带了"微数据"这一粉丝管理工具,功能较全面,也比较权威。除此之外,也有许多第三方平台的微博粉丝分析工具,如知微、绿佛罗等。

知微传播可分析消息的曝光量(未去重的转发者粉丝之和)、用户总评(用户活跃度、粉丝量等指标的加权平均值)、情感值(正负情感)、内容分析(消息传播深度)四个维度,同时还可进行消息的各项传播指标分析,包括用户质量、水军比例、链接点击数等的总体概述,最终获得已发消息的传播深度、广度及参与用户各项指标加权后得出的微博影响力的总体评价。

3. 综合管理

微博综合管理工具就是指各种微博功能都具备的工具,目前使用时趣的人较多。时趣的主要业务包括社交商业战略、社交体验管理、社交品牌和流量管理、忠诚度运营管理等。

此外,在综合管理方面还有周博通微博管家新浪版,它是基于新浪微博开发的微博客户端,共享新浪微博数据,支持新浪微博同步更新。该工具一键操作,界面简洁清爽,功能完备,博友互动更轻松,同样是一款相对不错的综合管理工具。

4. 定时发布与多平台发布

定时发布是指定时发布微博信息，常用的定时发布微博工具有皮皮时光机、享拍微博通、定时V、新浪定时微博。其中享拍微博通是一款基于API的多个微博平台及SNS同步更新工具。通过享拍微博通，用户可以向已注册的各个微博平台发送消息和查看各个平台接收的信息，其中包括新浪微博、腾讯微博、搜狐微博、网易微博、人民网微博、人间网、人人网等十多个微博及社交网络平台。

(五) 微博广告推广

新浪微博有专门针对企业用户和个人用户的微博广告推广服务，其目的是帮助吸引粉丝，让传播信息更精准。它在业务上有如下特点。

1. 海量触达

覆盖微博亿级优质用户资源，触达2.61亿月活跃用户、1.2亿日活跃用户，可带来更高效的广告传播效果。

2. 精准投放

支持年龄、性别、地域、兴趣等多种方式组合，以及高级数据功能，能精准识别目标用户，大幅提高广告转化率。

3. 扩散传播

利用微博强大的社交属性，让受众通过转发扩大广告的传播范围，形成二次原生推广。

4. 增加博文曝光

将精彩创意推送到目标用户的显著位置，大幅提升博文的互动量。

5. 增加粉丝

将账号推荐给潜在粉丝，实现关注转化，积累高质量的社交资产。

6. 拉动应用下载

App应用开启客户端定位推广，实现推荐应用直接下载安装。

7. 提升品牌知名度

集中稀缺资源强势曝光、双平台渗透用户微博浏览路径，让品牌一鸣惊人、一夜成名。

三、腾讯QQ

(一) QQ营销

做新媒体运营的同行们都有这样的感受，进入互联网的"下半场"，流量变得越来越集中,推广成本也变得越来越高,想通过推广快速积累用户也变得更加困难。但是,对于很多企业,尤其是中、小型的企业来说,推广是一个永远都逃避不了的现实问题。

腾讯QQ从问世以来就带有社交的强大基因,是一款使用人群非常多的即时通信工具,因此也被众多中、小型企业做营销推广产品之用。QQ营销是指在QQ即时通信的平台基础上,专为企业用户量身定制的在线客服与营销平台,它基于QQ海量用户平台,致力于搭建客户与企业之间的沟通桥梁,充分满足企业客服稳定、安全、快捷的工作需求,为企业实现客户服务和客户关系管理提供解决方案。QQ营销可按企业需求定制在线客服与网络营销工具,通过7.8亿QQ用户帮助企业拓展并沉淀新客户,帮助企业提高在线沟通效率,拓展更多商机。

(二)QQ营销的功能

1. 会话功能

首先,QQ窗口可实现一个窗口、多人聊天,最多可同时与100名客户进行会话,退出时可选择保留未结束会话,下次登录时即可无缝交谈;其次,还可实现访客有效分流,可按不同的业务部门职能对来访客户进行引导,按不同的接待员工对来访客户进行引导分流,还可使用咨询内容导航快速回复客户常见问题;最后,在QQ推广的会话功能中还可实现快捷回复、远程协助、音视频沟通等,有效应对咨询忙碌的状态。

2. 客户接待与维护功能

营销QQ无论有多少个工号在线,统一以一个靓号对外展示,用户可根据需要选择客服开始会话,对不在线的工号,可以按需选择发送手机短信沟通。对跟进型客户可设置独占,支持将会话无缝转接,实时查看访客来访轨迹,并可将海量用户进行个性化多级分组,给单个客户打上特殊颜色标签,以进行全方位、多维度的客户关系维护。

3. 服务监控与管理功能

支持按照工号、消息类型等进行消息查看与管理;消息记录保留在云端,永不丢失;可查看工作日报和访客满意度报表,可向海量用户一键发送消息。

4. 企业传播功能

企业根据需要可定制800/400电话热线、QQ靓号,以利于企业推广和统一形象展示。此外还可进行企业资料卡专属展示、企业聊天窗口定制、企业微博整合展示等。

(三) QQ 空间运营推广

当新媒体运营者的目光都盯着微信和自媒体平台的时候，还有一块流量非常庞大的地方是不能忽视的，那就是腾讯的 QQ 空间。

QQ 空间一般分为两种：普通空间和认证空间。普通空间就是每个 QQ 号都自带的一个空间，这种类型的空间需要自己去引流加好友，然后通过空间来营销。

1. QQ 认证空间

认证空间用户可以自主添加成为认证空间的粉丝，之后认证空间的相关更新都会在其粉丝的个人中心展现，粉丝可以及时关注所喜爱的品牌、机构、媒体或名人的最新动态；通过认证空间，品牌、机构、媒体、名人除了进行形象展示、动态更新，还可以发起各种活动，与目标用户保持持续、顺畅的互动交流。

2. QQ 空间截流

截流其实在现实生活中也很常见。比如：在小便利店里买东西的时候看走眼了，以为是"康师傅"，吃着味道不对，仔细一看是"康帅博"等。这就是日常生活中的截流现象。

截流现象在互联网也很常见，其字面的意思就是偷走有一定影响力的账号的粉丝。只要有一定的名气，账号都存在被截流的风险，比如一些明星的名字、某网红的微信号、QQ 号、微博的昵称等，都会成为别人截流的目标。

3. QQ 空间广告

QQ 空间拥有活跃账户 6.4 亿，6 成以上的用户为 90 后的年轻用户。QQ 空间信息流广告出现在用户的好友动态中，是一种融入用户 UGC（User Generated Content，既用户原创内容）中的原生社交广告，非常适合品牌在社交场景中与年轻人沟通。

第二节 新闻资讯类新媒体运营

一、今日头条的运营

今日头条是使用最为广泛的新媒体运营平台之一，因其推广效果非常好，所以众多新媒体运营者争抢注册，用今日头条来推广运营自己的各类产品。

（一）今日头条概况

今日头条是北京字节跳动科技有限公司开发的一款基于数据挖掘的推荐引擎产

品，为用户推荐信息，提供连接人与信息的服务产品。今日头条由张一鸣于2012年3月创建，2012年8月发布了第一个版本。2016年9月20日，今日头条宣布投资10亿元用以补贴短视频创作，之后独立孵化了UGC短视频平台火山小视频。随后其孵化的音乐短视频抖音于2017年11月10日以10亿美元收购了北美音乐短视频社交平台musical.ly。

今日头条是一个典型的智慧媒体，基于个性化推荐引擎技术，根据每个用户的兴趣、位置等多个维度进行个性化推荐，推荐内容不仅包括狭义上的新闻，还包括音乐、电影、游戏、购物等资讯。它可根据用户的社交行为、阅读行为、地理位置、职业、年龄等挖掘出用户的其他兴趣：通过社交行为分析，计算出用户潜在的兴趣；通过用户行为分析，用户每次动作后，10秒内更新用户模型。①

今日头条从创立日开始，其用户就不断攀升，成为众多新媒体运营者的首选。下面，从今日头条的申请和注册两个方面讲解今日头条的入门知识和入驻前的准备工作。

1. 注册的条件

注册今日头条分两种情况：一种是注册今日头条账号；另一种是注册头条号。这两种方式的注册条件是不一样的，注册之后的权限也是不一样的。注册今日头条的账号相对简单，运营者只需要拥有邮箱、新浪微博、QQ、微信等社交平台中任意一个平台账号便可完成今日头条第三方运营平台登录。在今日头条完成注册或第三方平台登录后，用户可以参与各种资讯的讨论、留言、转发等，但是不能在运营平台上发布信息。

头条号的注册，相对来说就比较复杂一些，注册的条件要求也严格很多。要求运营者年满18周岁，并要求提供的信息必须完全真实可靠。

完成头条号的注册之后，运营者可以阅读、转载、评论平台上的各类文章，还可以将自己的文章发布到平台上，成为运营平台的创作者，并可获得收益。

2. 头条号的类型

头条号的类型见表9-4。

表9-4 头条号的类型

类型	适用范围
个人头条号	适合垂直领域专家、意见领袖、评论家及自媒体人士申请
媒体头条号	适合报纸、杂志、电视、电台、通讯社或其他以生产内容为主的组织机构

---

① 刘小华，黄洪. 互联网+新媒体：全方位解读新媒体运营模式 [M]. 北京：中国经济出版社，2016：79-92.

续 表

类型	适用范围
国家机构头条号	适合中央及全国各级各地行政机关、行政机关直属机构、党群机关、参照公务员法管理的事业单位
企业头条号	适合企业、公司、分支机构、企业相关品牌、产品与服务等
其他组织头条号	适合各类公共场馆、公益机构、学校、社团、民间组织等机构团体

3. 注册所需要的资料

注册所需要的资料见表9-5。

9-5 头条号注册所需要的资料

头条号类型	注册所需资料
个人头条号	头条号名称、头像、介绍、辅助材料、所在地、联系邮箱、运营者身份证
媒体头条号	头条号名称、头像、介绍、辅助材料、所在地、联系邮箱、运营者身份证、组织机构代码、媒体类头条号的确认书扫描件
国家机构头条号	头条号名称、头像、介绍、辅助材料、所在地、联系邮箱、运营者身份证、机构名称、确认书扫描件
企业头条号	头条号名称、头像、介绍、辅助材料、所在地、联系邮箱、运营者身份证、组织机构代码、媒体类头条号的确认书扫描件、企业营业执照扫描件
其他组织头条号	头条号名称、头像、介绍、辅助材料、所在地、联系邮箱、运营者身份证、组织机构代码、媒体类头条号的确认书扫描件、企业营业执照扫描件

4. 头条号的注册流程

头条号的注册和公众号的注册流程相似，下面简单介绍一下入驻个人类型头条号的操作流程。

步骤一：进入今日头条首页，点击右上角的"头条产品"，在下拉菜单中选择"头条号"按钮，进入头条号注册页面。

步骤二：进入注册页面之后，根据实际情况选择个人类型头条号，按照页面要求完成头条号名称、头像介绍、选择头像、选择所在地、联系邮箱等信息的填写。

步骤三：完成以上操作后，运营者可在今日头条App客户端进行实名认证，只有通过了客户端的实名认证，头条号的注册才算完成。

5. 头条号的登录

运营者成功注册头条号之后，系统会自动跳转到头条号的后台管理页面，但是在下一次打开今日头条时，应该怎样登录头条号呢？下面做一个简单的介绍。

步骤一：在今日头条官网首页右上角"头条产品"的下拉菜单中点击头条号。

步骤二：执行上一步操作之后，进入头条号的登录页面，营运者在修改页面填写相关账号信息，然后单击登录。

步骤三：登录进入头条号管理界面后，运营者可以进行内容管理、粉丝管理、评论管理、素材管理等各项操作。

(二) 新媒体文案的写作

1. 写一个不同寻常的标题

标题就像一个人的名字，一篇好的文案需要重视文案的名字，即文案的标题。

大卫·奥格威说过："阅读标题的人数是阅读正文人数的5倍。除非你的标题能帮助你出售自己的产品，否则你就浪费了90%的金钱。"由此可见一个好的标题的重要性。好的标题可以瞬间吸引注意力，并让人顺势阅读。写好一个标题，意味着可以激起用户阅读的兴趣。同时，写好一个标题，也意味着对文章的布局有了整体的策划，文章的基调是从标题开始的。

新媒体文案标题大致可以分为如下几种类型，见表9-6。

表9-6 新媒体文案标题类型

类型	用法	作用	案例
如何型	如何+承诺利益	对全文内容一目了然	《如何在面试中留下深刻第一印象，3招教会你搞定面试官》
5W体	Who、What、How、Which、Why	让粉丝直面问题，并将希望寄于下文	《现代营销人进阶之路：如何从零开始成为营销技术专家？》
合集型	N种方法、N种建议、N种趋势	归纳总结，信息量大	《30页干货PPT，最深度电商行业分析报告》
急迫型	多用祈使句和感叹号	增加紧迫感、危机感	《必须看！手机保养不得不知的五个误区》《这样做陈列，圣诞节那天销量肯定增加10倍！》
"负面"型	否定句开头	增加神秘感，勾起粉丝强烈的好奇心	《关于故宫博物院你所不知道的那些事儿》
独家型	常人难以寻到的各种秘籍	文章让人感觉很珍贵、难得	《Facebook内部员工工作指南》
专业型	标题出现专业词汇	专业词汇吸引专业用户，高质量文案易获得粉丝主动分享	《HTML5工具篇：10个营销人也能轻松使用的在线编辑平台》
速成型	简单易懂+效果承诺	吸引粉丝主动关注分享	《七步教你玩转Logo设计》

续 表

类型	用法	作用	案例
福利型	打上福利的标签	让人想一探究竟	《春节充电：36篇社交媒体和数字营销人推荐文章（职场篇）》
借热点型	借势捆绑传播	获得捆绑注意	《世界那么大，你哪儿都别去了！时趣，要你》

2. 新媒体文案首段写法

新媒体文案和传统媒体文案写作有很多相似的地方，其中最相似之处便是新媒体文案的第一段。文案第一段非常重要，它的作用仅次于标题，是吸引读者读下去的关键。新媒体文案的写作要求环环相扣、层层递进，只有这样的文案开头才能吸引读者的阅读兴趣。

常见的新媒体文案开头的方式有图片型和文字型两种。如果选择图片开头，那么开头的图片必须在第一时间就抓住粉丝的注意力，把握粉丝的兴趣点，否则粉丝会因为第一张不太感兴趣的图片而丧失对全文的阅读兴趣；文字开头可以采用故事、问答、独白的形式。总而言之，写好文案开头的关键在于要么用图片、数字冲突吸引人，要么能解决读者的困惑，要么创造一种场景，让读者感同身受。

总结目前新媒体文案首段的写法，大致可以分为如下几种，见表9-7。

表9-7 新媒体文案首段的写法

类型	案例
阐述标题内容	顺接标题继续写
提出一个粉丝关心的问题	职场中的你为什么总是被排挤？
引用权威人士的话	"广告教父"奥格威说……
使用祈使句提出一个挑战	你凭什么可以比同龄人工资高？
使用引导型的短句	你活着，可是你并不一定生活着……

3. 新媒体文案摘要

新媒体文案摘要非常重要，文案摘要是第一眼呈现在读者面前的信息，同样也是决定读者是否继续阅读的关键因素。

在新媒体文案摘要写作方面有几点需要注意。第一，文案摘要需直接向目标人群打招呼。如果目标消费群是女性，最好在文案中出现"女人""姐姐"等字眼；如果是孩子的妈妈，那么就要出现"妈妈"；如果是男士，就要出现"男人"这一字眼。第二，摘要不必太长，太长的文案摘要不但没有吸引力，反而会因为浪费读者的阅读时间而被读者放弃阅读。第三，广告文案中如果安排抽奖、赠品、赠券等具有吸引力的信息，请一定在摘要中说明，并在叙述这些赠品或抽奖时要给人耳目一新的感觉。第四，文案摘要切忌用生僻字，生僻字会让读者敬而远之。第五，以下字眼常用无妨：免费、尊敬的、省钱的、惊人的、公布、曝光、某年某月某日等，还有多用问句、感叹句，语言要有起伏、韵律，文风要流畅，少用"因为、所以、不仅、而且"等虚词。第六，如果文案中有一些真实、可靠、权威的数据，且该数据具有震撼力，那么，请将这些数据在摘要中写出来。第七，请一定配合文案摘要设计制作一张精美的、新奇的、有看点的封面图。

4. 新媒体文案配图的重要性

新媒体和传统媒体最大的区别之一就是可以读图识意，可以在最大限度地把人们从阐释时代拉回到读图时代，可以更加完美地跨越知识水平差异等造成的鸿沟。文案配图可以使得文案更加生动，让文字读起来更加视觉化，减少阅读障碍，提高阅读效率。

新媒体文案配图不限于传统的图片，还包括 GIF 动态图、短视频、音频、动画等，让运营者的文案变成一个实实在在的可以多通道传播信息的"富媒体"。

但与此同时需要阐明的是，新媒体文案的配图不一定是越多越好，图片太多会让整个文案变得肤浅，文字的阐释作用是不可忽视的。图片太多还会导致阅读者在打开阅读时因为网络等原因使得图片无法显示出来，从而降低阅读效果和阅读体验感。当然，一篇新媒体文案也不能配图太少，现代人生活节奏太快，人们的阅读方式是一种"浅阅读"，这种"浅阅读"方式是受众的阅读时间碎片化、阅读空间公开化等原因造成的，这样的环境并不适合一些"深阅读"信息的传播，因此，"读图式"的阅读方式更加具有可行性。

5. 新媒体文案的文风

文风就是文章所体现的思想作风，或文章写作中某种倾向性的社会风气及作者语言运用的综合反映，也指某个人写文章时常用的表现手法、某种习惯。

在新媒体运营中，文案的风格一般是由运营者的个性决定的，运营者的各种思想、性格、脾性都会在文案中体现出来。需强调的是，新媒体文案的写作风格虽然在很大程度上受撰写者的个人因素影响，但如果是具有某种营销目的的文案，则还是需要考虑到市场和受众的特点。

总括起来，在新媒体文案写作中有两点是任何一个文案撰写人都不能回避的。第一点是对受众来说有用，第二点是对受众来说有趣。

（1）有用的文案。

"有用"一词的意思是能对阅读者的生活或工作具有一定指导和导向的作用，能够为他们的生活或工作提供具有参考价值的信息。这样的文案对阅读者来说，付出的阅读成本才是有意义的，否则就是浪费阅读者的时间和精力。

要撰写出一篇对阅读者"有用"的文章需要注意以下几点。第一，文案要直接描述读者的需求和渴望。例如，《你的止咳偏方到底管不管用？学会四招，巧吃橘子来止咳》，文章开门见山地讲出了阅读者需要解决的问题——"止咳"，文案通篇都是在为阅读者解决问题，满足读者想要快速止咳的需求。第二，文案需要有作者的观点，且此观点有创新，与众不同。例如，《小心哟！家里的植物油用不对反倒伤身》，就是一篇反传统观念的文案，作者在文章中罗列出了家家户户都知晓的具有养身功效的植物油如果用法不当会对身体造成的危害，这些观点对大众认知是一种挑战，同时又具有新意，因此阅读率颇高。第三，文案要回答读者的问题。这类文案一般在标题中会列出问题，然后在正文中加以解答。例如《停！家中常备的"救急药"你吃对了吗？》，文案通篇只为解决读者的一个问题：常备药的用法。

（2）有趣的文案。

首先，一个成功出色的文案写手一定要是一个会讲故事的高手。只有好的故事才能拉近与受众之间的距离，才能成功注入产品品牌的附加值。一个没有故事的文案是不会被阅读者记住的，故事能够充分调动读者的情绪，具有很强的代入感。

其次，一篇有趣的文案需要注入个人的感情色彩，文案撰写者需要用心去体会阅读者的感受，站在他们的角度去思考问题。如果一篇文案写出来之后连文案撰写者本人都无法感动自己，又怎么去感染别人、感染粉丝群体呢？

最后，文案需要写粉丝感兴趣的主题。这个跟运营公众号或头条号本身的定位有关，跟粉丝的特性有关。如果粉丝是一群热衷于娱乐的人，那么文案就应该将主题锁定在娱乐领域；如果粉丝群体是一群对汽车感兴趣的人，那么文案的主题也不能离开这个领域，并且要在这个领域写出与众不同的、具有亮点的文案内容，只有这样才能吸引粉丝的关注和阅读。

6. 新媒体文案的篇幅

有关文案的长短问题一直是一个争论不休的话题，有的人偏爱长文案，有的人更喜欢短小的文案，到底是长文案好还是短文案好呢？其实，文案的长短不重要，重要的是能否成功戳到目标群体的兴奋点。换句话说，对于文案，重点不在于字数的多少，而应该关注到底需要提供多少信息才能达到销售目标。所以，文案的长度实际上取决于四个要素：产品特性、目标受众、文案目的、购买成本。

其一，产品本身的特性是决定文案长短的关键因素。产品本身由于其所处的行业、定位、品类不同，对文案的要求自然也不同。有些产品适合情感诉求，可以用较长的文案也可以用较短的文案，只要能与目标群体产生情感共鸣。而有一些产品属于理性购买型，这种产品的购买周期一般较长，需要用长文案对产品的性能、功效等进行详细介绍，尽可能回答购买者关注的问题以打消购买者的疑虑。

其二，决定文案长短的第二个因素是目标受众。许多年轻受众的手机更换频率非常高，平均一个手机的使用寿命只有半年，大部分情况属于冲动型购买，越来越少的人会去仔细阅读手机盒子里面的说明书。这种现象也说明很多时候目标受众也许并不需要一大堆的信息，人们越来越不习惯阅读长篇文字，所以现在电子产品的文案字越来越少，图越做越美。

其三，文案的目的同样是决定文案长短的关键因素。假如文案的目的是希望通过改善公共关系提高品牌的认知度和美誉度，那么文案就没有必要太长，因为太长的公关文案，受众是没有耐心阅读下去的。如果文案的目的是纯粹地短期内提高销量，那么文案就应该一针见血地告诉消费者产品利益的诉求点，这样的文案同样不需要长信息。但如果文案的目的是理性消费者的大宗采购，那么文案则需要将产品信息阐释清楚，以方便大宗购买者进行消费决策。

其四，消费者购买一件商品所花费的成本包括时间成本、货币成本和情感成本。时间成本是指在买到该产品之前所花费的时间总和；货币成本是指购买产品的价格；情感成本是指购买该产品所投入的情感指数和情感层次。如同样是购买冰激凌，用户面对50元和面对5元商品的时候，情感和参与度是完全不一样的。

7. 传统媒体文案人与新媒体文案人

传统媒体文案人通常喜欢把文案写得很华丽，常用很精美的辞藻、修辞，他们更像是语言学家、修辞学家和诗人，他们的日常工作就是想创意和构思修辞。

新媒体文案人写出来的文案往往并不华丽，有时甚至只不过是简单地描绘出用户心中的情境，但这些语言往往充满画面感、简单、直指利益。他们可能不太懂语言学，也不会押韵、双关和大量的修辞，但是他们用了更多的时间去学习心理学、营销学和企业战略。

例如，想要表达一款耳机音质很好，传统文案人一般会写成"声声震撼，激发梦想"，而新媒体文案人会这样写："犹如置身音乐会现场"。再比如笔记本噪声很小，传统文案人会这样写："创享极致，静心由我"。而新媒体文案人会这样写："闭上眼睛，感觉不到电脑开机。"

新媒体文案做的就是"用户感受的设计"，而不是"创造这些感受的文字的设计"，他们并不是针对文字本身发挥创意，而是考虑什么样的表达更加容易被用户感受和理解。

（三）头条号的运营

头条号平台放宽作者入驻标准后，部分创作履历不丰富的申请人，被视为头条号"新手",在转为正式号之前,需要经历一段新手期。

1. 头条号为什么需要设置新手期

今日头条和其他自媒体运营平台有些不一样,它对运营者进入门槛设置很低,可以让进入者有限度地自由发文。但是,对于一个推荐算法驱动的平台来讲,这种自由发文的自由程度是有限制的,否则对任何一个平台来讲都是一种高风险的行为。设置新手期的目的是抵制一些低俗、低质内容的大范围传播,保护用户的阅读体验。新手只能享受正常号的部分权益,经过一段时间的试运营,新手号达到了平台对正常号的要求和标准之后,便可以完成转正,享受平台更多的权益。

2. "新手"转正标准

目前,今日头条号通过新手期的方法有两种。

(1)平台审核通过。新手期的审核机制包括机器筛选和人工审核两部分。首先机器会根据文章各项数据,筛选出一批可能转正的新手号,然后由人工去判断账号发文质量,从这批新手号中选出一部分转正。

(2)头条号指数达标自助转正。头条号指数达标指的是头条号在近30天内至少有1天超过650分,且"已推荐"文章累计超过10篇。如果账号同时满足这两个标准,就可以在"设置—账号状态"中自助转正。

需要特别说明的是,被平台处罚降为新手的头条号,即使头条号符合转正要求,也不能自助申请转正,需由平台评估是否可以再次转正。

3. 正常号会享受哪些权益

通过新手期后,头条号账号会转为正常号,正常号享有以下权益:发布内容的频次上限将从每日1篇提高到每日5篇;满足相应条件后可自行申请头条号广告;可微信/RSS同步、申请原创等。

(四)今日头条广告

今日头条具有用户多、信息传播智能化程度高、传播受众更精准等特点,是众多商家在广告费预算有限的情况下的不错选择。今日头条的广告形式有如下几种。

1. App全屏广告

App全屏广告是针对商家打造的一种展示型广告形式,适合品牌强化展示。当今日头条App启动时,首屏广告弹出,用户可关闭也可等待播放,播放形式为全屏播放,展示时间一般是3~5秒,点击可跳转到具体广告页,具体广告将向受众展示产品详情。如用户在打开App时关闭了该全屏广告,并不会影响App进程,也不会影响用户的体验。

今日头条全屏广告具有如下特点:第一,今日头条全屏广告是App启动时的唯一入口，在第一屏展现，面向7亿头条用户，信息的到达率非常高，能直接抢占消费者信息接触的第一阵地，从而捕获注意力，品牌信息充分曝光；第二，全屏广告是大尺寸展示，具有极强的视觉冲击力；第三，全屏广告单次展示受益大于其他形式，对用户体验影响较小，App启动时轮播随机展示，未关闭后台进程时，展示间隔为两小时，关闭后再打开可进行随机展示。

2. 图片广告

图片广告分为大图、小图和图组展示，这三种形式各有特点：大图展示更具有视觉冲击力，利于品牌的视觉化传播，能够很好地捕获用户的注意力，是一种展示性很强的头条广告形式；小图广告则更原生，不容易被用户识别为产品广告，通常隐藏在新闻信息流中，常常以新闻咨询的面貌呈现给用户；对于图组广告，在展现形式上可以有更加新奇的创意。

3. 视频广告

今日头条视频广告同样被置于新闻信息流中，跟大图作用和功能很相似，但在展示效果方面更胜一筹。视频广告是以声音、图像、字幕三个通道作用于用户，让用户有更强的视觉、听觉效果。与静态广告相比，更能让用户留下深刻印象。今日头条视频广告可点击进入广告信息详细页面，页面上方依旧可播放视频内容，页面下方可对广告信息、广告活动详情进行具体阐释，用户也可在下方互动留言。

4. App下载广告

App下载广告即将某一App作为产品投放到今日头条的一种广告形式，此类广告不仅提供网页链接，还支持直接下载，方便快捷。

5. 详情页广告

详情页广告是在新闻内容最下方展示，可按文章类型等条件投放的一种广告形式。详情页广告出现在头条文章相关阅读的上方，以友好的方式展现，用户接纳程度更高。详情页广告支持图文和应用下载，多元化满足商家的市场需求，可基于头条用户画像进行定向投放，也可以附加其他定向条件，如文章分类、文章属性、人群属性等。今日头条详情页广告适用于预算灵活分配，针对某一部分用户进行精准投放的商家。

6. 自营广告和头条广告

头条号作者可以开通自营广告和头条广告，这是头条号的一大特色。这一功能可以让文章阅读量和粉丝快速变现。但需要注意的是，并不是每一个新手号都拥有此项功能，它需要申请开通。

对于新手而言，申请自营广告开通的条件如下：①入驻时间超过30天；②已推荐文章数大于15篇；③账号分值为100分。

对于正常号而言，申请开通自营广告的条件是：①入驻时间超过 10 天；②累计发文超过 10 篇；③账号分值为 100 分。

头条广告仅限于正常号，新手无法申请开通头条广告，开通的条件如下：①入驻时间超过 30 天；②累计发文超过 20 篇；③账号分值为 100 分。

头条广告开通以后，作者发表文章时可以设置投放广告的方式，如投放头条号广告、自营广告，或是不投放广告。

头条广告和自营广告的区别在于，头条广告的广告位由头条号平台自主运营，依据"广告展示量"进行计费收益实时计算，采用月结方式，一键轻松提现。需要注意的是，媒体及签约作者暂不支持自助提现。而自营广告的广告位由作者全权自行运营。如果已经申请了自营广告，并不影响申请头条广告。但是在发表文章时只能选择一种进行展示。

头条广告展示量和阅读量不一致是因为文章阅读量以用户进入文章详情页的动作进行计数，广告展示量则按照实际的广告露出进行计数，两者计数规则不同。例如，读者如果没有阅读完全文，广告没有露出，则只会计算文章阅读，而不会计算广告展示。为了平衡用户阅读体验，文章并非每次刷新都有广告展示。

(五) 今日头条的其他功能

1. 原创功能

头条号原创功能旨在为作者提供基本的权益保障，是一种为创作者提供知识产权保护的有效措施。

与微信公众号的原创机制不一样，头条号的原创功能可以由满足条件的创作者主动申请开通，申请的条件如下：①开通头条号满 30 天；②账号类型为"个人""群媒体""新闻机构"或"企业"；③在发布内容中，原创比例超过 70%；④最近 30 天，头条号后台显示获系统推荐的文章（即被打上"已推荐"标志）超过 10 篇；⑤无抄袭、发布不雅内容、违反国家有关政策法规等违规记录；⑥近 30 天内，至少有 1 周头条号指数超过 650 分。

登录头条号后台，可以通过后台界面左侧菜单的"设置—账号状态"申请开通"原创"功能。

符合申请原创功能的头条号，其原创标签处的"申请"按钮将变成红色，此时，单击"申请"按钮按提示补充信息提交即可。如"申请"按钮显示为灰色，不可点击，则意味着该头条号暂时不符合以上条件中的至少一项。

收到申请后，今日头条在 5 个工作日内审核其账号资质和内容质量，并为符合优质原创账号标准的头条号开通原创功能。开通之后将获得以下权益：①对原创内容添加"原创"标记；②获得"赞赏"功能，可从文章读者处获得额外收益；③开通"头条广告"功能后，有"原创"标记的文章可获得更多广告收入；④部分由新闻机构官方开设的原创头条号，其收益结算不受此影响，也暂不支持开通"赞赏"功能。⑤"千人万元""百群万元"计划的入选者将从原创头条号中产生。

需要特别注意的是，如有不遵守平台规则，滥用原创功能的恶意和违规行为，一经发现或被举报，头条号平台将永久收回其原创功能，并据《头条号用户协议》做出处罚。请按照《关于图文、视频、图集原创标准细则》谨慎使用原创标志。

对于所有开通了原创功能的账号，在个人主页的"管理"中多了一个新的功能——"原创保护"。单击"原创保护"即可以与第三方专业维权机构进行签约，如维权骑士、快版权，从而对自己的文章实现全网保护，维权骑士可提供快速删文，快版权可提供维权赔付功能。对于与维权骑士签约的文章，今日头条会帮助作者免费维权，不收取额外费用。

2. 赞赏功能

为了鼓励原创作者快速变现，提高创作热情，今日头条为每一位原创作者提供了赞赏功能。今日头条中的赞赏功能只有开通了原创功能的用户才能使用，这个与微信公众号有些不一样。今日头条中的赞赏功能是与文章绑定的，即作者需要为每一篇文章设置独立的赞赏功能。

开通赞赏功能的步骤很简单，即在文章开通原创功能以后，单击勾选"使用赞赏功能"即可。

含有赞赏功能的文章在今日头条客户端将呈现以下效果：开通赞赏功能以后，作者可以在"收益—收益概览—收入"中查看获得的赞赏金额。

3. 商品功能

"内容+电商"的组合无愧于当下最热门、最清晰的变现模式之一。以资讯平台为跳板，涉足内容电商，也逐渐成为自媒体人的共识。头条号的商品功能是自媒体平台在内容变现上的一个突破。传统的内容平台，变现模式非常有限，而头条号的商品功能无疑给千千万万的自媒体人打了一针兴奋剂。在头条号中满足累计粉丝数2000以上、头条号指数650以上条件的用户便可申请开通此功能。

在头条号中已经开通了商品功能的用户，头条号新增加了收益查看功能。登录头条号后台，即可进入"收益概览"页面。

4. "千人万元"

为了更好地让创作者专心创作，今日头条于2015年推出了"千人万元"计划。本活动是指扶持1000个头条号个体创作者，让每人每个月至少获得1万元的保底收入。"千人万元"计划于2015年年底正式上线，接受公开申请。该计划后台申请页面为："设置—账号状态—千人万元"。

创作者只要符合以下条件，就可以通过头条号后台主动提交申请：①开通头条号满90天；②注册类型为"个人"；③已开通"原创"功能；④过去3个月，每月"已推荐"发文量不少于10篇（不含申请当天，往前每30天算1个月，需要每个月分别满足已推荐文章不少于10篇）；⑤无抄袭、发布不雅内容、违反国家有关政策法规等违规记录；⑥每个月发布至少10篇原创文章（具体数目经双方协商确定）；⑦全网首发3小时，即上述"原创"文章应第一时间在头条号平台发布，3小时后再发布到其他平台，同时需注明：×× 系头条号签约作者（×× 为账号名称）。

5. "原创倍增"

为给予优质原创视频头条号更多扶持，头条号平台于2017年3月推出了"原创倍增"计划。签约了该计划的头条号发布原创视频，每月可获得价值万元的"号外"赠款（"号外"是头条号推出的轻量级推广工具，通过今日头条个性化推荐系统，将内容精准推荐给潜在兴趣用户，帮助创作者获得更多播放量）。

目前，"原创倍增"计划已面向全体视频创作者开放申请，其可以在后台"设置—账号状态"界面找到申请入口。

"原创倍增"计划申请条件如下：①头条号注册类型为"个人"；②账号开通满90天，且已开通"原创"功能；③过去3个月中，每月发布的"已推荐"内容不少于10篇，申请日前（不含申请日当天）每30天算1个月；④账号内容优质，无抄袭、发布低质内容、发布违反国家相关政策法规等内容的违规记录。

入选"原创倍增"计划的头条号需履行的义务：①每个月在头条号发布至少5条原创视频（实际数目经双方协商确定）；②视频正片中需添加引导用户关注头条号的相关信息（字幕、口播、二维码等形式不限）；③使用号外赠款推广的视频需为正片内容，不允许推广预告片、片花、广告等"号外"赠款，不得申请变现、兑换实物或转让、售卖。

6. 双标题功能

不管内容生产者的观点如何，从数据上看，标题在新媒体传播中的作用越来越重要，标题的点击率也是头条号的推荐系统判断一篇内容是否值得被更多人看到的关键。毕竟无论内容本身质量多么高，假如没有用户想要点击的话，也难以产生传播的价值。就像《时代》杂志总编辑詹姆斯·凯利说的："吸引读者，很大一部分原因在于包装，这可没有任何贬义，我们强化内容的包装，为的就是让它们能够超越页面，进入读者的内心。"

头条号平台的"双标题"功能自2016年6月起开始内部测试，此功能允许头条号在发布内容时设置两个不同标题，推荐系统将在推荐过程中根据用户的点击率数据，选择效果更好的标题增加推荐量，效果较差的标题则会在推荐过程中被淘汰。

开通"双标题"功能的条件及方式是:已开通"原创"功能的头条号,达到粉丝数 2000 以上、头条号指数 600 以上,即可通过头条号后台"实验室 Beta—功能管理"申请开通"双标题"。

7."粉丝必见"

"粉丝必见"是平台为头条号作者提供的一项实验性功能,旨在增进作者与粉丝之间的互动。设置"粉丝必见"的文章通过审核后,除被系统正常推荐外,还会在文章发布后的 24 小时内出现在头条号粉丝的推荐信息流中。

如用户关注的多个头条号都发布了"粉丝必见"文章,系统将会依据用户对内容的偏好,对文章进行合理排序,用户偏好程度更高的"粉丝必见"文章将被优先展示。

8. 评论保护

为使作者能自主管理文章评论,免受恶意谩骂等低质评论攻击,同时提升用户的阅读体验,头条号平台推出了"评论保护"功能。粉丝数在 10000 以上、头条号指数 700 以上的作者,可在头条号 PC 后台"功能管理"处自主申请开通此功能,审批通过后作者便可完成"单篇文章禁止评论"和"删除单条评论"的操作。

9. 外图封面

头条号支持将正文外的图片设置为封面。当正文中的图片不适合作为信息流封面图时,作者可以将"本地上传"或"免费正版图库"中的图片设置为封面图,封面图可不出现在正文中,但必须与文章、图集内容主题相关。

二、搜狐新闻与搜狐号

搜狐新闻客户端是搜狐公司出品的一款为智能手机用户量身打造的"订阅平台+实时新闻"阅读应用,是全国首个提出个性化阅读服务的新闻客户端。该客户端通过将优质媒体资源聚合成适合方寸之间阅读的图文电子报纸并定时推送,让智能手机用户第一时间获得最新资讯。

搜狐号又称为"搜狐公众平台",是集搜狐网、手机搜狐网和搜狐新闻客户端三端资源大力推广优质内容的平台,自媒体人士可利用搜狐号强大的媒体资源,获得可观的流量,进而提升个人影响力。在搜狐号上发表文章,只需要发表一次便可以在搜狐三端同步传播。自媒体运营者可根据文章垂直领域的类别分别发布至相应的频道。搜狐号因其内容分发专业、用户量大以及长久积累下来的口碑,成为众多自媒体人士优先选择的运营平台之一。

搜狐号在申请时,分别有四个类型可供选择,即个人、媒体、企业机构、政府。根据搜狐号官网介绍,四个类型之间的区别如下。

个人:面向个人,提供以文字、图片创作为主的内容管理、互动平台,用于寻找自己的用户，打造自己的品牌。

媒体：面向报纸、杂志、广播电视台、电台、互联网等媒体开放内容发布平台，共享亿万移动用户。

企业/机构/其他组织：面向企业、机构以及其他提供内容或服务的组织申请共享海量流量资源，扩大自身品牌影响力。

政府：政务公开，面向各级党政机关为扩大政务信息公开而打造的政务平台。

(一) 搜狐号的注册

进入搜狐号公众平台，单击网页右上角的"立即注册"进入后，用手机号进行注册和设置密码。还支持第三方平台登录，第三方可登录的平台包括QQ、新浪微博、微信、人人网、腾讯微博、豆瓣、支付宝等。

注册或第三方平台登录以后，可进行选择入驻类别。需要特别提醒的是，搜狐号一旦入驻成功，登录方式是无法更改的。

不同类型账号所需主体材料如表9-8所示。

表9-8　不同类型搜狐账号所需主体材料

个人	媒体	政府	企业	机构	其他组织
运营者身份证姓名	机构名称	运营者身份证姓名	企业名称	运营者身份证姓名	运营者身份证姓名
运营者证件号码	机构所在地	—	所在地	运营者证件号码	运营者证件号码
运营者手持证件照片	组织机构代码证	—	营业执照扫描件	运营者手持证件照片	运营者手持证件照片
运营者手机号	—	运营者手机号	授权书扫描件	运营者手机号	运营者手机号
联系邮箱	—	联系邮箱	授权书扫描件	联系邮箱	联系邮箱
辅助材料	—	单位名称	授权书扫描件	机构名称	组织名称
—	入驻授权书	入驻授权书	授权书扫描件	入驻授权书	入驻授权书

(二) 搜狐号运营常识

搜狐号运营基本界面操作和内容编辑与其他自媒体大同小异，诸多在其他自媒体需要遵守的规范在搜狐号运营中同样需要严格遵守。其在编辑图文与媒体运营方面和微信公众号、头条号都很相似，在此不做重复赘述。下面简单阐述一下搜狐号在运营方面需要特别注意的几点。

1. 搜狐号图文中不能加入二维码

为维护用户的阅读体验，保持良好的内容生态，搜狐号严禁用户在非推广位置发布任何营销推广类信息，二维码属营销推广类信息，会被系统自动过滤，不能显示。

2. 每天可发文数量

搜狐号个人和企业/机构类型账号，一天可发布5篇文章，未通过审核或被删除的文章仍然被计算在发布文章篇数中。媒体、政府类型账号，一天发布文章篇数不受限制。

3. 如何使用广告位

搜狐自媒体规定运营者只能在平台规定的位置植入营销信息，方法是，登录搜狐号管理后台，单击左侧导航"推广"按钮，填写广告标题、广告简介和广告链接，即可投放广告。为保障绿色网络环境，用户投放的每条广告都会经过平台审核。审核通过后，广告内容会在此账号发布成功的所有文章的尾部进行展示（PC端可见，客户端尚未开发）。

4. 不可投放广告的情况

在搜狐自媒体平台中，对广告投放做了详细的要求，医疗行业、保险、金融行业不得在搜狐号中投放广告。同时，在搜狐号广告中不得涉及以下内容：广告链接内容违反相关法律法规；广告链接含有直接售卖信息；广告描述、介绍违反相关法律法规。

5. 搜狐号侵权申诉

为了尊重他人的知识产权、名誉权等法律法规所规定的合法权益，平台对侵犯他人合法权益和被他人侵犯了合法权益的各种行为采取了管控措施，用户可向搜狐号后台管理系统发起投诉。

（三）搜狐号对违规运营的处罚

搜狐自媒体在广告内容管理方面比较严格，凡属营销内容必须在指定的位置发布，运营者不可以在其他任意位置或文字中发布含有诱导购买或直接促销购买的广告信息。

第三节　视频类新媒体运营

一、直播新媒体

（一）直播平台概述

1. 直播的概念与特征

"直播"一词最初为"现场直播"的简略说法，原本是指记者、摄影师等专业人员及团队，通过在现场搭建专业设备等必需硬件，把正在发生的事件或活动，如重要新闻、赛事、庆典等的图像、声音以及其他相关内容转换为广播或电视信号，不经过完整的后期处理而直接发射、传输，观众在终端实时接收并掌握现场情况的一种信息传播方式。

近年来，随着科技尤其是网络以及相关技术的兴起和发展，接收现场直播信号的设备终端从原本单一的电视机和收音机，慢慢转变为 PC 端，最终形成目前以移动设备为主的态势，如平板与手机端的 App 等。"网络直播"顾名思义，是指通过网络平台，借助网络技术完成直播信息的生成、传递和接收。按照直播媒介，网络直播可分为网页图文直播、语音直播、手机视频直播等。其中，手机视频直播是目前最为普遍，也是网络直播中最重要的形式之一，因此本书的"直播"一词便是指现今形式下，以手机为主的信息传播的新媒体形式。①

和传统现场直播相比，新时代下的直播虽然不改其核心本意，却也被极大地拓宽了内涵，不论从直播的形式内容，还是直播的特征优势上，都有其区别于传统电视、电台、网页直播之处。

一是信息传播更为迅速、简便。手机等移动设备在国内的普及率越来越高，直播潜在受众数量庞大，预期到达率高，传播范围广。尤其是手机，其被用户随身携带，接收信息方便，是电视与电台无法企及之处。加之移动互联网不断发展，4G、5G 或是 Wi-Fi 的高渗透使得网络传播速率呈指数级增长，流量成本却下降。

二是直播内容更丰富、广泛、随和。电视、电台的直播内容不仅有诸多规章制度的限制，需提前经过严格审核，选题上也要深刻考量，并不是任何事件都有直播的必要。网络世界的海量内容和相对宽松的环境给了如今的直播无穷的生命力与丰富多样的形式，传统直播鲜少碰触的鸡毛蒜皮、市井烟火成为手机直播的"蓝海"与"利基市场"。传统直播的单一模式变为用户原创的内容（如直播受众的评论、普通人的直播内容等）、专业生成的内容（如游戏直播节目）、专业用户生成的内容（如

---

① 李俊，魏炜，马晓艳. 新媒体运营[M]. 北京：人民邮电出版社，2020：112-129.

知名网络主播的直播表演等）的复合模式。

三是互动性更多元、用户黏性更强、满意度更高。由于直播双方实时交流，内容形式多样，因此是即时双向沟通的典型，其市场细分更为精准，兴趣引领的用户主动参与热情较高。2020年上半年各在线直播平台中，用新社交的方式增加主播和粉丝以及粉丝与粉丝之间的互动的直播平台，其用户黏性都较高；2020年上半年在线直播平台用户满意度评分中，泛娱乐类直播平台的满意度靠前，其依托明星主播、综艺、电竞赛事等内容，以及打通游戏、社交、直播等全场景应用的优势，满足了用户多元化的需求，收获了较高的用户满意度。

2. 国内直播历史演变

广义上的"网络直播"可以追溯到1997年，彼时网络在国内兴起不久，大多数家庭还处于使用台式电脑、电话线与调制解调器拨号上网的阶段。网速的缓慢造成了那时的直播形式主要为图文直播，即发布者通过文字和图片，按时间顺序逐渐、逐条地向直播受众传递现场信息。目前，该种直播形式仍广泛存在于网页端各大门户网站中，尤其适用于有语言限制而无法实况转播，或耗时过长的国外事件，诸如各大电影、音乐颁奖礼，以及其他重要国家领导人的选举投票等。

目前大众意义理解上的直播起源于2005年，以"9158"（9158网站提供直播聊天业务）的成立为标志。"9158"平台会集了大量主播，主要直播唱歌、跳舞、聊天互动、咨询分享等泛娱乐化的内容。随后，2006年"六间房"、2008年"YY"等直播平台的涌现，形成了基于PC端网页与软件的直播雏形。

从2009年起，直播进入了飞速发展前的五年"启动期"。秀场直播模式逐渐成熟，以"YY"为领头羊的一些直播平台开始在秀场的基础上尝试多元化直播。例如自2008年推出语音社交业务后，"YY"分别于2010年推出线上娱乐平台，2011年上线"YY"教育，2012年开始游戏直播。2009—2014年这一时期，被称为"直播2.0时代"。

2015年开始，"YY"变身为独立品牌"虎牙直播"，拉开了直播业务由PC端向移动端转换的序幕，突破了秀场形式。"龙珠""熊猫""映客"等手机直播App如雨后春笋般破土而出，移动端直播开始全面飞速发展。2015年第一季度，国内移动端视频用户约1.93亿人，到2016年年底，我国直播用户规模达到3.10亿，占我国网络用户量的47.1%。截至2020年12月，我国网络直播用户规模达6.17亿，占网民整体的62.4%，用户量仍旧稳步上涨。目前国内直播被称为"直播3.0时代""直播高度发展期"，又被看作直播即将变革的"调整期"。

2016年中期开始，"花椒"直播上线VR（虚拟现实）直播专区，市场试水反映良好。2017年7月，"YY"试水VR直播，以"GPS（全球定位系统）+AR（增强版虚拟现实)"的形式，联合旗下主播举办了一场直播寻宝活动。虽然当前国内外的VR直播集中在大型赛事和活动，以新闻、体育、娱乐为主，但目前VR直播依然面临着技术瓶颈、网络带宽、内容缺失、硬件成本等多方面的问题，对用户的消费习惯也是一种挑战。但相关分析认为，优化用户体验、探索与直播结合的VR直播是未来直播技术多样化发展的必经之路。此外，直播行业开始尝试应用人工智能技术。人工智能最初用于对直播内容的审核和管理，如今在直播内容生产层面，其也开始登上舞台。目前，用机器人取代真人主播还为时尚早，也尚未有直播平台能探索出成熟的机器人直播商业模式，人工智能仍然作为工具应用于VR领域，直播平台如何深入应用人工智能，需要继续探索，直至迎来属于直播的"4.0时代"。

3. 直播的分类

将直播进行分类，首先要明确不同的分类标准。按照直播信息存在的形式，直播可分为视频直播、语音直播、图文直播等；按照直播传递的载体，可分为电视直播、广播直播、手机直播等；按照直播信息的内容，可分为唱歌、跳舞的秀场类直播，操作、讲解、竞技或单纯享受游戏的游戏类直播，分享化妆心得、服饰资讯的美妆时尚类直播，以及内容丰富、形式多样的综合类直播等；还可以按照直播平台，分为"一直播""腾讯直播""搜狐直播""YY直播"等。

(二)直播新媒体的运营

1. "一直播"简介

"一直播"属于综合类直播。综合类直播是指不突出单一主要属性，兼并融合多种直播内容的平台。"一直播"是综合类直播平台中比较典型的一个，拥有秀场唱歌、跳舞、游戏实况、聊天互动等多项直播类目与内容。其属于综合类直播平台的一个重要的原因是"一直播"的母公司"一下科技"与"新浪微博"建立了直播战略合作伙伴关系，而微博作为综合类社交平台与资讯平台，拥有国内乃至全球最丰富的内容资源以及最多样化的用户构成与需求属性。因此，微博用户各种类别的直播需求都可以通过"一直播"在微博内直接发起并被满足，无须安装"一直播"的App应用软件，可以选择直接在微博中用直播形式进行互动；而且，"一直播""新浪微博""秒拍""小咖秀"等产品也进行了关联互通，为直播提供入口，使相关功能能够更方便地实现。

2. "一直播"账号注册及使用方法

为使用"一直播"，首先需要下载"一直播"App。下载"一直播"App有若干途径。例如，手机操作系统为iOS的苹果手机用户可以在系统自带的App Store里，点击最下方右侧的"搜索"，在弹出页面最上方的搜索栏中输入"一直播"并确认开始搜索，最终在结果页面找到对应的"一直播"App，点击右侧的"获取"，随后输入苹果账户的账号、密码，就可以等待下载完成。下载后的"一直播"App 会以图标形式出现在手机主界面上。整个流程若是使用安卓系统的其他手机品牌用户，可在系统自带或任意合法正规的应用商店，以相近的方式下载"一直播"App。此外，还可以在网页端登录"一直播"的官方网站，选择相应的方式进行下载。

下载完成后，接下来要进行"一直播"账号的注册。若用户有微博、微信、QQ 账号，可以直接使用上述账号进行"一直播"的登录，免去了重复账号注册的麻烦。

现在通过手机号在 App 端进行"一直播"账号的注册演示。①打开手机主界面中的"一直播"App，此时苹果系统会弹出对话框"一直播想给您发送通知"，等包含声音、文字弹出等信息的通知，主要用于提示用户相关直播的动态，用户可自行决定允许与否，后期也可在手机系统"设置"中进行调整。②点击画面中的"注册账号"，在新页面填入自己的手机号码。此时请保证手机号码前方的数字为"＋86"，这代表中国大陆的手机号码。若用户使用的是非中国大陆手机号码，请自行调整国家或地区的电话代码填写完成后，点击"获取验证码"，随后注意接收"一直播"发送的短信。短信内含有注册所需的验证码，将其填入相应位置。随后设置账号的登录密码，点击"下一步"。注意务必在收到短信后的 5 分钟内完成该步骤，否则验证码失效，需重新获取验证码，重复该步骤。③来到"上传头像"的页面，此时用户可上传自己喜爱的图片当作"一直播"账号的头像，若不需要则可以点击页面右上角灰色不显眼的"跳过"二字，将此步骤略过。然后，在"填写昵称"页面的相应位置填入自己账号希望显示的名称，点击"下一步"，选择性别。④在最后一个页面选择自己感兴趣的内容标签，以便系统自动推荐用户感兴趣的直播类别，用户可点选画面中的圆形气泡图标，未选中时标签显示为半透明状，选中则代表用户对此感兴趣，图标显示为实色并被勾选。⑤点击页面下方的"进入一直播"图标完成整个注册流程，并正式登录"一直播"。登录"一直播"App 之后，会弹出"每日签到"页面，用户签到后会根据天数获得不同物品，如经验值、礼物、功能道具等。主页面上方为"一直播"标签页，有"关注""热门""娱乐"三个选项。其中，"关注"页是用户该账号关注的主播列表，"热门"页是系统推荐的主播或正在直播的人气账号列表，"娱乐"页则是明星直播的推荐列表。

主页面下方有五个菜单选项，从左至右分别为"首页""发现""视频/直播（以橙色圆球作为图标）""消息""我的"。"首页"即直播的主页面，是最常被使用的部分；"发现"则提供多种互动活动、直播排行、热门话题，以及按照地理位置分类的最新直播推荐等；"消息"是接收各种系统通知、好友信息、私信动态、聊天评论的页面；"我的"则是账号的个人页面，可进行各种功能设置，了解相关账户信息等。

其中最中间的橙色圆球是发起直播、录制小视频,以及进行多人视频聊天交友的功能键。例如,点击橙色按钮,选择"发起直播",阅读并同意《一直播直播服务协议》,并进行实名认证。实名认证可通过支付宝一键认证,也可输入真实姓名和身份证号,进行"芝麻认证"。完成实名认证后,方可开启直播。而"录制小视频"则可以通过手机录制软件以及"一直播"App提供的各种趣味功能,如各种背景音乐、影视配音、变速、滤镜、贴纸等,进行创意小视频的录制。

在直播页面,最左上角是主播的身份信息,包含账号、头像、昵称、热度等。点击其头像,则可在底部弹出的"主播详细信息"页面中查看主播的更多详细信息,如其标签、等级、成就值、粉丝数、个人签名简介等。在此界面左下角,可选择"关注"此主播,若此时已关注该主播,则该功能变为"加入真爱团"以享受更多粉丝特权。在右下角,可向该主播发私信,私信不同于评论,只有该主播一人可以查收、阅读、回复。退出此"主播详细信息"的界面后,回到正在直播的主页面,左下角方框内含横排的三个点是评论图标,点击即可发布实时评论,与主播互动;右下角红底粉色礼物盒是送礼物支持主播的图标,也是主播人气和收入的主要来源和依据,点击后可使用"一直播"App内的虚拟货币——"金币""元宝"进行虚拟礼物和真实礼物的购买和赠送。

3. 直播的硬件器材与软件要求

为保证直播活动顺利进行,在正式开始前必须对直播必要的软硬件进行设计、制作、采购、检查和安装等工作。直播前期的硬件准备分为场地、道具、设备三个部分;软件准备则分为直播平台设置和直播功能调试两个部分。

(1)场地。直播场地可根据所处地点简单分为室内直播场地和户外直播场地。室内直播场地适用于娱乐化内容、耗时较长的产品体验、产品用法演示、粉丝见面会、新闻发布会等活动。常用的室内直播场地有住宅房间、办公室、咖啡馆、赞助商的店铺、酒店宴会厅等。户外场地适合举行街头采访、大型文体娱乐活动等。常用地点有人流量充足的街头、大型商场门口、热闹的广场、体育场等。

(2)道具。若直播活动有正式赞助商,或产品植入广告等商业化内容,则多数情况下需要提前设计、制作、准备与活动、厂商或产品相关的宣传物料,比如产品、产品展示架、产品宣传海报、台标、台卡、胸牌、贴纸、手卡等;装饰道具,如气球、靠垫、地毯、鲜花、玩偶等;互动性道具,如举手牌、小礼物等。

(3)设备。直播设备是保证直播顺利稳定进行的前提条件。在直播准备阶段,应对所需直播设备进行采购、安装、调试。直播设备中最主要的是手机,因此其他直播设施几乎都围绕这一中心来进行准备,包含手机电源、无线网络(无线路由器)、手机支架、灯光设备、收音与音响设备、提词器、摄像机等。

在进行正式直播之前可对单位时间的耗电量做简单测算，根据正式直播的预计时长来准备充足的电源和备用电源。便携式移动电源，即俗称的充电宝，是手机直播时的必需设备。经过实际测试，直播手机电源耗费50%以上时就应该对手机进行充电，如此才能保证剩余电量可以支持直播持续、稳定地进行。还有一个小技巧，就是必要时可携带插线板，为移动电源进行充电或在固定位置持续为正在直播中的手机及其他设备进行稳定可靠的充电。

手机直播属于网络直播中最重要的形式。在室内场地进行直播时，多数情况下手机都需要连接稳定工作的无线网络，即大众熟知的 Wi-Fi 的正常工作需要有无线路由器的配合，因此必要时可携带无线路由器做特殊情况下的备用。少数室内场地和绝大多数户外场所都不具备提供稳定无线网络的功能，因此直播团队可采购网络运营商发售的数据流量卡（与手机芯片卡类似）直接插入手机使用，或放入移动 Wi-Fi 设备以提供无线网络热点，供手机直播使用。根据相关数据统计，进行一场持续1小时的直播，通常需要耗费500MB的无线数据流量。

长时间手持手机进行直播对直播者来说并不实际，同时也会对直播效果、镜头的稳定度等产生负面影响，因此，采购手机支架对直播活动来说也是非常重要的一项任务。目前，手机直播所用的支架分为固定机位支架和移动机位防抖支架两种。其中，固定机位支架适合室内场地进行相对静止或镜头不需大量调整的直播活动，而防抖支架则更适合户外运动量较大、机位需频繁移动或调整角度的直播活动。防抖支架可使用手持稳定器或手机防抖云台进行防抖处理，其中三轴手机防抖云台的防抖性能较好，价格适中，适用于边走路边直播的情况；而三轴陀螺仪追焦防抖云台的防抖性能最佳，但价格昂贵，适用于慢跑或其他重大活动的专业直播使用。此外，固定机位支架又包含单台手机固定机位支架，如三脚架、懒人手机支架等，适合单人单台手机的直播需求；多台手机固定机位支架，支持两台以上的手机在多个直播平台上同时进行直播活动。

直播时多使用前置摄像头，在光线不佳的环境下很难取得良好的直播效果，因此建议直播人员采购补光灯，对主播进行补光。补光灯可选择冷光、暖光两用的型号，避免主播的皮肤过白或过黄。网上常见的直播补光灯有桌面直播补光灯、移动直播补光灯等，但其补光效果大多在1米的范围以内，因此在户外进行大型直播活动时还需要酌情采购专业的大型补光灯。

此外，收音设备与音响设备，以及提词器、相机等在直播中也非常重要。直播手机距离主播越远，其收音效果就越差，在嘈杂环境中，距离1米以上就需要外接收音设备来辅助收音。收音设备大致分为蓝牙无线耳机收音以及外接线缆话筒收音，后者效果更好，但最好使用支架进行固定。而音响主要为了外放背景音乐、音效所用，可增加直播趣味、互动性，营造更自然舒适的直播氛围。一般小型室内直播可采用便携式音响，而室外大型直播可考虑采购大型专业音响设备。

提词器主要用于在直播时不允许出现任何忘词、冷场、出错的正式场合，或根据活动需要对内容较多、较难的信息，如产品成分、使用方法、抽奖信息等进行提示。经费不足时，提词器可使用场外大字报或场内主持人手卡进行代替。相机用来场外侧拍、记录直播情况的场合，也可用另外的非直播手机，在不入镜的情况下代替。

(4) 软件设置及调试。硬件器材的筹备完成之后，就需要对直播软件进行设置和调配。首先，需对直播封面的信息进行设计。直播封面是用户进入直播前对主播和直播内容了解的窗口之一，包含直播主题、直播时间、主播身份等。随后，直播的新媒体运营团队应对直播 App 进行全方位的测试，确保熟练操作，避免失误。例如，应熟悉直播的镜头切换、声音调控等基本按键，小视频的拍摄与发布，设置镜头滤镜，测试与他人直播连线，直播屏幕录制等。最后，新媒体运营团队还需以直播观众的身份，登录相关账号收看试播，以测试赠送礼物、发布评论等互动功能是否正常。此外，还需准备背景音乐、音效软件等其他直播辅助材料，使直播效果达到最佳。

4. 直播的策划与执行

直播的策划与执行是一个宏观、系统、有逻辑的资源调配、整合以及计划、组织、实施的过程，主要适用于完成商业性质的直播活动。其操作流程多种多样，可借助若干理论模型得以实现。例如，"直播五步法"认为，直播的整体策划与执行主要包括五大环节：整体思路、策划筹备、直播执行、后期传播、效果总结。这五大环节形成一个闭环，可以保证每一次直播都能借鉴前一次成功经验而规避失误和不足。其中整体思路包含对直播目的的分析，对直播方式、形式的选择，以及直播策略组合的制定，而其中最重要的则是直播策略组合，即人物、场景、产品、创意。该策略组合帮助直播新媒体团队思考通过什么样的"人物"，即主播和观众，在什么样的"场景"下，即直播场地，使用了什么样的"产品"，产生了良好的效果，达到了直播的目的，而整个过程需要用"创意"来贯穿始终。

5. 直播的营销与传播

直播的基本营销方式可分为以下几种。

(1) 外形营销。在直播中，利用容貌姣好、帅气靓丽的主播进行粉丝的吸引，是品牌方获取流量和曝光度的重要方式之一。

(2) 明星营销。邀请明星进行直播的互动环节，可显著增强直播效果。具体应用时，可筛选在预算范围内的明星进行活动。

(3) 稀有营销。此类营销适用于拥有独家信息渠道等的企业。包括独家冠名、知识版权、专利、渠道等。稀有产品备受追捧，加上稀有营销为直播观众带来的独特视角，企业往往收益颇丰。

（4）利他营销。直播中常见的利他行为是知识或资讯的分享、传播，企业可利用主持人或嘉宾的分享，传授产品的使用技巧和相关知识，适用于推广美妆、时尚、生活类产品。

（5）才艺营销。优秀才艺往往能吸引大量该领域的忠实粉丝。此营销方式适用于围绕才艺相关的工具类产品，如长笛、吉他等。

除此之外，还有对比营销、采访营销等直播营销的基本方式。

在传播推广方面，有以下几种直播引流方式。

硬广引流：硬广即硬广告，指形式明显、不做"伪装"的常规广告。直播团队可利用各种媒体平台投放广告，对相关直播活动进行宣传推广。一般来说，直播的引流采用新媒体平台比较适宜，例如微博、微信、今日头条等。在具体操作时，建议将直播的时间、平台、账号、嘉宾、抽奖等内容列出，以吸引更多流量。

软广引流：软广是指受众在阅读、观看广告的前期看不出任何迹象，直到结尾才恍然大悟"原来这是广告"的一种特殊广告类型。直播团队在使用软广进行宣传引流时，需注意三点：其一，创意性，软广的内容必须极富创意、可读性强，能吸引受众持续阅读，否则处于尾端的直播信息无法播出；其二，一致性，软广内容、投放平台、直播受众这三者之间需要相互匹配，否则宣传效果会大打折扣；其三，目的性，即在软广的末尾必须强调直播信息，或引导用户进入直播间、关注直播账号等。

功能引流：功能引流是指利用直播平台自带的推广功能进行宣传。直播平台通常有"推送""提醒"或"发布"等功能，在开始直播前，运营团队可将直播消息发送给相关用户，或考虑与直播平台合作，在其首页得到"推荐"。

二、短视频新媒体

（一）短视频概述

1. 短视频的概念、特点及类型

（1）短视频的定义。

短视频是指主要依托移动智能终端实现快速拍摄和美化编辑，可在网络新媒体平台上实时分享和无缝对接，篇幅较短的一种新型视频形式。其传播时长以秒计数，内容融合了技能分享、时尚潮流、社会热点、街头采访、公益教育、广告创意、商业定制等主题。随着移动终端的普及和网络的提速，短、平、快的大流量传播内容逐渐获得各大平台、粉丝和资本的青睐。

(2) 总体来说，短视频主要具有以下特点。

①视频长度短，传播速度快：短视频长度一般控制在 5 分钟以内，这种短小精悍的视频模式使得即拍即传成为一种可能。随着移动互联网的发展，移动客户端成为视频传播的主要途径。

②创作流程简便，制作门槛较低：不同于其他专业视频形式，短视频制作并没有特定的表达形式和团队配置要求，对文案策划、内容编排、拍摄技巧和设备等的要求较低，参与性强，普通民众也可参与短视频的制作。

③碎片化消费传播，社交属性较强：一方面，短视频便于用户在碎片化时间进行消费、传播和分享视频内容；另一方面，社交媒体为用户的创意和分享欲提供了一个便捷的传播渠道。和长视频相比，短视频在互动性和社交属性上更突出，成为消费者表达自我的一种社交方式。相关分析认为，表面上看，短视频 App 竞争的是点击量，但其实核心竞争点应该是各自社交方式带给用户的体验，以及用户背后社交圈的重构。短视频不是视频网站的缩小版，而是社交延续、信息传递的另一种方式。

(3) 短视频类型。

①短纪录片型："一条""二更"是国内较早出现的短视频制作团队，其内容多以纪录片的形式呈现，内容制作精良。其成功的渠道运营优先开启了短视频变现的商业模式，被各大资本争相追逐。

②网红型："papi 酱""回忆专用小马甲"等网红形象在互联网上具有较高的认知度，其内容制作贴近生活，庞大的粉丝基数背后潜藏着巨大的商业价值。

③草根搞笑型：以"快手"为代表，大量草根借助短视频在新媒体上输出搞笑内容。这类短视频虽然存在一定的争议性，但是在碎片化传播的今天，也为网民提供了不少娱乐谈资。

④情景短剧型：该类视频短剧多以搞笑创意为主，在互联网上有非常广泛的传播。

⑤技能分享型：随着短视频热度的不断提高，技能分享类短视频也在网络上有非常广泛的传播。

⑥街头采访型：街头采访也是目前短视频的热门表现形式之一，其制作流程简单，话题性强，深受都市年轻群体的喜爱。

2. 国内短视频发展简史

移动时代赋予了短视频全新的生命力，而短视频行业在经历了多个发展阶段的探索和成长后迎来了行业成熟期。

2004 年至 2006 年，国内各大专业视频网站纷纷成立，其中"土豆网""56 网""激动网"均定位为以用户上传原创内容为主的视频分享网站，PC 时代的短视频随之诞生。

2012 年开始，随着移动互联网的普及和碎片化时代的用户习惯的养成，各类移动端短视频产品纷纷开始试水，"秒拍""美拍""快手"等平台逐渐突围。

2016 年至 2017 年，大批移动短视频应用平台密集面世，资本市场不断升温，短视频内容创业者爆发式增长，短视频行业迎来快速发展期。

截至 2020 年 8 月，移动端短视频月度活跃用户已达 8.52 亿，用户红利仍在，用户黏性、使用频率、使用时长增长明显。

分析认为，2021 年，短视频平台将开放大量的商业化机会，流量变现将带来较大的市场规模增长。与此同时，随着短视频内容营销质量的不断提升，内容变现也将出现较大机会，预计 2021 年短视频市场规模将超 2000 亿元。

短视频行业近年来的快速发展，是外部环境和内驱力共同作用的结果。

（二）短视频新媒体运营

1. 注册、登录"美拍"

以手机操作系统为 iOS 的苹果用户为例，在 App Store 中搜索"美拍"并下载，打开"美拍"App，首次启动时会弹出若干对话框，用户必须先进行选择，之后也可在手机系统"设置"中进行调整。

进入"美拍"主页面后，点击右上角红底白字的"登录"按钮进行美拍账号的注册。同样，如果用户已有微信、QQ、微博账号，也可免注册直接使用上述账号登录。现以手机号注册"美拍"账号为例进行演示。

首先，点击弹出页面左下角的"手机登录/注册"，在新页面最底端点击"立即注册"，随后填写手机号码，设置密码，并点击"发送手机验证码"。在弹出的"确认手机号码"对话框中选择"确定"，然后在"智能验证"环节，按要求进行验证，并在收到短信验证码后将其填入相应位置，点击"提交"。紧接着，开始完善个人资料，如填入账号昵称、上传头像、选择地区等，建议填写详细以便使用更多功能，随后在"推荐关注"页面，跳过或选择自己感兴趣的账号进行关注，就可以在页面最底端点击"进入美拍"，正式开启应用。

2. "美拍"功能介绍

"美拍"的主界面底端有五个标签页面，从左至右分别是"首页""关注""拍摄""发现""个人"。除"拍摄"外，其他四个页面与"微博""一直播"等常见 App 的相关功能都大同小异，在此不赘述。

点击"拍摄"标签，则可进入拍摄短视频、拍摄照片以及进行直播的页面。拍摄短视频是"美拍"App最核心的功能,点击画面中下部的白色圆环则可开始拍摄。其上方的按钮则可选择拍摄时长,如15秒、60秒等,中途可再次点击暂停。拍摄完成后,点击右下角白底绿色钩可进入下一步,对拍好的短视频添加滤镜、字幕、特效或进行简单剪辑。随后点击右上角的"下一步"可对短视频添加描述、标签、封面等,并将其分享到微博、微信等社交平台。

另外,在拍摄主画面中,通过右上方的"导入"功能,可添加手机中的其他现存视频并通过"美拍"优化编辑。"导入"旁边则有齿轮状的"设置"和相机状的"镜头转换"功能。"设置"可为拍摄的人物对象增加美颜效果,可添加音乐、闪光灯、延时效果等,也可设置全屏或1∶1的正方形屏幕。"镜头转换"则是调整前置、后置摄像头的功能键。主画面下方,分别有"魔法自拍""滤镜""灵感库"等按键。其中:"魔法自拍"可为画面添加有趣的贴纸效果;"滤镜"可在拍摄前提前为短视频预设特殊色调效果;"灵感库"则分享了许多有创意的美拍短视频,以供拍摄者参考。点击该页面左上角的向下箭头可放弃已拍好的视频,或退出拍摄功能。

此外,"美拍"用户还可登录"美拍"官方网站查询更多的拍摄技巧与功能,例如,"如何为照片添加表情文字""如何拍摄快进短视频"等。

3."美拍"视频创意

为了使"美拍"拍摄的短视频能够获得更多的关注和流量,甚至获得"美拍"官方的推荐,构思一个良好的视频创意是必不可少的环节。

(1)创意的概念、功能和特征。

①所谓短视频的"创意",是指为达到视频传播、促进产品销售等相关目标,经过创造性思维过程而获得的好的主意和点子。

②"美拍"短视频中的创意,首先可以吸引其他"美拍"用户,更多的是非"美拍"平台,如微博、微信等社交媒体用户的注意,为视频传播目标的实现打下良好的受众基础;其次,短视频中的创意可以加强观众对视频内容的记忆,并对其保持浓厚的兴趣;最后,好的短视频创意可以促进消费者购买模式在各个阶段的推进和跃进,引起其产生购买或其他相关行为。这也是相关短视频团队、品牌、厂商变现的核心保证。

③一个好的短视频创意,应符合以下特征。

第一,创意需要切中视频的主题:可通过USP理论(独特的销售主张)、FAB(属性、作用、益处)法则等进行视频主题、内容与创意之间的相互连接。

第二,创意必须易于受众理解:视频信息在创作者、接收者之间传递,遵循着基本的传播模式。在短视频创作者编码、观众解码的过程中,双方必须使用同一套符号信息系统,类似于使用同一门"语言"进行交流。而易于理解的"创意"就是处理好创造性思维所富含的信息如何被大众良好接受的问题。

第三，创意必须有创新性：显而易见，没有创新性的创意不能称为"创意"，只能称为"想法"或"点子"。而创意的创新性主要表现在其思维角度、想法等突破常规、独树一帜，给人以恍然大悟、醍醐灌顶之感，获得意料之外又情理之中的乐趣。

（2）视频创意的思维方法

创意的思维方法有以下几种：水平思考、垂直思考、反向思考、"二旧化一新"等。

①水平思考是一种横向扩展型的思考，具有多角度和互不相关性。例如，一个人肚子饿了需要吃东西，此时脑子里出现的火锅、中餐、日本料理等就是一种水平思考。

②垂直思考与水平思考相反，是一种纵向深入型思考，具有方向一致性和相关性。例如，倘若一个人已经决定了吃火锅，那么会继续考虑锅底、配菜、主食、点心、酒水饮料等，这就是典型的垂直思考。

③反向思考则是一种不同于常规逻辑的逆向思考方法。例如在视频创意时可考虑"水往高处流，人往低处走""如果冰箱是热的""如果冬天开冷气""如果男人变成女人，女人变成男人"等。此外，《西游记》中的"女儿国"，《镜花缘》中的"君子国"都是反向思考产生诱人创意的典型案例。

④"二旧化一新"也是产生优秀短视频创意的重要方法之一。它是指两个原本相当普遍的概念、想法、情况，或者是两个完全相互抵触的事件，结合在一起，最终偶然得到一个前所未有的新组合，产生出更令人惊喜的创意新构想。

（3）视频创意的工具——思维导图、Mood Board。

运用水平、垂直、反向的思维方法，通过联想这一思维基础，短视频创作者在构思创意时，可以使用"思维导图""Mood Board"等创意工具。

"思维导图"，它运用图文并茂的方式，根据一个中心关键词，以辐射线的形式连接其他所有发散出的字词、想法或关联项，把各级主题的关系用相互隶属的层级图表现出来，在中心关键词与其他元素、图像之间建立起记忆链接。其中，从中心关键词发射出的一条条线索属于水平思考，而沿每一条单独的线索不断推进则是垂直或反向思考。思维导图可以协助短视频创作者在艺术、逻辑与想象之间平衡发展，从而激发大脑无限的潜能与创意。在实际应用中，短视频创作者可以运用"百度脑图"绘制思维导图，将视频的主题定位为中心关键词，最终将思维导图的结果转化为可用作视频拍摄的脚本或文案。

"Mood Board"的中文称作"情绪板"或"灵感来源板"，是一种帮助创作者搜集素材，形成灵感思路的实体工具。Mood Board通过对创作对象所被认知的色彩、影像或其他相关材料的搜集，可以引起创作者的某些情绪反应，作为设计方向与形式的参考，因而被广泛地应用在设计、营销沟通、视频脚本的创作当中。

第四节　社群类新媒体运营

一、"发现更大的世界"——知乎

（一）认识知乎

1. 知乎简介

知乎成立于2011年年初，是目前中文互联网较大的知识分享与社交平台，它会聚了大量国内外不同领域最具创造力的人群，内容认真、专业。其平台让人们可以随时通过计算机、手机等设备便捷地分享彼此的知识、经验和见解。用户通过知识建立信任和连接，对热点事件或话题进行理性、深度、多维度的讨论，找到感兴趣的高质量内容，打造和提升个人品牌价值，发现并获得新机会。

知乎的本质是一个网络问答社区，用户通过发布问题、回答问题互相分享资讯，为中文互联网源源不断地提供多种多样的信息。但其实，知乎更像一个论坛，用户围绕着某一感兴趣的话题进行相关的讨论，同时可以关注兴趣一致的人。

2. 知乎的核心产品与基本功能

知乎的核心产品与基本功能主要有知乎问答、知乎话题、知乎专栏与文章及其赞赏、知乎圆桌、知识市场以及知乎日报几大类。

（1）知乎问答。知乎通过提问和回答这一知识传递最古老、最基本的方式，建立起人与知识的连接。通过问答和人的节点，知乎编织了一张知识之网，使人们能够利用这张网按照自己的兴趣汇集自己的知识收藏，积累知识资产。[①]

（2）知乎话题。知乎中的"话题"是一种"标签"，也是一种将海量的知识信息准确分配给感兴趣的人的通道，知乎通过用户选择并关注话题，把信息沉淀在合适的地方，方便被反复利用。知乎的话题无所不包，具有丰富的内容和可扩展性，成为再组织和发现信息的高效入口。此外，话题页面的"索引"功能，是集中呈现优质内容的结构化目录，能够满足用户对某个领域主题的查询以及由浅入深、全面获取内容的需求，帮助用户搭建起扎实的知识体系。

---

① 苏华. 新媒体运营 [M]. 北京：中国商业出版社，2020：99-112.

（3）知乎专栏、文章及其赞赏功能。知乎专栏是一个为专家型作者打造的内容平台，主要是为了鼓励他们按照特定主题持续积累有深度的文章，树立行业权威和专业品牌。专栏支持多人协同维护、创作，专栏中的文章将第一时间通过通知的形式推送给专栏的关注者。文章也是知乎的一种重要的分享和讨论形式，是每一名专业人士展示自己才华的空间。此外，专栏赞赏是知乎基础功能的延伸，知乎希望在保护内容原创者的权益上，借此让优质的内容作者依靠知识分享获取收益，让内容原创者获得尊重。

（4）知乎圆桌。知乎圆桌是不受地域和时间限制的专家研讨会和行业"聚义堂"。每场圆桌会议将邀请1位主持人和4位以上有多年行业经验的嘉宾共同发表见解，解构行业，分享他们的探索与洞察。圆桌参与者可以对主题提问并邀请参与活动的各位嘉宾回答；同时，参与者还可以评论嘉宾的回答或者和嘉宾一同回答问题。

（5）知识市场。知乎的知识市场包含了知乎 Live、知乎书店、知乎电子书。

知乎 Live 是一种移动互联网知识分享的新形态，在知乎社区原有的回答等产品基础上，知乎 Live 提供了全新的实时语音互动问答体验。根据现在移动端场景的使用习惯，知乎 Live 内置于知乎 App 中，主讲人可以用语音和图文，以及即将增加的视频等形式，围绕主题分享经过精心准备的讲座内容，听众可以直接提问并当场获得解答。

知乎书店将知乎直接出品的电子书和与出版机构合作出版的一系列精选图书上架，将图书的传播、购买、阅读、讨论和延伸阅读等环节链接在一起。知乎以书为节点，串联起了作品、作者、这本书所涉及的话题的讨论，以及对这个作品或作者感兴趣的人。

知乎电子书是由知乎策划、制作的优质读物，目前一共有四个系列：免费的《知乎周刊》、付费的《知乎周刊 Plus》、"一小时"系列与"盐"系列。与传统出版推出的电子书不同，知乎利用话题热度、搜索数据等发现用户感兴趣的选题，针对选题进行深度编辑，将内容更好地结构化，让读者能在短时间内进行深度阅读。

（6）知乎日报

知乎日报是知乎社区的小喇叭广播，它集合了知乎社区用户每天在讨论的热点话题，集中面向社会更广泛的资讯消费人群发布"知乎上的人如何看"的声音。

3. 知乎用户分析

2020年9月，知乎的注册用户已经过亿，知乎月活跃数量为1979.5万。总体来说，知乎用户具有以下特征。

一是中青年占主流，多元化已经成为知乎用户的主要特征。此外在学历上，知乎用户的高学历、高收入、高购买力也让其整个群体呈现出高价值特性。知乎高学历人群达 80.1%，近两成用户拥有海外留学经历。从月收入分布来看，76% 的高收入人群和小康人群是使用知乎的主力，月收入 1 万元以上的用户占 30%，月收入 1 万元~2 万元的用户占 41%，可投资资产 10 万元以上的用户占 36%。

二是超过七成的用户使用知乎是搜索专业内容以达到自我提升，专业知识分享和有趣的话题内容最受他们关注。作为一个知识平台，渴望通过知乎学习知识与自我提升的用户最多，达 70.6%。还有 65.5% 的用户使用知乎提问和查找专业领域知识，浏览和搜索话题内容是他们的主要行为。另外，还有 43.1% 的用户在知乎通过写文章和回答问题分享自己的知识和经验，20.4% 的用户通过与作者互动来结识有丰富经验的行业专家。除了专业知识，有趣的话题内容也容易在知乎受到欢迎。数据显示，68% 的用户在知乎讨论他们感兴趣的话题，44.2% 的用户在知乎和有相同兴趣的人一起互动，还有 28.3% 的人喜欢在知乎追热点。

三是用户对知乎的使用黏性和满意度也较高，认为知乎内容专业、观点原创。在用户使用黏性上，知乎凭借 11.2 分钟的用户单次使用时长超过全网 7.9 分钟的平均水平，用户单日使用时长 35.8 分钟和用户平均总使用时长 160.6 分钟，也都高于全网其他的社区交友类平台和新闻资讯类平台。在用户推荐方面，知乎 NPS 值（净推荐值，即口碑，是一种计量某个客户向其他人推荐某个企业或服务可能性的指数）达 33.7%，用户对知乎的满意程度较高，也更加愿意向亲朋好友推荐。

（二）知乎的运营

知乎的使用可在电脑网页端及移动 App 端进行。对于普通使用者来说，通过手机发布、查看问题十分快速方便，但对于知乎新媒体运营团队来说，进行企业账号申请、内容制作、社群管理，尤其是编写文章、制作插入图片、调整格式等，在网页端操作更为专业完善。因此，本章节所有社群新媒体的运营简介，都通过网页端进行演示。

1. 知乎账号的申请及设置

（1）普通账号。

第一步，通过在电脑端的网页浏览器中输入知乎官网地址或百度搜索"知乎"关键词即可进入知乎官网进行普通账号的注册。

第二步，在"手机号"一栏填入自己的手机号码，点击中间右侧的"获取短信验证码"，将收到的验证码填入相应位置，再点击下方的"注册"。注意短信验证码的有效时间只有 10 分钟，需在此时间内完成注册。

第三步，在新页面"设置"姓名"和密码"对话框中，填入自己的姓名，设置密码。其中姓名一栏不强制填写真实姓名，针对普通账号，知乎也不要求用户提供身份信息，但鼓励用户设置被人熟知的个人代号或网络账号进行注册，最后点击下方的"进入知乎"。

第四步，在新页面通过简单或有创意的介绍，说明自己的专业、职业或想了解的领域，并点击右侧的"完成"，知乎会在未来根据此简介筛选并推荐用户感兴趣的内容。

第五步，挑选自己想关注的知乎话题，通过点击，即出现该类别的细分类目，如勾选"自然科学"话题，可继续选择"物理""生物""天文"等内容。选择结束后，点击页面下方的"进入知乎"，即完成对普通账号的注册，以及基础信息的设置。

(2) 知乎机构号

知乎机构号是专属于机构用户的知乎账号，即经知乎官方认证的企业或组织账号。除了支持提问、回答、写文章、管理评论、社区互动五大基本功能之外，知乎机构号还拥有知乎专栏、知乎 Live、知乎圆桌三种升级功能，以实现机构号在社区与用户更好地互动沟通与传播信息。知乎机构号的注册步骤如下。

第一步，可在网页浏览器中输入知乎机构号注册网址进行机构账号的注册；也可百度搜索"知乎"进入官网，在注册对话框右下角点击"注册机构号"。

第二步，在机构号注册页面，填入企业邮箱，并设置不少于八位并且包含英文与数字的密码，然后点击"注册"。知乎机构号通过电子邮箱账号进行注册并绑定激活，需要使用未与知乎个人账号和其他机构号绑定的电子邮箱账号，激活邮箱后，该邮箱即成为该机构号的登录账号。

第三步，知乎向注册的企业邮箱发送一封激活邮件，企业登录企业邮箱，点击邮件中的激活链接，或根据邮件提示手动激活机构号。

第四步，填写"机构全称"，上传机构的资质证明等。其中，资质证明包括机构的营业执照、执业许可证、组织机构代码证，等等。由于大多数行业企业都已"三证合一"，因此普遍使用营业执照作为注册知乎机构号的资质证明。具体操作是，在公司内部发起"申请使用营业执照"的需求，按规定走完相关流程，拍摄营业执照以不超过 5120KB 大小的图片形式在该页面上传，格式为 jpg 或 png。需要注意的是，"机构全称"务必和营业执照上登记注册的公司名称保持一致。

第五步，填写机构号的基本信息。首先填写账号名称(头像)，然后，根据机构的主营业务选择其"行业类别"，特殊行业须提交相关行业许可证等证明。

第六步，需填写机构号运营负责人的基本信息，然后点击"确定"。目前知乎机构号的申请与运营不需要缴费，因此等待知乎官方将公司提交的相关材料进行验证并通过后，即可开始免费使用机构号。

2. 知乎功能操作及使用说明

（1）基本界面及操作。知乎网页端的基本界面，主要有八大板块的内容和操作：首页标签区、搜索区、消息提醒区、问答基本操作区、话题区、互动接待区、跳转功能区、其他功能区。

（2）发布问题。在知乎主界面右上方点击"提问"，即可发起一个问题。在弹出的新页面中，填写问题的标题，为该问题设置话题、类似标签。在问题描述部分，可使用文字、图片、视频等形式，对问题进行详细的阐述，以便其他用户深入理解该问题并依此作答。最后点击页面下方的"发布问题"。

（3）回答问题。与"发布问题"类似，在主界面上方点击"回答"，即可进入回答问题的页面。回答问题的界面上方一排按钮分别为"为你推荐""人气问题""最新问题""邀请回答"，可自由选择某类问题下方的某个问题通过"写回答"按钮直接对该问题进行回答。

3. 知乎专栏申请与运营

（1）知乎专栏的申请步骤如下。

第一，在知乎账号已登录的情况下，在网页中输入知乎专栏网址进行申请，或百度搜索"知乎专栏"后，进入官方网页，点击"申请开通专栏"。

第二，输入"专栏名称"，设置"专栏话题"，输入用户自身的专业背景，随后点击右下角的"申请"，完成知乎专栏的申请流程。一般3个工作日之后，知乎官方会反馈审核结果。

（2）撰写专栏文章。

撰写专栏文章与知乎"写文章"的操作与功能是完全一样的，只是专栏文章默认放置在用户自己的专栏当中，而普通文章则会存放到用户主页"我的文章"当中。普通文章不仅可以投稿至自己的专栏，也可投递到其他用户的专栏，但需要经过其专栏主编的审核，且每篇文章最多只能投稿至两个专栏。

4. 知乎"ISOOC"模式的应用

"ISOOC"是五维社群运营的缩写。社群运营和相关营销具有传播快、生态独有、针对性强、用户黏性高、实效性长、沟通顺畅、精准度高、品牌效应强、口碑可信度高等优点，因此借助知乎平台进行社群的搭建和运营，是新媒体团队必须掌握的能力。

其中，为知乎社群建立起"ISOOC"五大构成元素可通过以下简单脉络进行：①找到同好——Interest，寻找喜欢询问、回答某类问题的用户，关注并联络；②建立架构——Structure，建立准入机制，提供交流平台；③持续输出——Output，团体接单，通过软文写作、植入营销赚取收入；④规范管理——Operation，计划、组织、引导、协作、激励、评价、反馈；⑤复制扩张——Copy，模式复制，扩大社群。

二、"以兴趣聚合同好"——百度贴吧

（一）百度贴吧概述

1. 简介

成立于2003年年底的"百度贴吧"通常被大众简称"贴吧"，是百度旗下的独立社交品牌。贴吧的创意来自百度首席执行官李彦宏："结合搜索引擎建立一个在线的交流平台，让那些对同一个话题感兴趣的人聚集在一起，方便展开交流和互相帮助。"贴吧是一种基于关键词的主题交流社区，它与搜索紧密结合，准确把握用户需求，为兴趣而生。

贴吧目录涵盖社会、地区、生活、教育、娱乐明星、游戏、体育、企业等。它为人们提供一个表达和交流思想的网络空间，并以此会集志同道合的网友。

2. 百度贴吧特点分析

（1）人工信息聚合方式对搜索引擎的补充。对于那些基于信息搜索的需求而找到贴吧的人来说，获得某个主题的信息往往是他们的基本目标。但搜索引擎还难以高质量地满足这方面的需求。贴吧可以使人们从机器的搜索过渡到人工的信息整合中。拥有不同资源的人们，在这里实现信息的分享，而且信息需求与供给关系更明确，这样获得的信息针对性往往更强。

（2）共同兴趣爱好者的快捷聚集。尽管网上有难以计数的由兴趣爱好者组成的社区，但是要找到它们却不是一件容易的事，百度贴吧利用自己在搜索引擎领域的知名度与地位，为各种兴趣爱好者的聚集提供了一个最便捷的方式，只要知道百度，就可以通过关键字找到同道者。

（3）封闭式交流话题带来的深度互动。与很多社区不同的是，贴吧创造的社区往往是一个话题非常封闭的社区。虽然理论上这些社区也可以有更开放的讨论主题，但是多数贴吧的成员更愿意围绕一个封闭的主题来展开交流，这就促进了互动深度的不断挖掘。

（4）文化研究的新途径。英国的研究者戴维·冈特利特在他主编的《网络研究——数字化时代媒介研究的重新定向》一书中认为，互联网提供了一种新的"摇椅"式的研究方法。他在研究了一个关于电影的网站——"互联网电影数据库IMDB"后指出："那些观众的评论虽然不能代表一个完整的电影观众群，但是，这些观点比那些由电影研究专家们写的单一的、主观的，通常还是晦涩难懂的解读性文字要好。事实上，这些样本与多数定量研究中使用的样本一样有价值，也很奇特，

人们所提供的数据就是他们就电影自发地发表的感想,也是他们想要写的话。"以上这种观点,从侧面印证了贴吧也可作为相关社会、文化、娱乐领域研究的一种新途径。

3.百度贴吧与"粉丝文化"

"粉丝文化"主要表现在以下五个方面:粉丝群体的团队精神;粉丝勇于表达并鲜明支持的率真精神;粉丝积极主动的奉献精神;粉丝与喜爱的对象患难与共的忠诚精神;粉丝面对压力和困难敢于挑战和抗争的抗争精神。结合贴吧本身的独特存在性,百度贴吧的粉丝群体形成了自己独特的群体规范和群体价值观,又被称为"贴吧粉丝文化"。

百度贴吧作为庞大粉丝群体的聚集地,其经济效益也日益凸显,强大的消费行动力成为粉丝经济的保证。在贴吧讨论区里,经常可见组织者发帖代购明星演唱会门票、荧光灯手牌、海报横幅等应援物,以团体名义参与活动。国外明星贴吧里此种现象更为明显,因为国外明星不如国内明星常见到,知名度不够高,相关产品极少,且不易买到,这样贴吧作用更为彰显。另外,与明星相关的一切,比如服装首饰、随身使用的物品,也可引起粉丝的竞相购买。粉丝与网络的结合使经济效益的产生更为迅速,产业链更为明晰。

在这个粉丝主导的"粉时代",粉丝不仅仅是贡献经济效益的嵌码,也能为自身带来经济效益。一部分粉丝开始把追星当成一种职业,出现了"职业粉丝"。他们受明星经纪公司雇用,使用各种手段为明星呐喊助威、制造人气,成为有偿的明星啦啦队。他们在网上发帖,就能得到一笔数额不菲的收入,这种现象在明星发展初期还没有赚足人气时多见。因为发言匿名性的特征,贴吧无疑给职业粉丝提供了发挥的舞台。

(二)百度贴吧的运营

1.贴吧主要产品与功能简介

(1)贴子。贴子是指百度贴吧中用户发表文章或意见的信息载体和基本单元,主要由标题、正文(包括文字、图片、视频、投票等内容)以及评论三部分组成。贴吧首页每一个横排单元就是一篇贴子,首页会显示正文的部分预览和评论数,可点击进入查看具体内容,然后进行留言、评论等操作。

(2)直播贴。直播贴涵盖图文直播及视频直播等,实现多个贴吧交叉实时互动。直播帖的参与者包括主持人、嘉宾、吧友,给了大家一个更自由沟通的平台,让吧友可以第一时间了解热门信息,同时还能与嘉宾(包括名人、明星、达人等)零距离地沟通。

(3)"楼中楼"。在一个主题帖子中,这个贴子被称为"楼",发布帖子的人是"楼主"，每一个用户的留言被系统依次按"楼层"标注，楼主为"1楼"，比如有一条留言为"12楼"，即代表是该贴子第12个用户的内容，留言的用户被称为"层主"。当吧友想与某个"楼层"（回复贴）的"层主"互动的时候，所有和这个"楼层"（回复贴）相关的讨论内容都会在这个"楼层"（回复贴）里显示出来，这些讨论内容被称为"楼中楼"。

（4）个人中心。"我的贴吧"是用户在贴吧的个人中心，用户可以记录自己的心情和新鲜事，关注贴吧各路达人，获取自己的粉丝。通过与其他用户亲密互动，形成稳定的友好关系，让贴吧生活更丰富多彩；也可以根据个性化需求关注用户喜欢的贴吧，查看最新的精品贴子、图片、视频、热门转贴等内容，增强了平台的实用性和用户黏度。

2. 百度贴吧相关操作简介

（1）贴吧账号注册。百度贴吧的账号注册即为百度账号的注册，百度账号通用于旗下的百度贴吧、百度知道、百度文库等各项产品，步骤如下。

第一步，在浏览器地址栏输入贴吧网址，或百度搜索"贴吧"进入主页，点击右上角"注册"。

第二步，在注册页面设置用户名，即登录账号；设置账号密码；填写手机号码，点击右下角"获取短信验证码"，将通过短信收到的验证码填入相应的位置；勾选"阅读并接受《百度用户协议》及《百度隐私保护声明》"；最后点击下方的"注册"框，完成百度贴吧账号的注册。

（2）发布贴子。

第一步，填写百度账号、密码，登录贴吧。

第二步，在贴吧主页上方的搜索框内，输入自己感兴趣的话题、主题等内容，单击右侧"进入贴吧"。

第三步，在该贴吧首页，通过鼠标滑轮或拖动网页最右侧的"滑动条"，来到页面底部，即发布新贴子的编辑框。按照标志，在对应的方框中，依次输入、"编辑"相关内容。编写完毕后单击左下角"发表"即可在该贴吧发表一篇新贴子。需要注意的是，百度贴吧不允许用户发布任何违反法律法规、破坏社会团结稳定、淫秽色情、其他敏感不适宜以及任何形式的非百度官方广告信息。

三、"从这里影响世界"——百家号

（一）百家号简介

百家号是百度公司为内容创作者提供的内容发布、内容变现和粉丝管理平台，

于 2016 年 9 月 28 日正式对所有作者全面开放。

其核心功能和服务有以下 3 个。

1. 内容发布

百家号支持内容创作者轻松发布文章、图片、视频作品，未来还将支持 H5、VR、直播、动图等更多内容形态，内容一经提交，将通过手机百度、百度搜索、百度浏览器等多种渠道进行分发。

2. 内容变现

百家号为内容创作者提供广告分成、原生广告和用户赞赏等多种变现机制。

3. 粉丝管理

每一篇百家号文章，在首页左上角醒目位置都有标志引导用户进入作者的个人主页并对作者进行关注。作者可根据百家号提供的工具分析粉丝的人群属性，并通过个人主页针对粉丝展开各种运营活动。

(二) 百家号主要功能与操作简介

1. 账号注册登录

百家号账号与百度账号共用。

第一步，进入百家号官网，单击页面中间"登录"按钮，通过百度账号进行登录，"并在新页面单击"下一步"，注册成为百家号作者。

第二步，选择百家号账号的类型，单击对应账号类型下方的"选择"进入下一步。

第三步，以"个人"类型的百家号为例，填写百家号信息，如领域、百家号名称、百家号签名档、百家号介绍、所在地、设置百家号头像等。其中，领域需选择明确擅长的创作领域，发文和所选领域一致有助于提高作者等级；百家号名称应填写与发文领域相关的名称，能有效提升读者点击量。

第四步，填写该"个人"百家号运营者信息，如姓名（需与身份证一致）、身份证号码、邮箱地址等，然后输入相应验证字符，单击右下角"提交"按钮，等待百家号官方审核通过。

2. 百家号文章的编写、发布

百家号发布的文章是采用人机审核的，先由程序审核，审核通过后再由人工审核，步骤如下。

第一步，登录百家号，进入账号后台，单击左侧功能标签页中的"发布"，在下拉菜单中单击"发布内容"。

第二步，在右侧页面，选择"发布文章""发布图集"或"发布视频"。现以"发布文章"为例,单击相应位置。

第三步,在标题栏输入文章题目,在正文框中开始编辑文章,可使用上方的"工具栏"进行"重做""撤回""清除格式""段落排版""插入图片"等操作。

文章写完后,可单击左下角进行"预览",预览无误后可在右下角选择"存为草稿"或直接"发布"。需注意,在百家号上发布图文文章的门槛最低,只要符合百家号平台规范即可,但严禁发布恶意营销、广告推广、色情低俗、暴力血腥、政治谣言等各类违反法律法规及相关政策规定的信息;同时也建议不要在文章中出现站外链接、二维码图片等内容。

四、其他社群类新媒体运营

(一)"网上咖啡馆"——豆瓣

1. 豆瓣简介

豆瓣网成立于2005年,以书籍、影音起家,提供关于图书、电影、音乐等作品的信息,无论描述还是评论都由用户提供。此外,豆瓣还提供线下同城活动、小组话题交流等多种服务功能,像是一个集品位系统(读书、电影、音乐)、表达系统(我读、我看、我听)和交流系统(同城、小组、友邻)于一身的创新"网上咖啡店",一直致力于帮助都市人群发现生活中有用的事物。

2. 豆瓣用户

目前,豆瓣注册用户超过1.5亿,月覆盖独立用户数已达3亿。总体来说,豆瓣的核心用户群是具有良好教育背景的都市青年,包括白领及大学生。他们热爱生活,喜欢阅读、看电影、听音乐,讨论吃、穿、住、用、行等内容。他们热衷于各种有趣的线上、线下活动,拥有各种创意,是互联网上流行风尚的发起者和推动者。

根据百度指数显示,豆瓣的主要用户大多分布在经济相对发达的东部沿海、华北地区和若干中部省份,具体来说又以各直辖市、省会城市分布最多。

从年龄上看,20~29岁的年轻人群是豆瓣的主要用户,而30~39岁的社会中坚阶层是其第二大用户群体。而在性别分布上,男性用户为豆瓣的用户主体,其比例达67%,远远高于女性用户33%的占比。

3. 豆瓣主要产品及功能

(1)豆瓣电影。豆瓣电影是中国最大与最权威的电影分享与评论社区之一,其收录了百万条影片和影星的资料,有2500家电影院加盟,更会聚了数千万热爱电影的人。豆瓣电影于2012年5月推出在线选座购票的功能,目前已开通全国多家电影院的网络购票服务,更多影院还在不断加入中,极大地方便了人们的观影生活。

(2)豆瓣读书、豆瓣阅读。豆瓣读书上线于2005年,是国内信息最全、用户数量最大且最为活跃的读书网站之一,其专注于为用户提供全面且精细化的读书服务。目前,豆瓣读书每个月有超过800万的来访用户、过亿的访问次数,其中,豆瓣阅读是豆瓣读书2012年推出的数字阅读服务,支持Web、iPhone、iPad、Android、Kindle等桌面和移动设备。豆瓣阅读的内容涵盖了小说、历史、科技、艺术、设计、生活等多种门类,是集短篇作品和图书于一身的综合性平台。

(3)豆瓣音乐。豆瓣音乐是一个音乐分享、评论、音乐人推广的在线社区,拥有完整的全球音乐信息库、多样的用户音乐评论和具有创造力的独立音乐人资源。它汇集了90多万个音乐条目,有21000多位独立音乐人入驻,是原创音乐诞生的重要平台,覆盖粉丝超过千万。

(4)豆瓣小组。豆瓣小组于2005年上线,定位于"对同一个话题感兴趣的人的聚集地",至今已创建了30多万个小组,月独立用户超过5500万,内容包括娱乐、美容、时尚、旅行等生活的方方面面。用户在这里发布内容,同时也通过互动或浏览发现更多感兴趣的内容。

(5)豆瓣时间。豆瓣时间是豆瓣推出的内容付费产品。通过甄选用户最渴念的内容领域,邀请学术界名家、青年新秀、行业达人,推出精心制作的付费专栏。每个专栏包含数十期至上百期不等的精品内容,以音频、文字等多种形式呈现,每周定时更新。

(6)豆瓣FM。豆瓣FM是豆瓣用户专属的个性化音乐收听工具,打开就能收听。豆瓣FM通过用户单击"红心""垃圾桶"或者通过"跳过"来收集、分析、判断用户的喜好,根据操作和反馈,从海量曲库中自动发现并播出符合用户音乐口味的歌曲。

(7)豆瓣同城。豆瓣同城是一个线下活动信息的发布平台,包括音乐、演出、展览、电影、讲座、沙龙、戏剧、曲艺、聚会、体育、旅行、公益等,专注于城市业余生活方式的打造与分享。

(8)豆瓣市集。豆瓣市集是豆瓣旗下的电子商务平台。

(二)"科技有意思"——果壳网

1. 果壳网简介

成立于2010年年底的果壳网是一个开放、多元的泛科技类兴趣社区,主要提供负责任、有"智趣"的科技主题内容,致力于用有趣、多元的手段进行从科普到泛知识领域的传播。如今,果壳网的功能已经从单一的科普延伸到倡导科学、理性的生活方式,在生活各方面解决人们的实际需求,被称为日常生活中的科学指南。

2. 果壳网的主要产品和功能

果壳网现有三大板块：科学人、小组和问答。由专业科技团队负责编辑。另有MOOC学院等核心产品。

（1）科学人。科学人是果壳网旗下的原创内容团队，拥有网站和公众号两个形态，致力于促进公众与科学之间的相互了解，帮助科学在社会议题中担当起应有的角色。一手打造了关于诺贝尔奖、搞笑诺贝尔奖的网络直播和解读活动；与 Nature Science《中国科学》等级别的国际期刊，与中国科学院、中国科协以及国内众多高校展开了深入的合作；采访了一系列国际顶尖的科学家、科学传播明星和学术期刊主编，不断创造和树立行业标杆。

（2）小组。果壳网的小组板块类似于百度贴吧，是一个根据主题进行分类的社群内容分享平台。在"果壳小组"中，用户可根据个人兴趣关注不同小组，精准阅读喜欢的内容，并与网友交流有意思的科技话题；还可以关注感兴趣的人，阅读他们的推荐，也可以将有意思的内容分享给关注的人。小组热帖会推荐若干泛科学且有"智趣"的文章，如"法医""自然科学"，等等。

（3）问答。果壳网"问答"类似于"百度知道"以及"知乎"等问答社区平台。百万名有意思、爱知识、乐于分享的年轻人聚集在这里，或提出困惑自己的科技问题，或提供靠谱的答案。

（4）MOOC学院。MOOC的全称是大规模开放式在线课程，是当前较新、较流行的在线学习形式，让用户足不出户就能听遍名校人气课程，学习专业知识，提高职业技能。MOOC学院是果壳网旗下的一个讨论MOOC课程的学习社区，收录了主流的三大课程提供商 Coursera、Udacity、edX 的所有课程，并将大部分课程的课程简介翻译成中文。用户可以在MOOC学院给上过的MOOC课程点评打分，在学习过程中和同学讨论课程问题，记录自己的上课笔记。

迄今为止，果壳网MOOC学院拥有超过120万名用户，聚集了超过60%的MOOC中文学习者。在这里，使用者可以通过大家的评分和笔记来筛选自己最需要的优质课程，还可以加入围绕课程设立的学习小组，用中文讨论学习问题。

第五节　其他类型新媒体

一、音乐类新媒体

分析表明，数字音乐将成为引领中国音乐产业发展的主要引擎。从全球市场来看,数字音乐占了音乐行业总收入的 50%,其中移动媒体端的收入成为主要增长点。在中国市场,数字音乐在 2016 年的增速开始回归至快速增长水平,预计 2021 年市场规模增长至 430 亿元。中国数字音乐产业经历了免费时代、盗版横行时代,终于迎来了相对规范的版权时代。2018 年 2 月中旬,在国家版权局积极协调、推动下,网易云音乐与 QQ 音乐达成了音乐版权长期合作的协议,将在未来相互授权音乐作品。在市场商业模式多元化的作用下,用户付费、广告、直播、音乐周边产品销售等收入模式将共同促进音乐市场持续快速增长。①

音乐 App 对于用户而言是高频、高黏性的应用类型,因此,在中国数字音乐产业不断发展的大背景下,新媒体团队及其运营者们需要尽快了解、掌握、精通数字音乐平台提供的相关知识,其紧迫程度不言而喻。

(一) QQ 音乐

1. QQ 音乐简介

成立于 2005 年 2 月 2 日的 QQ 音乐是腾讯公司旗下推出的知名网络音乐平台,也是中国互联网领域领先的正版数字音乐服务平台,同时还是一款免费的音乐播放器。主要向广大用户提供方便流畅的在线音乐服务和丰富多彩的音乐社区功能,如海量乐库在线试听、卡拉 OK 歌词模式、最流行的新歌在线首发、手机铃声下载、音乐管理等。QQ 绿钻用户还可享受高品质音乐试听、正版音乐下载、免费空间背景音乐设置、MV 观看等特权。

QQ 音乐经过 16 年的发展,从一个播放器进化到如今,成为一个用故事、自媒体的方式来推动音乐发展的新媒体。中国在线音乐娱乐服务领航品牌腾讯音乐娱乐集团最新财报发布,2020 年 QQ 音乐活跃用户数稳定超 8 亿,用户群体以 18~24 岁的年轻人为主。

2. 开启"乐读"新生态: QQ 音乐号

(1) QQ 音乐号于 2016 年 6 月 1 日伴随 QQ 音乐 App 的更新而推出,是 QQ 音乐打造的优质音乐内容创作、分享平台,其相关内容作品在 QQ 音乐中最常见的表现形式为"专栏文章",可在 App 主界面上方的"发现"中查阅。QQ 音乐号网罗了各类型的音乐自媒体,这些业内专业人士、专业机构及表达力极强的内容创作者,他们精心打造的内容更懂音乐爱好者的所想、所需。而音乐号将这些原创内容引进,以兴趣推荐、AI 算法把内容和用户进行精准匹配,增加了用户体验与使用深度。

QQ 音乐号的出现主要缘于用户对精品音乐内容的强大刚需。目前,大量音乐

---

① 李东临. 新媒体运营 [M]. 天津: 天津科学技术出版社, 2018: 92-110.

自媒体人、乐评人、乐评机构、音乐机构等都已入驻QQ音乐号。音乐号未来会逐步开放，让有更多的音乐爱好者成为内容生产者。

（2）QQ音乐号主要有以下特点。

第一，在音乐号，专业用户可以发布音乐动态、发表专栏文章、制作电台节目、发布直播、创建歌单、上传视频等。

第二，用户申请QQ音乐号通过后，可获得QQ音乐官方认证的专属标志，彰显专业性；而其优质的音乐内容将通过QQ音乐的智能推荐分发给其他海量用户，为双方建立连接。

第三，在音乐号，专业用户可以全方位了解作品被其他用户喜爱的程度，并了解粉丝分布、评论量、阅读量等数据，让数据帮助用户创作更多的优质内容。

第四，QQ音乐号提供多种变现模式，如打赏、分成等，专业用户的优质原创内容，不仅拥有阅读、收听流量，更有现金回报。

3. QQ音乐号注册申请及文章发布

目前，有专业背景或音乐资质的创作者可进入官方主页进行QQ音乐号申请。

首先点击页面中下部的"立即开通"。在新页面，用户可使用QQ账号或微信账号进行登录，或在手机端打开QQ、微信进行扫码登录；如无相关账号，则可点击右下角"注册新账号"。

登录账号后，再次点击"立即开通"，可选择申请开通QQ音乐号的四种功能，分别为"专栏文章""主播电台节目""直播电台""优质投稿歌单"。其中："专栏文章"针对乐评人、编辑、公众号作者等优质内容生产者进行申请；"主播电台节目"和"直播电台"适合电台DJ、主持人、音乐人等申请；"优质投稿歌单"则是用户将其在QQ音乐App中创建的优质歌单进行投稿，达到音乐号申请条件后将自动认证开通。

接下来，以申请"专栏文章"作者为例进行讲解。点击最左侧"专栏文章"下方的"立即申请"；在新页面填写自己曾发表过的文案链接，主要内容应为乐评、音乐相关的微信公众号文章等，并提供自己的真实姓名、联络方式；随后勾选"本人已阅读并同意《QQ音乐开放平台服务协议》"，最后点击左下角的"申请"，等待QQ音乐官方审核通过后，方可使用音乐号相关功能。

QQ音乐号中专栏文章的撰写、编辑方法和微信公众号、知乎专栏文章、企鹅号、头条号等平台的相关功能大同小异，因此不再赘述。QQ音乐号作为音乐新媒体类当中较为典型及新兴的内容创作方式，值得新媒体运营团队引起重视。

（二）音乐类新媒体的广告运营

由于移动端用户比重持续上升，因此音乐类新媒体主要以手机App为平台传播广告信息，内容大多与音乐相关，但仍包含其他广告内容。其广告形式以图片、文字、音频为主，广告位置目前主要有两种：App 开屏广告及 Banner 图。未来可能会出现信息流广告等其他形式。值得注意的是，喜马拉雅 FM 等以音频收听为主的新媒体，已经出现音频播放前的"贴片"广告以及暂停时相应的图片浮层广告，未来音乐类新媒体也会逐步跟进。

1. 开屏广告

音乐/音频类新媒体广告以移动 App 端的开机大图最为常见，内容大多与音乐相关，如推荐数字音乐新专辑、宣传歌手演唱会等。但也有品牌方广告主投的新品广告。

2. Banner 图

一般来说，音乐类 App 中比较少见信息流广告，但 Banner 图却是音乐类新媒体的主要广告位之一，常以专题植入或活动冠名等形式出现。

二、工具类新媒体

(一)大众点评、美团

1. 大众点评与美团简介

大众点评网于 2003 年 4 月成立于上海，是国内领先的本地生活信息及交易平台，也是中国最早建立的独立第三方消费点评网站。借助移动互联网、信息技术和线下服务能力，大众点评为消费者提供值得信赖的本地商家、消费评价和优惠信息，以及团购、预约预订、外送、电子会员卡等 O2O 闭环交易服务，覆盖了餐饮、电影、酒店、亲子、家装等几乎所有本地生活服务行业。大众点评手机客户端也是中国极受欢迎的本地生活 App，已成为广大城市消费者查找吃喝玩乐信息的必备工具。

而与大众点评类似的美团 App 在 2010 年 3 月 4 日成立于北京，最初是以提供团购信息为核心的生活服务平台。2015 年 10 月 8 日，大众点评网与美团网联合发布声明，宣布达成战略合作并成立新公司，合并后双方人员架构保持不变，保留各自的品牌和业务独立运营。

2. "大众点评" App 功能分析

大众点评 App 采用橘红色作为主色调，主界面分为"首页""地图""消息""我的"四个板块。

(1)"首页"

"首页"最上方为搜索框，用来帮助用户查找具体的目标，下方分类导航引导用户进入不同的类型服务，主要包括美食、景点/周边游、酒店/民宿、休闲/玩乐、电影／演出、医疗／口腔、理发／男士、亲子／乐园、结婚／摄影和母婴／服务。这几种不同形式的分类满足了不同类型的用户需求，比如：有明确目标，某一类目下的不明确目标，以及完全没有目标地随意看看，充分发挥了"首页"的引导作用

（2）"地图"

"地图"页面主要是利用地图的形式，为用户显示确定点位附近的服务内容。

（3）"消息"

"消息"页面主要是提供系统提示和用户与商家交流的相关信息内容。

（4）"我的"

"我的"则是用户个人信息页面，主要用于查看、处理团购等订单信息，修改个人相关资料，以及设置大众点评App的相关功能等。

3. 大众点评的广告运营

对于大众点评、美团等生活服务工具型新媒体来说，其广告主要集中在餐饮、美发、电影、游乐、百货等生活娱乐休闲领域。现以大众点评为例，分析其广告的主要形式，供相关新媒体运营团队借鉴参考。

大众点评主要有五种推广形式以满足商家、品牌的广告、营销需求，分别是关键词推广、团购、推广通、电子会员卡、预约预订功能。

（1）关键词推广。以PC网页端为例，广告主可通过"关键词"推广功能，将其商店、品牌的排序提升至搜索结果前三位或在搜索页首页显示。该方式有三个显著优点：一是符合消费者的消费习惯，大数据表明，60%的大众点评用户是通过搜索关键词的方式来查找商户，满足吃喝玩乐需求的；二是能显著增加商户主页的浏览量；三是曝光角度多样，在设置关键词时，广告主可选择商区关键词（如春熙路、九眼桥）、分类关键词（如川菜、火锅）、地标关键词（如太古里、天府广场）、氛围关键词（如安静、高档）四大类，全面覆盖用户可能输入的各种词汇，大幅提高商家、品牌店铺的曝光概率。

（2）团购。团购是一种降低消费门槛、短期提高客流量的推广方式，非常适合餐饮娱乐、美容美发等行业的广告主应用。团购利用高性价比刺激消费者，能有效吸引新客户，迅速提高知名度。数据显示，平均全年有超过20亿人次会在大众点评浏览团购信息，其中83%的团购客户为第一次在商家消费的新客户。

（3）推广通。推广通是大众点评基于大数据分析推出的广告推广功能，通过匹配商家特点与消费者兴趣，准确找到目标消费者，精准投放广告，使其品牌、门店的曝光准确性显著提高。推广通主要以"猜你喜欢""你可能会喜欢"或商家列表页直接显示等方式推荐广告主的品牌、门店。

（4）电子会员卡。大众点评商户可开通"电子会员卡"功能，以系统化的会员信

息管理降低维护成本；以个性化的会员精准营销，提高消费频率；以多渠道的沟通宣传，提高品牌曝光度。电子会员卡可免费注册，有独享的会员优惠折扣，对消费者来说具有较强的吸引力。一般来说，平均每个大众点评的商户（单个门店）拥有的会员数超过1000人，主页曝光量也可平均增长2倍以上，同时也方便商户、品牌更准确地了解消费者的喜好和习惯。

（5）预约预订。预约预订既是大众点评App提供的一种功能，也是新媒体广告的一种推广形式，其预约预订功能能简化门店运营流程，提高接单效率和客源，预订客户的再次消费概率高，人均消费也比普通用户高出15%。

如某餐厅上线预约预订服务6个月之后，主页浏览量提升了2倍，源于大众点评平台的收入占据总收入的34%，预订客人的平均消费高出18%，营业额增长了10%。

（二）支付宝

1. 支付宝简介

支付宝成立于2004年，是国内目前规模最大的第三方支付平台，致力于提供简单、安全、快速的支付解决方案。第三方支付指的是独立于商户和银行并且具有一定实力和信誉保障的独立机构为商户和消费者提供交易支付平台的网络支付模式，分为第三方互联网支付和第三方移动支付两种。其中，第三方互联网支付是指用户通过台式电脑、便携式电脑等设备，依托互联网发起支付指令，通过第三方支付平台实现货币资金的转移；而第三方移动支付是指基于无线通信技术，用户通过移动终端，如手机上的非银行系产品实现的非语音方式的货币资金的转移及支付行为。

在第三方支付发展起来之前，并未产生第一方和第二方支付的概念。所谓的第一方支付就是现金支付，第二方支付是依托于银行的支付，如银行汇票、银行卡支付等。作为两种传统的支付方式，在实际使用过程中会面临地域、距离、网点、时间的限制，在有了更加便捷快速的选择之后，这两种支付方式的存在感逐渐减弱。现金支付逐渐成为第三方支付的辅助支付手段，依托于银行的支付则转向了巨额交易。

自成立以来，支付宝已经与超过200家金融机构达成合作，为海量大中小商户及普通消费者提供支付服务，拓展的服务场景不断增加：在覆盖绝大部分线上购物场景的同时，支付宝也几乎攻占了所有的线下消费场景，包括餐饮、超市、便利店、出租车、公共交通，甚至菜市场、路边摊等。此外，支付宝的国际业务拓展也在加速，支付宝在境外38个国家和地区，接入了数十万个当地各类商户和景点，覆盖了超过14种主流货币，用户购物、就餐、搭乘当地交通工具都可以使用支付宝支付。

除此之外，支付宝还推出了实时退税功能。

2. 支付宝"生活号"

支付宝"生活号"是支付宝为企业、组织和个人提供的服务平台。可以看出，支付宝"生活号"在形式与功能上，比较类似于微信公众号当中的"服务号"，入驻支付宝生活号的服务提供者可以通过此平台对用户进行信息推送、服务输出、交易场景打通和会员关系管理。生活号拥有支付宝关联的庞大消费者群体，在每个支付宝账户的背后，都有着完善的资金渠道、充足的消费行为习惯数据，企业可分析利用这些数据，通过生活号向用户提供优质的商品和服务。其核心功能如下。

(1) 消息发送。服务提供者可选择公开发送 (针对全体生活号用户发送)、群发 (针对全体粉丝发送)、组发 (针对一组粉丝发送)、单发 (针对一个粉丝发送) 等模式，向用户精准推送各类服务信息，如业务待办、业务通知、营销活动、公告等。根据消息样式区分，生活号可推送图文消息和模板消息。

(2) 商家会员号。该功能用于将商家、机构的会员体系与生活号进行绑定，快速实现针对特定会员号的业务办理和信息查询功能。商家会员号名称根据商家 (生活号) 的类型会有不同的展示，如银行类生活号的会员号名称一般为银行卡或者信用卡，运营商类生活号的会员号名称一般为手机号码，医疗机构生活号的会员号名称一般为就诊卡。目前只支持一个生活号绑定一个商家会员号。

(3) 获取用户信息。该功能用于生活号商家获取用户的相关信息，便于生活号进行精准营销，提升用户体验，实现更多业务功能，包括用户 ID、昵称、性别、省份、城市、用户头像等信息，也可以调用通信录信息接口，得到基于用户手机通信录的好友信息 (仅限同时关注该生活号的好友)，便于在"生活号"内让两位好友进行互动。

(4) 标签管理。标签用于描述支付宝用户的各种特征，包括自定义标签 (开发者自主创建维护的标签) 与通用标签 (支付宝给每个用户指定的标签，如性别、职业等)。每个支付宝用户对应的标签最多只有一个标签值，通过自定义标签，开发者可以预先给与自己相关的用户打上各种标签值来进行后续的个性化操作，如个性化菜单展示、个性化扩展区展示、用户分组创建等。

(5) 自定义菜单。该功能用于服务提供者向用户提供各类功能服务的需求，如各类业务办理、信息查询等。设置合理的菜单能够让用户更方便地使用服务提供者提供的服务，也可以让用户更便捷地了解营销信息、帮助信息。生活号菜单分为"文本菜单"和"icon 菜单"两种，在客户端展示效果。

(6) 自定义扩展区。生活号扩展区是生活号菜单下的一片区域，是供商户自主配置的广告位，商户可以将自己的广告活动以及网页等配置在扩展区域，来更好地吸引用户点击。扩展区分为H5扩展区与图片扩展区两种。其中H5扩展区是指用户点击该处后，将会跳转到预先设置好的H5页面。该H5页面是基于HTML5.0语言所制作的网页界面，具有动画、音乐效果以及最重要的交互功能，可以使"生活号"与其用户更好地双向沟通，提高其广告效果。

3. 支付宝生活号的新媒体运营

支付宝"生活号"向运营者提供了"推广短链接""二维码物料""支付成功推荐"三种功能以推广自身产品、品牌，获得有效的用户流量。

（1）推广短链接。该功能用于在短信、H5活动页面上引导用户关注生活号，帮助生活号获得新增粉丝。

（2）二维码物料推广。二维码可布设在线下物料宣传中，可以引导用户关注生活号及使用其功能。

（3）支付成功推荐。支付成功推荐指商户可以设置收款账号，当用户通过当面支付或者通过手机网站支付（使用支付宝钱包自带的支付成功页）向这些收款账号付款后，将根据规则推荐用户关注该生活号。

4. 支付宝"生活号"注册申请

第一步，通过打开"支付宝生活号"网址或百度"支付宝生活号"，打开支付宝生活号平台。

第二步，注册生活号需使用经过实名认证的商家支付宝账号登录，生活号不设置额外的生活号账户和密码，凭支付宝账号即可登录。

第三步，登录后，进入支付宝生活号。入驻申请流程。根据页面的提醒，先选择生活号商家所属的行业信息，在页面下载"授权运营书"，打印、填写并加盖公章，以jpg或png格式的扫描件上传，大小不超过5MB；随后以彩色扫描件或彩色照片的形式上传商户的工商营业执照，图片格式为jpg或png，大小不超过5MB；再填写包括姓名、手机号码、邮箱在内的联系人信息，点击下一步。

第四步，配置生活号基础信息，填写生活号名称、简介，上传企业Logo和生活号背景图，注意生活号名称和简介要和公司的经营范围符合。最后点击提交，5个工作日内即可审核完毕。

支付宝生活号命名规则：①请尽量保证账号名称和实名认证显示主体一致；②若使用已注册的商标作为账号名称，请在下一步上传商标使用许可证或商标使用授权书；③名称不允许涉及色情、暴力等违法违规内容，不允许涉及政治；④名称不允许涉及侵害他人隐私权、名誉权、肖像权、知识产权、商业秘密等合法权利；⑤名称不允许以存在明显歧义的词组来命名，如小三；⑥名称不允许以太过广泛的或产品、行业词组来命名，如女装、皮革批发、红包；⑦名称不允许与已有账号重复，或高度相似，或存在混淆（涉嫌侵权）；⑧添加无实质意义的字母、符号等为账号名称，可能会导致审核不通过；⑨名称中不允许含有引导用户下载或引导加入其他平台的信息；⑩名称中不允许出现支付宝、阿里巴巴及上述主体的关联公司的名称，以及已有知识产权的产品、业务词汇（如"支付宝""Alipay""阿里巴巴""口碑""花呗""借呗"等）、官方活动（如"双12"等）。

结束语

本书通过对现代新媒体运营与传播策略的研究，可以得出以下结论。

第一，品牌定位是新媒体品牌建设关键。在激烈的新媒体行业竞争中，一个企图满足很多受众需求的媒体品牌，或搞不清楚特定目标受众的媒体品牌是很难立足的，主观上希望媒体节目面面俱到，最终却可能会失去受众。我国新媒体发展的当务之急是品牌定位分流。随着社会的多元化，使用用户的分层、分群、分类化趋势明显，新媒体产品应明确内容、功能、形式、质量上突出特色，以满足用户的不同需求和偏好，增强新媒体品牌的发展活力和竞争优势。品牌的定位越清晰，建立的新媒体风格越强，越能够吸引到更多的用户，从而带来流量。

第二，优化输出通道提高服务质量。新媒体运营的核心是争取用户，新媒体运营商要想取得成功，必须深度挖掘用户价值，千方百计黏住用户。新媒体运营商要通过整合业务与服务，从远离用户的高高在上的社会守护者变为以货真价实的产品和服务拥有用户的社会服务者；要通过增值业务的发展带动品牌延伸和衍生产品的发展，为用户提供更多超值的增值服务和消费回报，增强媒体黏度；要通过用户资源、服务资源的共享共用、互联互通，来连接多元化的利益群体，锁定更多的用户群落。

第三，建立融合互联网思维的新思维意识。互联网思维首先是用户思维，这也是互联网思维的核心，是指在价值链的各个环节中都要"以用户为中心"去思考问题。在技术和市场的双重驱动下，无论是移动化、视频化、社交化、个性化、轻量化，还是社区化，用户总是为了他们所感兴趣的内容而聚拢起来，为了他们所关心的圈子而欢呼雀跃，所以建立融合互联网思维的新思维意识，可以在很大程度上帮助运营管理者借助互联网这个工具实现用户思维的揣摩。

第四，利用大数据进行新媒体经营管理精确化。新媒体经营管理离不开受众的调查。新媒体运营管理者应当深度挖掘大数据包含的潜在信息，然后进行合理的预测，充分理解部分用户的潜在需求，通过数据处理开发新媒体，充分借助大数据技术，实现笼络用户的需求心，达到新媒体经营管理精确化，减小失败经营概率，防止以往传统中凭借"运气"的成功经营。

以上就是本书对现代新媒体运营与传播策略研究得出的一些结论。最后，笔者想说的是，因受知识的广度和深度、资料来源、研究时间等因素的限制，书中仍存在一些不足之处，希望能在今后的研究中加以弥补和修正。

参考文献

[1] 李长宁，李杰 . 新媒体健康传播 [M]. 北京：中国协和医科大学出版社，2019.

[2] 郭栋 . 网络与新媒体概论 [M]. 西安：陕西师范大学出版社，2018.

[3] 谭辉煌，刘淑华 . 新编新媒体概论 [M]. 重庆：重庆大学出版社，2018.

[4] 孟伟 . 理解新媒体 [M]. 北京：中国广播影视出版社，2018.

[5] 付晓光 . 新媒体实务 [M]. 北京：中国传媒大学出版社，2018.

[6] 周小平，梁循 . 社交网络大数据融合 [M]. 北京：科学出版社，2019.

[7] 李鹏，舒三友，陈芊芊，等 . 新媒体概论 [M]. 西安：陕西师范大学出版总社，2018.

[8] 谭前进，郭城，李强，等 . 新媒体运营的理论与实操 [M]. 南京：东南大学出版社，2018.

[9] 罗青，马为公 . 新媒体传播 [M]. 北京：中国传媒大学出版社，2011.

[10] 李振委，景熹 . 新媒体传播与大学生思想政治教育及其途径创新 [M]. 成都：西南交通大学出版社，2020.

[11] 郭本锋 . 新媒体与新闻传播研究 [M]. 长春：吉林大学出版社，2020.

[12] 褚亚玲，强华力 . 新媒体传播学概论 [M]. 北京：中国国际广播出版社，2018.

[13] 罗小萍，李韧 . 新媒体传播及其效果研究 [M]. 北京：中国广播影视出版社，2018.

[14] 常松，胡靖 . 新媒体传播与舆论引导 [M]. 芜湖：安徽师范大学出版社，2016.

[15] 薛可 . 新媒体：传播新生态构建 [M]. 上海：上海交通大学出版社，2017.

[16] 张淑华 . 新媒体与传播的公共性建构 [M]. 郑州：河南医科大学出版社，2016.

[17] 杨冬梅 . 新媒体文化传播研究 [M]. 延吉：延边大学出版社，2020.

[18] 王亚宏，张春燕 . 新媒体对外传播内容制作 [M]. 上海：复旦大学出版社，2020.

[19] 付聪，左旼 . 新媒体文化传播与出版 [M]. 石家庄：河北科学技术出版社，2017.

[20] 张莉 . 新媒体视野下的大众文化传播 [M]. 成都：四川大学出版社，2016.

[21] 刘姿均 . 新媒体时代的文化传播研究 [M]. 哈尔滨：哈尔滨地图出版社，2018.

[22] 段婕 . 新媒体艺术与影视文化 [M]. 南京：江苏凤凰美术出版社，2020.

[23] 李轶天 . 影视文化与新媒体艺术 [M]. 北京：现代出版社，2020.

[24] 刘思铭. 新媒体艺术设计原理与应用研究 [M]. 天津：天津人民美术出版社，2020.

[25] 刘键. 新媒体视觉艺术设计理论与实践 [M]. 北京：新华出版社，2020.

[26] 杨国瑞. 广播电视与新媒体产业融合研究 [M]. 北京：中国财政经济出版社，2019.

[27] 李夏，勾俊伟. 新媒体运营技术与应用 [M]. 北京：人民邮电出版社，2020.

[28] 郭彩霞. 新媒体概论 [M]. 长沙：中南大学出版社，2020.

[29] 张文俊，倪受春，许春明. 数字新媒体版权管理 [M]. 上海：复旦大学出版社，2014.

[30] 朱静. 新媒体传播伦理研究 [M]. 北京：社会科学文献出版社，2019.

[31] 陆琼. 新媒体发展与新闻传播创新研究 [M]. 广州：广东旅游出版社，2019.

[32] 翀翀. 广播电视艺术与新媒体发展研究 [M]. 北京：中国国际广播出版社，2019.

[33] 李晓. 信息传播与新媒体发展研究 [M]. 长春：吉林美术出版社.2020.

[34] 曾迪亚. 新媒体和传统媒体的共赢发展 [M]. 北京：中国国际广播出版社，2020.

[35] 李东临. 新媒体运营 [M]. 天津：天津科学技术出版社，2018.

[36] 向登付. 新媒体运营与营销实操手册 [M]. 北京：中国商业出版社，2019.

[37] 刘珊. 大数据与新媒体运营 [M]. 北京：中国传媒大学出版社，2017.

[38] 刘小华，黄洪. 互联网＋新媒体：全方位解读新媒体运营模式 [M]. 北京：中国经济出版社，2016.

[39] 王玉. 新媒体认知与运营研究 [M]. 北京：中国原子能出版社，2019.

[40] 李俊，魏炜，马晓艳. 新媒体运营 [M]. 北京：人民邮电出版社，2020.

[41] 苏华. 新媒体运营 [M]. 北京：中国商业出版社，2020.

[42] 盛水舟，范宇辉. 新媒体环境下的"粉丝"文化和身份认同研究 [J]. 新闻传播，2021(3)：53-54.

[43] 海彬. 论新媒体艺术设计的审美要求 [J]. 美术文献，2020(10)：136-137.

[44] 蔡后罙. 基于长尾理论的新媒体经济发展的路径研究 [J]. 中国商论，2018（22）：168-169.

[45] 王佳华. 新媒体传播伦理问题透视与伦理规范建构 [J]. 南通职业大学学报，2019，33(3)：14-18.

[46] 毛雪. 探析新媒体时代的隐私边界问题及应对方式 [J]. 新闻研究导刊，2018，9(5)：65-66.

[47] 杨凌雁. 新媒体时代受众心理研究 [N]. 山西经济日报，2018-09-26(008).

[48] 王凯琳. 论新媒体对社会生活的影响 [J]. 祖国，2018(24)：61.

[49] 彭东. 新媒体与传统媒体的互动融合研究 [J]. 西部广播电视，2021，42（1）：10-12.

[50] 李琤. 新媒体传播下文化新闻创新及实现策略 [J]. 中国报业，2021(7)：66-67.

[51] 邓筱小. 新媒体时代短视频新闻的传播与创新发展研究 [J]. 中国地市报人，2021(4)：43-44.

[52] 金旭庚，黄勋. 紧跟时代，全方位打造新媒体传播矩阵 [N]. 中国艺术报，2021-03-26(004).

[53] 丁兆钰. 新媒体网络直播的传播模式研究 [J]. 传媒论坛，2021，4(6)：42-43.

[54] 章雅薇. 新媒体传播融入美学元素的思考 [J]. 新闻研究导刊，2021，12（6）：91-92.

[55] 唐颖. 媒体融合环境下全媒体新闻报道的思路 [J]. 新闻传播，2021(6)：38-39.

[56] 周明. 探析纸媒和新媒体融合的新趋势 [J]. 采写编，2021(3)：40-41.

[57] 周静娟. 新媒体时代广播新闻提升竞争力的思考 [J]. 中国传媒科技，2021（3）：22-24.

[58] 王伟. 新媒体语境下地方传统文化传播策略探析 [J]. 中国报业，2021(5)：51-53.

[59] 胡蓉. 新媒体时代纸媒内容创新与转型策略 [J]. 中国报业，2021(5)：106-107.

[60] 张学勤. 新媒体与文化传播及传承的新互动 [J]. 教育传媒研究，2021(2)：83-85.